东北大学秦皇岛分校教材（专著）

建设基金资助

高校社科文库
University Social Science Series

教育部高等学校
社会科学发展研究中心

汇集高校哲学社会科学优秀原创学术成果
搭建高校哲学社会科学学术著作出版平台
探索高校哲学社会科学专著出版的新模式
扩大高校哲学社会科学科研成果的影响力

大学教师工作压力研究

Research of the University
Teachers' Occupational Stress

曾晓娟/著

光明日报出版社

图书在版编目(CIP)数据

大学教师工作压力研究 / 曾晓娟著 . -- 北京:光明日报出版社,2013.7(2024.6 重印)

(高校社科文库)

ISBN 978-7-5112-4690-5

Ⅰ.①大… Ⅱ.①曾… Ⅲ.①高等学校—教师—工作负荷(心理学)—研究 Ⅳ.①G645.1

中国版本图书馆 CIP 数据核字(2013)第 123737 号

大学教师工作压力研究
DAXUE JIAOSHI GONGZUO YALI YANJIU

著　者:曾晓娟			
责任编辑:朱　然		责任校对:邓永飞	
封面设计:小宝工作室		责任印制:曹　净	

出版发行:光明日报出版社

地　　址:北京市西城区永安路 106 号,100050

电　　话:010-63169890(咨询),010-63131930(邮购)

传　　真:010-63131930

网　　址:http://book.gmw.cn

E - mail:gmrbcbs@ gmw.cn

法律顾问:北京市兰台律师事务所龚柳方律师

印　　刷:三河市华东印刷有限公司

装　　订:三河市华东印刷有限公司

本书如有破损、缺页、装订错误,请与本社联系调换,电话:010-63131930

开　　本:165mm×230mm

字　　数:291 千字　　　　　印　　张:16.5

版　　次:2013 年 7 月第 1 版　　印　　次:2024 年 6 月第 2 次印刷

书　　号:ISBN 978-7-5112-4690-5-01

定　　价:75.00 元

CONTENTS 目 录

绪 论

作为全书的导论，本章提出所要研究的核心问题、分析其背景并阐述其理论价值和现实意义；进行文献综述，指出已有研究不足之处并提出本书的创新点；简述所运用的研究方法，对全书的整体内容和结构安排进行概要性的介绍。

一、研究背景与意义

（一）研究背景

从 20 世纪初开始，西方国家就开始研究工作压力（Occupational Stress），工作压力逐渐成为医学、心理学、管理学等学科的一个重要理论范畴。随着社会竞争日趋激烈，组织中的工作压力与日俱增，组织最终要把承受的压力分解为各种相应的工作任务和执行活动，分散到组织各个层面和每一个成员身上。工作压力问题不仅关系着个人的工作生活质量与工作绩效，还关系到组织整体的活力与效率。工作压力现已成为组织行为学以及人力资源管理等领域所关注的热点问题。

1. 工作压力已成为重要的社会问题

美国一些研究者的调查表明，因工作压力引发的经济索赔、劳动生产率下降、旷工、健康保险费用上涨以及高血压、心脏病等直接医疗费用，每年就高达 2000 亿美元[①]；日本早在 1994 年就把"过劳"列为职业灾害。2000 年 2 月，日本有关部门宣布，有 1/3 工作人口受到"慢性疲劳症"的困扰；英国每年因工作压力造成的损失要占国民生产总值的 10%[②]。在西方国家，工作压力已经被称为"黑色的瘟疫"，2003 年欧盟正式将职业压力列为欧洲大陆面临的第二大职业健康问题。如何成功地管理工作压力，被认为是 21 世纪管理面

---

① 靳娟：《工作压力管理》，人民邮电出版社 2007 年，第 5 页。
② 舒晓兵：《管理人员的工作压力与工作效率研究》，武汉大学出版社 2007 年，第 2 页。

临的重大挑战。

国内外大量研究表明，教师压力（Teacher Stress）具有普遍性，教师职业是高压力职业。虽然适度的压力可以激发教师的工作动机，但过度的压力不但影响教师的身心健康以及工作质量，而且还会对学校和社会产生直接或间接的危害。对于大学教师来说，不仅承担着教学、科研、学生心理辅导等多重任务，还承受着较高的社会期望，承担着为国家培养专业人才的重任，大学教师职业已经是一个公认的高知识密度、高压力的职业。英国学者阿伯瑟里（Abouserie，1996）的调查显示，74.1%的大学教师有中等程度的压力，10.4%的教师感到有严重的压力①；日本一项研究发现，接受调查的大学教师中有83.5%感到有压力②；英国学者考克斯和布林克利（Cox & Brockley，1984）进行压力的比较研究发现，67%的教师认为工作是他们的主要压力来源，而非教师职业中只有35%的人认为工作是压力来源。只有11%的教师认为自己没有感到工作压力，而非教师行业中认为工作无压力的人达到30%③。更多的研究表明，教师工作压力有逐渐增加的趋势，已经成为教育事业发展的隐忧。

2. 我国大学教师工作压力问题日益突出

全球知识经济的发展加剧了各国之间的竞争，凸现了知识的重要性。而作为生产和传播知识重要场所的大学，则成为各国提高经济竞争力的重要支柱，各国政府都看好大学在科技进步、经济发展中的重要作用。为适应整个社会经济发展的需要，我国实行了高等教育大众化的政策，并从1999年开始扩大招生规模。大学的扩招，使各高校发展面临着质量与数量的双重压力及资源短缺的困境，为了争夺有限的政府资源以及更多的市场资源，大学之间竞争日益激烈，大学组织面临的压力空前增强。

作为大学教师，是大学生产活动的直接承担者，是大学人力资源的主体和核心，同样也是大学压力的主要承担者。为了取得竞争优势，各大学内部往往采取各种措施挖掘教师的潜能，而相应的政策逐渐功利化、浮躁化，使得教师

---

① Abouserie R. , "Stress, coping strategies and job satisfaction in university academic staff," *Educational Psychology*, Vol16, No. 1, 1996, pp. 49-56.

② "A study group of administrative staff at Japan Association of University Administrative Management, report on consciousness survey of administrative staff at the university," *Journal of Japan Association of University Administrative Management*, Vol12, No. 7, 2004, pp. 87-109.

③ Cox T. Brockley T. , "The experience and effects of stress in teachers," *British Educational Research Journal*, Vol10, No. 1, 1984, pp. 83.

疲于奔命，精神压力与日俱增。南京大学研究人员对全国 72 所高校教师进行调查发现，95.6% 的大学教师感到有精神压力，其中 35.6% 的教师表示压力很大①；西安交通大学教师研究显示，有 80% 的大学教师长期感到职业压力太大，有 75% 的教师长期处在一种慢性疲劳的亚健康状态，而有 1/3 以上的教师出现明显的生理反应②；广东省教育工会对 19 所高校 8517 名教师健康调查发现，20.52% 处于疾病状态，69.18% 处于亚健康状态③；2004 年，河北一项关于高校人力资源现状的调查表明，高校教师中普遍存在工作负荷、体力透支的现象。接受调查的教师平均每天的工作时间大约在 11 个小时以上，有 22% 的人甚至认为压力巨大④；2005 年中国人力资源开发网发布的"工作倦怠指数调查报告"中显示，在 15 个行业的倦怠指数调查中，高校教师的倦怠程度居第三位⑤；2005 年，中国人民大学人口与发展研究中心对北京市的 2500 位中年高级知识分子进行的调查显示：83.3% 被调查者有工作压力，没有压力的仅占 16.7%，而普通人群的工作压力是 53.6%；从工作压力程度上看，知识分子感觉压力很大的超过 40%，普通人群只有 30%⑥。

近年来，大学教师中屡屡出现"过劳死"、自杀和英年早逝等现象，这虽不能绝对地代表我国教师的压力状况，但是至少说明我国大学教师存在着压力过度现象。对大学教师来说，适度的压力能增强工作动机，但过度的压力不仅会造成个体的生理、心理和行为失调反应，也会引起其职业兴趣、职业态度和职业行为的改变，对知识生产的质量、人才培养的效果以及大学社会服务功能的发挥都会产生负面影响。

3. 我国对大学教师工作压力的系统研究还很欠缺

我国对大学教师工作压力的研究主要在个体心理学的研究框架下进行，压力概念偏重于消极；在研究中比较关注的是压力的形成机制及其对个人身心健康的伤害、对工作满意度的消极影响；应对管理的研究更多考虑如何化解消除

① 冒容，贺晓星，穆荣华等：《无觅桃花源何处好耕田——高校教师精神压力问题初探》，《高等教育研究》1997 年第 7 期，第 31-36 页。

② 潘欣，权正良，钱玉燕：《大学教师职业压力与心理健康关系的研究》，《中国健康教育》2003 年第 10 期，第 792-793 页。

③ 鲍道苏：《高校教师压力大健康状况堪忧》，《中国教育报》2004 年 10 月 6 日第 4 版。

④ 王会：《多方调适促进健康——高校教师健康状况调查》，《中国教育报》2005 年 6 月 29 日第 8 版。

⑤ 娄伟，王秀云：《中国人才发展报告 NO.3》，社会科学文献出版社 2006 年，第 502 页。

⑥ 同上书，第 395 页。

压力，压力管理的目标放在"总是遇到问题和麻烦的人以及没有能力应付压力的人"身上；还缺乏从宏观的角度系统地分析压力问题产生的根源和作用机制及其解决路径，缺乏基于我国社会历史文化背景和特定的转型时期以及大学教师职业特点的研究。从我国大学管理实践来看，对教师的心理需求以及教师工作压力问题还缺少关注，也缺乏专业人士和专业机构解决教师压力问题。

目前，在管理学和组织行为学领域对工作压力的认识渐趋积极，压力管理的重点日益注重组织层面，更加强调的是组织中工作压力的有效保持与工作压力系统在组织内的合理分解与分担，"只有通过运用一个个综合的组织性的战略对工作中的压力进行管理，才能使企业的业绩和组织的健康运转实现最大化"①。压力管理的目的，不是彻底消除压力，而是把压力水平控制在一个最佳状态，提高个体和组织的绩效。对大学教师工作压力研究者来说，如何突破传统的停留在个体层面的压力管理思路，有效地进行组织压力的管理，在组织规范、政策等制度层面寻求压力问题的解决路径，实现教师身心健康和组织绩效最大化"双赢"的目标，对于大学组织的可持续发展，显得尤为重要。

（二）研究主要问题

1. 大学教师工作压力源的结构与属性

随着高等教育大众化的发展和高校绩效改革的深入，我国大学教师工作压力问题日益严重。工作压力研究结果表明，各种不同的工作、职业之间压力来源存在着极大的差别。目前，我国大学教师工作压力源的研究，主要还是借鉴西方和企业管理理论和经验，进行笼统的和表面化的宽泛研究，缺少特定时空背景下动态化和细化的研究，也缺乏对中国社会转型、大学制度改革背景下特定工作压力来源的探讨。探索大学教师工作压力源的结构、属性和压力感程度，对大学教师工作压力源进行质和量的考量，是本书研究的第一个问题。

2. 大学教师工作压力源的多重作用效能

我国关于工作压力的后果研究，对个体的影响研究较多，对组织的影响研究较少；对消极压力研究很多，对积极压力研究很少。从工作压力研究趋势看，工作压力源的多重作用效能越来越受到学者的关注，探索工作压力源对个体和组织多重影响（压力反应的积极和消极维度、工作绩效和离职倾向）是本书研究的第二个问题。

① Sutherland V. J.，Cooper C. L. 著、徐海鸥译：《战略压力管理》，经济管理出版社 2003 年，第 3 页。

3. 大学教师工作压力的影响机制

在工作压力研究领域中，大部分学者已经意识到，对工作压力源与结果变量之间的关系得出一个笼统的单一结论，已经没有太大的理论和现实意义。因为工作压力源本身往往具有复杂的结构，它与结果变量的关系更是受到众多中介和缓冲变量的影响。当前虽然已有一些关于教师工作压力作用效能和影响结果的研究，但仍然缺乏对特定类型压力源、中间变量与不同结果变量作用过程"黑箱"的深入系统研究。引入四个中间变量，探索不同类型的工作压力源与结果变量的因果关系，是本书研究的第三个问题。

4. 大学组织压力管理策略

目前我国教师工作压力管理策略，主要着眼于个体对压力的应对，关于组织压力管理策略的研究，还比较缺乏。在工作压力来源、现状、结构和作用机制探索基础上，寻求组织压力管理的有效策略，是本书研究的第四个问题。

（三）研究意义

1. 理论意义

目前，在我国的文化背景下，对工作压力的认识和研究还是偏向消极，管理者更多地认为压力属于员工的个人问题，压力的产生源于员工自身缺乏能力、不够积极进取或心理承受能力过低，压力的舒缓也必须由员工个人承担责任，实际上工作压力具有复杂的属性，除了对个人身心健康产生危害外，适当的压力也是工作的动力，对工作绩效具有重要的促进作用。本书在梳理现有文献和定性访谈的基础上，界定大学教师工作压力概念，并围绕工作压力现状、结构以及影响机制进行细致深入地探索，加深人们对工作压力属性和作用机理的理解，为大学教师工作压力研究与管理、职业生涯规划与辅导、心理咨询等理论领域提供有益的补充。

2. 实践意义

我国目前正处于教育转型的快速发展时期，随着高等教育大众化的发展和高校人事分配制度改革的深入，以及各种考核标准的出台，大学教师过度压力问题日渐突出，而工作绩效并没有明显起色。从理论上看，制度设计可能没有任何错误，但人的"有限理性"、"效用最大化"和"机会主义倾向"的特点，决定可能不按制度的要求而仍按其现实行为趋向来行动，这样制度就无法在人的行为带动下得以启动，从而最终导致制度绩效不佳甚至失效。从制度视角研究工作压力的来源、从工作压力角度探索制度绩效，一方面，为引起管理者对教师身心健康的关注；另一方面，为政府改革高等教育制度和制定相应的政策法规、为大学内部管理体制与运行机制改革提供借鉴。

二、文献综述

本节从教师压力概念、理论模式、大学教师特殊的压力源、压力反应与后果、组织干预和个人应对策略、压力测量等方面进行综述，以便在已有研究基础上进行新的探索。

（一）大学教师工作压力相关概念

1. 压力概念

作为一个术语，压力（Stress）最早出现于物理学之中，指的是作用于某物之上的足够使其弯曲或折断的拉力或力量。1925 年，哈佛大学著名生理学家坎农（Cannon）把压力这个术语引入社会研究领域。他在一系列关于失控、饥饿和情绪变化的研究中，首先使用了现代的"压力"概念。关于压力产生原因的经典解释，涉及生理学、心理学和社会学三个方向。生理学取向的代表人物是坎农，他用"压力"概指超过一定临界阈值后，破坏机体内环境平衡的一切物理、化学和情感刺激，面对刺激，个体准备"战斗或逃避"而产生一系列反应，如出现呼吸急促、心跳加速、血压升高、胆固醇增加等"紧急备战"状态①；社会学对压力产生的经典解释是"刺激性事件"。社会学取向的研究者认为，现实生活中与工作、学习、人际关系和家庭生活相关的种种问题，经常使人们处于压力状态之下，这极有可能影响人们的身体健康。20 世纪 30 年代迈耶（Meyer）最早研究致病原因中的生活事件，50 年代沃尔夫（Wolff）提出社会生活压力概念，60 年代霍姆斯和瑞赫（Holmes & Rahe）的《社会再适应评价量表》证明了"压力是刺激性事件"的观点；心理学对压力产生的经典解释是塞利（Selye）的"一般适应综合症（GAS）"，他认为压力是内外环境中各种因素作用于机体时所产生的"非特异性反应"②。

由于研究者所站角度不同，研究方法不同，侧重点不一样，对压力的定义也不相同。目前，压力定义主要围绕三种观点展开：一是刺激观，强调压力就是压力源，认为压力指那些使人感到紧张的事件或环境刺激，它提示压力存在于外部事件中③；二是体验观，认为压力是一种主观反应，是紧张或唤醒的一

---

① 李虹：《教师工作压力管理》，中国轻工业出版社 2008 年，第 35 页。

② Selye H. , "The stress concept," *Canadian Medical Association Journal*, Vol115, No. 8, 1976, p. 718.

③ Spector P. E. , A control theory of the job stress process. In CL Cooper Ed. , *Theories of Organizational Stress*, Oxford, UK: Oxford Univ. Press, 1998, pp. 153-169.

种内部心理状态；三是相互作用观，强调有机体和环境之间的相互作用，认为压力是个人特征和环境刺激物之间相互作用的后果，是形成个体生理心理及行为反应的过程①。在这三种观点中，相互作用观点得到压力研究者的广泛认同。

2. 工作压力概念

工作压力是工作背景下的压力。卡普兰和科布（Caplan & Cobb，1975）等认为，工作压力是指对个体构成威胁的工作环境的任何特征，两种类型的工作压力可能会威胁到个体：需求不能被满足，或者满足需求的资源不充分②。我国学者目前的主流观点倾向于综合性观点，将压力看作是在环境刺激影响下产生的心理和生理反应的综合状态。许小东认为，工作压力是工作环境要求和个体特征相互作用的结果，即在工作环境中，使工作行为受到威胁的压力源长期持续地作用于个体，在个体的主体特性及应对行为影响下，所产生的一系列生理、心理和行为反应的系统过程；工作压力导致了工作者积极的或消极的不同工作状态，最终影响到组织绩效③。

3. 教师工作压力概念

教师工作压力的研究及理论模式，都是在一般职业压力研究基础上发展而来的。1977 年，基里亚克和萨科利夫（Kyriacou & Sutcliffe）在《教育评论》（Educational Review）杂志上发表文章，"教师压力"首次作为论文中心主题出现。作者将教师压力定义为"教师的一种不愉快的、消极的情绪经历，如生气、焦虑、紧张、沮丧或失落，这些均是由教师职业引起的"④。此后的学者对教师压力的定义也多是对此的补充和发展，强调压力情境下教师的负面反应。

从表1可知，构成教师工作压力必须具备三个条件：一是工作压力必须因教师工作引起，二是外在环境与个人内在能力与需求产生交互作用，三是出现差异与不平衡状态，尤其是身心状况脱离正常功能而引起的紧张状态和不愉快感觉。

---

① Lazarus R. S., *Stress and emotion*: *A new synthesis*, New York: Springer, 1999.

② Caplan R. D., Cobb S., French J. R. P., *Job demands and worker health*: *Main effects and occupational differences*, NOSH Research Report. Washington, DC, US: DHEW publication, 1975, pp. 75-160.

③ 许小东，孟晓斌：《工作压力应对与管理》，航空工业出版社 2004 年。

④ Kyriacou C., "Teacher stress: directions for future research", *Educational Review*, Vol53, No. 1, 2001, pp. 27-35.

表1　国内外学者对教师工作压力的定义

学者	教师工作压力定义或看法
Moracco（1982）①	当教师幸福与自尊受到威胁时，使其心理平衡发生改变的影响
Litt 和 Turk（1985）②	当教师幸福受到威胁，且所要解决的问题超过其能力范围时，所产生的不愉快情形与困惑的经验
Borg 和 Baglion（1995）③	教师消极情感的一种反应，这种反应伴随着由教师职业所引起的潜在的病理性的生理、生化变化，并为对那些威胁到个体自尊感的因素的知觉以及减轻这些威胁的应对机制所调节
吕秀华（1998）④	因教师工作因素所导致的紧张，使教师感受到的不愉快或负面情绪

4. 大学教师工作压力概念

本书研究的大学是指综合性的提供教学和研究条件及授权颁发学位的高等教育机关，它是高等教育的核心部分，且代表着一个国家的高等教育水平。一般意义上的大学教师包括从事教学与研究的教师、从事图书收集管理的工作人员、从事行政协调与管理的教师等。本书研究的"大学教师"是狭义概念，即大学里从事教学与研究的在职在编的一线教师，包括科学研究系列和教师职务系列的教师，不包括在大学工作的专职的行政人员和教辅人员。

本研究在对现有文献进行梳理与分析基础上，结合对大学教师定性访谈的结果，将大学教师工作压力定义为，大学教师在一定的工作环境中，在影响个人绩效和工作目标的压力源长期地、持续地作用下，由于个性和应对能力的差别，形成的一系列身心及行为反应的过程。这个定义表明：①工作压力是一个过程。从个体受到外部压力源的刺激，到感受到压力以及产生一系列身心及行为的反应，是一个复杂的过程，受多种因素的影响；②在压力源存在的情况下，个体并不一定产生相应的压力反应。在此过程中，个性特征以及应对能力起到了重要的中介作用；③工作压力的反应是多方面的，当压力源的存在影响到个人绩效和工作目标，并且个体没有能力应付时，个体会产生失衡的状态，出现身心和行为反应。

---

① Moracco J. C., McFadden H., "The counselor's role in reducing teacher stress," *The Personnel and Guidance Journal*, Vol60, No. 1, 1981, pp. 549-552.

② Litt M. D., Turk D. C., "Sources of stress and dissatisfaction in experienced high school teachers," *Journal of Educational Research*, Vol78, No. 3, 1985, pp. 178-185.

③ 李虹：《教师工作压力管理》，中国轻工业出版社2008年。

④ 同上书。

（二）教师工作压力理论模式

以拉扎罗斯（Lazarus）相互作用模型为基础，基里亚克和萨科利夫（1978）最早提出了教师职业压力理论模式（图1）①。该模式强调各种压力来源是否发生作用，视教师知觉到威胁而定，影响教师知觉的因素包括教师人格特质、信念、态度和价值系统等，这种模式说明了教师人格特质对压力的解释力。

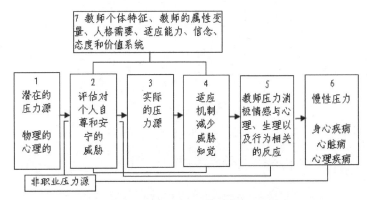

图1 基里亚克和萨科利夫的教师职业压力模式

资料来源：Kyriacou C., Sutcliffe J., "Teacher stress: prevalence, sources and symptoms," *British Journal of Educational Psychology*, Vol48, No.2, 1978, pp. 159-167.

布伦纳（Brenner, 1983）等在基里亚克和萨科利夫模型基础上做了进一步的修改和补充，提出了新的教师工作压力理论模式（图2）。其主要特点是，学校社会特质对压力源的影响，是由刺激到反应的过程。教师工作压力模式包括：学校压力源和教师压力反应的关系，教师特质的影响，评估、应对机制和非职业性压力源对压力的关系。学校特质和教师特质不同，可能成为教师的压力来源②。

从以上教师压力模式可以看出：教师工作压力来源是多向度的，是教师个人因素、学校情境因素与非职业压力源交互作用的结果。后来学者对基里亚克和萨科利夫的教师压力模式作了进一步的验证。目前的实证研究有些是基于教

① Kyriacou C., Sutcliffe J., "Teacher stress: prevalence, sources and symptoms," *British Journal of Educational Psychology*, Vol48, No.2, 1978, pp. 159-167.

② Brenner S. O., Bartell R., "The teacher stress process: A cross-cultural analysis," *Journal of Occupational Behavior*, Vol5, No.3, 1984, pp. 183-195.

师职业压力理论模式上进行的验证性研究，有些是为了检验自己的某些假设。在这些研究中包括了大量的中介变量，如工作满意度、对工作的控制程度、人格特征、自我效能、社会支持和自尊等。

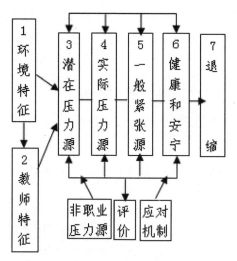

图 2　布伦纳等的教师职业压力模式

资料来源：Brenner S. O.，Bartell R.，"The teacher stress process：A cross-cultural analysis，"*Journal of Occupational Behavior*，Vol5，No. 3，1984，pp. 183-195.

（三）大学教师工作压力来源

1. 工作压力源

工作压力源（Stressor）是工作压力研究中最核心的内容，指任何能使个体产生压力反应的内外环境刺激。引发工作压力的因素总的可以分成两大类，一类是与工作组织有关的因素，另一类是与工作者个人有关的因素。当然，这些因素之间还会相互影响，构成复杂的工作压力系统，对工作者产生不同的影响作用。综合目前工作压力源研究的主流观点（表2），多数学者认为工作压力主要来源于组织特质和工作要求与角色特性，具体引起工作压力的因素有工作本身的因素（工作负荷、时间压力、缺少自由等）、组织中的角色（不同的人之间的冲突、不同角色间的冲突、不同任务间的冲突）、工作中的关系（得到上级的支持、与同级之间的关系、组织和社会支持等）、职业发展（工作安全、辞职与升迁、自我实现等）、组织结构和组织倾向（组织价值观、决策方式、领导风格、解决冲突的方法等）。

表 2　工作压力源研究的主流观点

学者	工作压力主要来源
Weiss（1976）①	工作本身的因素、组织中的角色、职业发展、组织结构与组织风格、组织中的人际关系
Cooper 和 Marshall（1978）②	工作本身的因子、组织中的角色、工作中的关系、职业发展、组织结构和组织倾向
Brief（1981）③	一类是组织特质和程序，包括组织限制、缺乏自主性、组织气候与组织政治氛围；另一类是工作要求与角色特性，包括工作不确定性、工作过量、人际冲突、工作-家庭平衡等
Ivancevich 和 Matteson（1980）④	工作压力源分为组织内部和组织外部的压力源两个部分，强调了个体差异和个人对压力的感知的影响。把压力源分为五个基本类型：生理条件、个人层面、团队层面、组织层面和组织外因素
Hendrix 等（1995）⑤	组织内部的因素（角色冲突、角色模糊、角色超负荷、时间压力、较低的工作自主性、难以发挥能力、较低的参与和控制、管理/监督制度、组织气氛、组织内冲突）；组织外部的因素；个性特征
Luo Lu 等（1997）⑥	工作内部因素、职业特征、工作外部特征
许小东（2007）⑦	一类是来自工作本身的，由工作内容、工作标准要求等因子所构成的工作内源压力；另一类是来自工作活动以外的，由工作环境、人际关系等因子所构成的工作外源压力

① Weiss R. S.，" The emotional impact of marital separation ，" *Journal of Social Issues*，Vol32，No. 1，1976，pp. 135-145.

② Cooper C. L.，Marshall J.，*Sources of managerial and White Collar stress*，New York：John Wiley & Sons，1978，pp. 81-106.

③ Brief A. P.，Schuler R. S.，Sell M. V.，*Managing job stress*，Boston：Little，Brown and Company，1981.

④ Ivancevich J. M.，Matteson M. T.，"Type A-B Person-Work Environment interaction model for examining occupational stress and consequence ，" *Human Relations*，Vol37，No. 7，1984，pp. 491-513.

⑤ Hendrix W. H.，Summer T. P.，Leap T. L.，*Antecedents and organizational effectiveness outcomes of employee stress and health. Occupational Stress：A Handbook*，New Jersey：Prentice Hall，1995，pp. 75-86.

⑥ Cooper L. Lu，C. L.，Chen Y. C.，*Chinese version of the OSI：A validation study*，Work & Stress，Vol11，No. 1，1984，pp. 79 - 86.

⑦ 许小东：《管理者工作内源压力与外源压力的结构模型研究》，《管理工程学报》2007 年第 1 期，第 36-40 页。

2. 大学教师工作压力源

国外研究表明，不合理的学术制度以及学校管理制度、角色冲突、易引起压力的个性特征等是大学教师压力的主要来源。此外，社会的文化传统、教师的薪酬待遇、社会对教师的职业期望等也是教师压力的重要来源，主要观点见表3。

表3　国外关于大学教师压力来源的主要观点

学者	大学教师工作压力源
Grace（1972）①	在所有的职业中，教师对于他们所处的机构控制感最低。低控制感和教师角色职责的弥散性，造成了角色的冲突
Fisher（1994）②	在苏格兰两所大学的研究表明，高等教育机构的教师要同时扮演多种角色使学术职业的压力具有复杂多样性
Abouseri（1996）③	主要压力源是搞研究，其次是时间限制、与同事关系、教课、领导行为及学生需求
Adams（1999）④	职业准备不充分、生活和工作满意度低，健康状况不佳、外控型、低自尊的教师承受的压力往往比较大
Winefiel 和 Jarrett（2001）⑤	科研教学负担重、内部资源分配中，竞争日趋激烈
Coser（2003）⑥	大学体制的变迁，出现了与传统大学精神相悖的内在反向趋势，学校制度和学术制度给教师带来的压力：科研和晋升的压力；时间压力；对年轻一代，还有学术规则的压力；大学体制中官僚式管理造成的压力

我国许多学者也对大学教师的压力源做了研究和探讨，除了关注社会环境、学校管理、个人特征对教师的影响外，还关注到我国独特的时代和文化背景因素，尤其是教育结构变迁和教育改革给教师带来的压力。我国大学教师压力来源的主要观点见表4。

---

① Grace G. R.，*Role conflict and the teacher*，London：Routledge/Thoemms Press，1972.

② Fisher S.，*Stress in academic life：The mental assembly line*，Buckingham，UK：Open University Press，1994，pp. 106.

③ Abouserie R.，"Stress，coping strategies and job satisfaction in university academic staff，" *Educational Psychology*，Vol16，No. 1，1996，pp. 49-56.

④ Adams E.，"Vocational teacher stress and internal characteristics，" *Journal of Vocational and Technical Education*，Vol16，No. 1，1999，pp. 7-22.

⑤ Winefield A. H.，Jarrett R.，"Occupational stress in university staff，" *International Journal of Stress Management*，Vol8，No. 4，2001，pp. 285-298.

⑥ 刘易斯·科塞著、郭方等译：《理念人：一项社会学的考察》，中央编译出版社2003年，第301页。

表4 国内关于大学教师压力来源的主要观点

学者	大学教师工作压力源
石林（2003）①	大学教师工作的自主性受到一定限制
王海翔（2004）②	青年教师压力：教学任务繁重，提升学历、晋升职称、较高的角色期望与较低的学术、经济、社会地位的冲突、较高的自我评价与不如意的外界评价之间的冲突
李虹（2005）③	工作保障压力、教学保障压力、人际关系压力、工作负荷压力和工作无乐趣压力
李兆良（2007）④	高校教师主要压力源位于前三位的是工资和福利待遇不佳、搞科研、付出和得到的不成比例
黄淑玲（2005）⑤	工作负荷、教学资源与学生表现、人际压力、个人生活压力
林春梅（2002）⑥	组织的局限性、人际之间的冲突
张桂萍（2005）⑦	人际关系、职业发展、工作负荷、家庭生活、组织结构和自我期待
朱旗（2008）⑧	科研、待遇和工作条件、个性、家庭、考评系统、人际关系
阎祯（2006）⑨	工作自主性受限、人际冲突和组织局限性
刘英爽（2006）⑩	职业发展、工作与家庭之间的影响、科研事务、组织结构、科研条件与要求、角色压力

（四）大学教师压力反应

1. 压力反应

压力反应（Stress Reaction）是指在压力来源的持续作用下，个体产生能

---

① 石林：《职业压力与应对》，社会科学文献出版社 2005 年。

② 王海翔：《高校青年教师心理压力的调查分析及对策》，《宁波大学学报》2004 年第 5 期，第 74-76 页。

③ 李虹：《大学教师的工作压力类型和压力强度研究》，《清华大学教育研究》2005 年第 5 期，第 100-105 页。

④ 李兆良，高燕，于雅琴等：《高校教师工作压力状况及与职业倦怠关系调查分析》，《医学与社会》2007 年第 2 期，第 60 页。

⑤ 黄淑玲，刘仙娥等：《大学教师压力量表之发展历程》，2005 年 10 月 1 日 http: // w3. csmu. edu. tw/ ~ shuling/paper4. htm。

⑥ 石林：《职业压力与应对》，社会科学文献出版社 2005 年。

⑦ 张桂萍：《石家庄市高校青年教师工作压力量表的编制》，2005 年河北师范大学硕士学位论文。

⑧ 朱旗，林健：《福建省新建高校教师压力来源调查》，《中国学校卫生》2008 年第 2 期，第 950-951 页。

⑨ 闫祯：《高师中青年教师工作压力状况研究》，《理工高教研究》2006 年第 8 期，第 57-59 页。

⑩ 刘英爽：《高校教师工作压力、控制点及其工作绩效的关系研究》，2006 年大连理工大学硕士学位论文。

被主观意识到的、身心方面反应的过程。压力反应的概念，最初是由加拿大病理生理学家塞利（Selye）提出的，但是他所定义的"压力反应"实质是生理上的反应。他认为在各种不同的严重干扰性刺激下，个体会通过一些非特异性的反应过程来适应，而与刺激种类无关，这种非特异的反应称为"一般适应综合症"（GAS）。塞利将 GAS 分为警戒、阻抗和衰竭三个阶段①。20 世纪 60 年代，拉扎罗斯等指出认知评价在压力中的重要性，压力的发生并不伴随特定的刺激或特定的反应，而是发生于个体察觉或估价一种有威胁的情景之时，压力反应是个体对压力情境或压力事件认知评价的结果，这个结果是个体对压力源刺激下通过许多因素的中介作用，最后产生的反应。

比尔和纽曼（Beehr & Newman，1978）在总结了以往的工作压力有关研究成果后得出结论：不良的工作压力产生以下三个方面的消极个人后果：心理健康症状、生理健康症状和行为症状②。生理反应主要是指过高的工作压力所导致的身体上的不适，主要表现为新陈代谢紊乱、心率与呼吸频率增加、疲劳、血压升高、头痛、缺乏食欲等症状；心理反应包括认知和情绪反应，如注意力不集中、短期和长期记忆力减退、错觉增加、思维混乱等；行为反应主要体现在一般意义上的非正常行为，包括指向外部环境的过激行为（如攻击、破坏等）和指向自身的不当行为（如过量饮食、过度吸烟等物质滥用行为），以及一些工作中的行为表现，主要体现为请假、缺席、离职和事故等。

2. 大学教师的压力反应

研究者一般认为，长期过度的职业压力影响大学教师身心健康，使教师身心功能失调、出现认知偏差、注意力不集中、判断能力和社会适应能力下降、焦虑等症状。对学校组织的影响主要是引起教师的不满、消极、高离职率和缺勤等问题。有学者研究发现，由于过高的压力，每年教师缺课的天数以及提前退休的人数和流失的人数都有不断上升的现象，而且教师因为过大的压力而形成一种消极的心理，教学效果下降，甚至出现和学生关系紧张的现象，严重影响和制约了学校的发展。

---

① Selye H.，"The stress concept," *Canadian Medical Association Journal*，Vol115，No. 8，1976，pp. 718.

② Beehr T. A.，Newman J. E.，"Job stress, employee health, and organizational effectiveness: A facet analysis, model and literature review ," *Personel Psychology*，Vol31，No. 4，1978，pp. 665-699.

（五）大学教师压力管理策略

1. 教师个人压力应对策略

面对压力，不同的人会采取不同的应对方式。应对（Cope）又称应付或因应，是指个体评价压力源的意义，控制或改变压力环境，缓解由压力引起的情绪反应的认知活动和行为。良好的应对方式是个体避免压力伤害的一个重要手段，有助于缓解精神紧张，帮助个体保持心理平衡，从而维护个体的身心健康。

台湾学者施淑芬（1990）认为，大学教师主要使用休闲、自我关注、社会支持和合理认知等应对策略[1]；格里菲斯（Griffith，1999）等研究表明，社会支持和有效处理行为策略都会影响教师对压力的感觉[2]；基里亚克（2001）总结出两种应对类型：一是直接行动，它包括积极地处理压力源的所有策略；二是使用缓解技术，即试图减轻由压力引起的情绪体验，如放松、运动等[3]；我国研究者陈德云（2002）认为，发展性教师评价制度对改善教师的生存状态、解决教师压力问题具有重要意义[4]。

2. 组织压力管理策略

很多研究认为，组织层面的压力控制和压力干预比个人层面应对策略更加有效，因为他们具有更持久的效应。埃尔金和罗拖（Elkin & Rosch，1990）总结的组织压力管理策略有：重新设计任务、重新设计工作环境、建立弹性工作时间表、鼓励参与管理，包括职业生涯发展、分析工作角色和建立目标、提供社会支持和反馈、建立有凝聚力的团队、建立公平的雇佣政策以及分享奖励等，这些政策目的是增强员工参与性、自主性，由此增强工作中控制感[5]。

萨瑟兰和库珀（Sutherland & Cooper）提出压力管理的三重模式：一是压力诱因导向的预防方法。识别、确认及消除或减小具有压力的情景，目的是预防工作中的压力。这一层面的方法，主要是宏观和微观环境的改变、改善对工作的认知、不断增加决策机会；二是反应导向的干预方法。通过培训和教育，

---

① 施淑芬：《大学教师工作压力、因应策略与职业倦怠之相关研究》，1990 年台湾彰化国立彰化师范大学硕士学位论文。

② Griffith J.，Steptoe A.，Cropley M.，"An investigation of coping strategies associated with job stress in teachers，"*British Journal of Educational Psychology*，Vol69，No. 4，1999，pp. 517-531.

③ Kyriacou C.，"Teacher stress：directions for future research，"*Educational Review*，Vol53，No. 1，2001，pp. 27-35.

④ 陈德云：《教师压力分析及解决策略》，《外国教育研究》2002 年第 12 期，第 53-56 页。

⑤ 苏尔斯凯，史密斯著、马剑虹，等译：《工作压力》，中国轻工业出版社 2007 年。

发展压力抵抗能力和适当的应对策略；三是症状导向的干预方法。目的在于帮助治愈和重新雇佣受到压力伤害的员工，主要是员工帮助计划（Employee Assistant Program，简称 EAP）实施①。总的来看，预防性策略是最有效和更经济的方法。国内的压力管理策略基本上也是借鉴这些策略。

关于学校的压力管理策略，归纳起来，主要有如下几种。第一，建设良好的组织氛围。学校积极和谐的支持氛围对于缓解教师压力有重要作用。大量研究表明，在这种和谐氛围中，教师间能互相关心，共同分担问题、有利于消除压力感②；第二，改变领导方式。管理不善会成为压力形成的重要根源；第三，建立健全的组织；第四，进行压力管理训练和提供帮助。国内应对策略的研究基本上处于借鉴国外模式阶段，从个人认知、管理干预和社会支持等方面探讨应对策略，还未能形成独特的中国文化背景下的应对策略。

（六）大学教师工作压力测量

1. 工作压力测量的研究

国外测量工作压力的工具主要有四种：以"人-环境匹配模式"理论为基础的测量工具是库珀的工作压力指标量表（OSI）和麦克林（Mclean）的工作压力量表；以"工作需求-控制模式"为理论基础的测量工具是卡拉塞克（Karasek）的工作内容量表和哈勒尔（Hurrellt）等的工作控制量表。

职业紧张调查表（OSI）是由库珀等（1988）研制，目前已有多种语言译本，在20多个国家使用。该调查表由工作满意感、健康状况、行为类型、对周围事件的解释、工作压力来源、紧张应付方式等组成③；麦克林的工作紧张问卷，由应付能力、工作满意感和职业紧张因素三个量表组成④；工作内容问卷是由美国卡拉塞克于上世纪70年代末研制，原用于工作紧张与高血压、心脏病关系的研究，现广泛用于评价职业人群的职业紧张水平⑤；工作控制问卷由哈勒尔和麦克莱恩（McLaney）于1988年研制，问卷由任务控制、决定控制、物理性工作环境控制和资源控制四个部分组成，研究不同的控制条件对被

① Sutherland V. J., Cooper C. L. 著、徐海鸥译：《战略压力管理》，经济管理出版社2003年。

② 陈德云：《教师压力分析及解决策略》，《外国教育研究》2002年第12期，第53-56页。

③ Cooper C. L., Sloan S. J., Williams S., *Occupational stress indicator*：*Management guide*，Windsor, UK：NFER-Nelson, 1988.

④ McLean A. A., *Work Stress*, *Reading*, MA：Addison-Wesley, 1979.

⑤ Robert A., Karasek J. R., "Job demands, job decision latitude, and mental strain：Implications for job redesign," *Administrative Science Quarterly*, Vol 24, No. 2, 1979, pp. 285-308.

试的影响程度①。库珀的职业紧张调查表在多年的研究基础上设计的，但完成该调查表所需时间较长，有时难以取得被试的合作；麦克林的工作紧张问卷则相对较为简单，设计项目较少，完成该问卷所需时间较短，但缺乏反映职业紧张全貌的功能；工作内容问卷和工作控制问卷项目较精练，完成调查表所需时间较短，易于取得被试的合作。

2. 关于教师压力的测量

国外常用的测量教师压力的量表主要有：丰塔纳（Fontana，1989）编制的"职业生活压力量表"（The Professional Life Stress Scale，简称 PLSS）、齐雄和戈夫（Cichon & Koff，1978）编制的教学事件压力量表（The Teaching Events Stress Inventory，简称 TESI）、克拉克（Clark，1980）编制的教师职业压力因素问卷（Teaching Occupational Stress Factor Questionnaire，简称 TOSFQ）以及马拉凯和派恩（Maslach & Pine）的 MBI 和 BM（Maslach Burnout Inventory and Burnout Measure）等量表。因为没有完全反映大学教师职业特点的量表和问卷，有些研究者使用自编的身心不良健康状况问卷，来测量教师压力的状况。

国内研究者有的直接使用外国的工作压力量表，如林春梅等（2002）等使用美国南佛罗里达大学编制的《工作压力和工作压力反应的调查问卷》测量大学教职员工的工作压力②；有的使用心理卫生量表，如柳友荣（1998）使用 SCL-90 焦虑量表测量大学青年教师压力状况③；有的研究者修订外国量表使之本土化，如王国香（2003）等修订了一个适合中国文化的教师倦怠量表④；有的自编量表，如李虹（2005）使用自编的中国大学教师压力量表，测量大学教师压力的类型和强度⑤。目前我国还没有被研究者广泛认同的针对大学教师特有压力的测查量表。

---

① Hurrell J. J. , McLaney M. A. , "Exposure to job stress - A new psychometric instrument," *Scand J Work Environ Health*, Vol14, No. 1, 1988, pp. 27-30.

② 石林：《职业压力与应对》，社会科学文献出版社 2005 年。

③ 柳友荣：《高校青年教师心理健康状况调查分析》，《高等教育研究》1998 年第 4 期，第 84-86 页。

④ 王国香，刘长江，伍新春：《教师职业倦怠量表的修编》，《心理发展与教育》2003 年第 3 期，第 82-86 页。

⑤ 李虹：《大学教师的工作压力类型和压力强度研究》，《清华大学教育研究》2005 年第 5 期，第 100-105 页。

（七）文献述评

1. 以往研究的主要结论

（1）关于工作压力的研究成果

第一，工作压力的定义趋向一致，对工作压力的整体研究框架也趋于认同，即工作压力研究是一个包含工作压力源自变量、中介和调节变量以及工作压力结果变量的系统框架。关于工作压力源研究，研究者认为主要受到环境、组织和个体三方面因素的共同影响。

第二，工作要求——控制理论模型和认知评价理论模型得到研究者的广泛认可，主客观相结合的研究思路成为研究趋势。压力研究开始注重调节变量的作用，并且在调节变量的选择上愈加重视与压力的心理转换机制有关的变量，如杰克斯和布利斯（Jex & Bliese）以自我效能感和团队效能感作为调节变量的研究；泰森（Tyson）以应对策略作为调节变量研究工作压力和工作满意感之间的关系，这对研究压力的作用机制及其如何有效缓解压力，具有积极意义。

第三，有关工作压力作用结果的研究有了较成熟的分类认识，即个人层面消极的生理、心理和行为反应，积极压力反应开始受到关注；学校组织层面的影响主要是引起教师的不满、消极、高离职率、缺勤等问题，对工作绩效的影响方向和强度受各种不同背景因素的制约。

第四，个体维度的压力应对策略研究比较成熟，有很多具体操作层面的应对策略，取得了实践领域的支持。近年来，压力管理的重点日益注重组织层面，组织层面的压力管理策略正在成为学者和管理者研究的新课题。

第五，许多具有一定信度和效度水平的测量量表已经形成，为今后的研究提供了借鉴和依据。

（2）关于工作绩效的研究成果

第一，绩效是多维度的建构已经成为一种普遍接受的观点。工作绩效结构主要分为任务绩效和周边绩效，周边绩效在绩效评价研究中越来越受到广泛关注。

第二，莫托维洛和斯科特（Motowidlo & Scotter）的管理者工作绩效问卷，通过适应我国文化背景和特定领域的修订，应用到高校教师群体中取得了较好的实测效果。

第三，有关工作压力——绩效关系的研究，对于组织有针对性地进行压力管理具有一定的指导意义。新近研究则表明，不同压力源对绩效影响的侧重是不同的，应该在研究中注意区分压力源不同属性和不同的组成结构，避免压力研究的简单化和表面化。

（3）关于离职倾向的研究成果

以往关于离职倾向的研究区分了离职意向和实际离职行为。国外学者针对离职影响因素问题进行了大量的理论探索和实证研究，主要集中在三个层次上：一是工作者对现职认可的情感和态度的个人层次，例如工作满意度和组织承诺；二是从组织的角度切入，观察整个组织的政策层次与离职行为之间关系；三是从劳动市场的角度切入，观察劳动市场的松紧与离职行为之间的关系。目前我国学者对员工离职的研究还处于起步阶段，一是介绍国外主流离职模型和离职研究领域的新进展，并提出相关对策和建议；二是探讨各变量对离职的影响，在我国某些群体中进行检验，从而对模型进行修订。关于工作压力与离职倾向的关系，多数研究者认为，工作压力大容易导致员工产生离职倾向。

2. 研究不足或尚待进一步研究的问题

（1）缺少特定时空背景下动态的工作压力研究

我国高等教育正处于体制转型时期，面对加入 WTO 以来国内外的各种挑战，面对信息化时代带来的种种冲击，大学教师工作压力问题日益严重。许多有关工作压力的研究都表明，各种不同的工作、职业之间存在着极大的工作压力差别。哈克曼和奥尔德姆（Hackman & Oldham）提出的著名的工作特征理论认为，体现在具体工作体系中的工作特征是影响员工工作压力构成的重要因素。职业活动不同的内在特征及其对人的不同工作要求，构成了不同职业之间工作压力上的差别。目前，我国大学教师工作压力源的研究，主要还是借鉴西方和企业管理理论和经验，进行笼统的和表面化的宽泛研究，缺少特定时空背景下的动态化和差异化的"窄化"或"细化"工作压力源研究，尚未有对中国社会转型、大学制度改革背景下的特定的工作压力来源的深层思考和研究。

（2）缺乏大学教师工作压力作用机理的系统研究

在工作压力研究领域中，大部分学者已经意识到，对工作压力源与结果变量（压力反应、工作绩效、离职倾向等）之间的关系得出一个笼统的单一结论，已经没有太大的理论和现实意义。因为工作压力源本身往往具有复杂的结构，它与结果变量的关系受到众多中介和缓冲变量的影响。因此，只有在研究中更多注重压力产生的不同背景，并努力探索各类压力源通过不同的中介和缓冲变量，对不同性质、不同维度结果变量的具体影响过程，才能使研究更具理论和应用价值。当前虽然已有一些关于教师工作压力作用效能和影响结果的研究，但仍然缺乏对特定类型或维度的压力源与不同结果变量作用过程"黑箱"的深入研究。

（3）缺乏关于积极压力反应的研究

工作压力的研究在西方已经开展了几十年，大量研究表明过多的工作压力对工作者的身心健康会造成很大伤害，对组织也会产生消极影响。工作压力的多重作用效能越来越受到学者的关注。目前，关于压力反应与后果的研究，还是存在着这样的倾向：一是对个体的影响研究较多，但对学校组织的影响研究较少；二是对消极压力研究很多，对积极压力研究很少。

（4）缺乏大学教师工作压力有效管理策略的实证研究

目前工作压力研究开始关注具有缓冲、中介作用的中间变量因素。我国工作压力研究，还主要着眼于增强对压力的主观抵御，而非着眼于压力作用机制寻求压力减缓方法。关于大学教师压力管理策略的研究，还未能探索出适合大学教师职业特点的管理策略。

（5）缺少适合大学组织和大学教师职业特点的测量工具

在我国，由于工作压力研究尚处于起步阶段，相关研究数量的偏少导致研究对象所涉及的行业背景比较贫乏。我国在教师工作压力研究方面没有形成系统和规模，理论研究与科学调研相结合的资料较少。教师压力领域缺乏标准化的测评工具，同类研究的不同研究成果，不易比较与合并分析，限制了相关研究的可比性，影响了对工作压力的有效管理。国外引进的量表或问卷，存在跨文化的问题，而且国内尚无成熟的教师工作压力测量工具以及其它效度标准，难以对引进量表或问卷的聚合效度、辨别效度和预测效度进行研究。

三、研究内容与研究方法

（一）主要内容

第一部分为绪论。提出本书所要研究的核心问题，分析研究背景；阐述研究的理论价值和现实意义；进行文献综述，界定核心概念，借鉴前人的研究成果，并提出已有研究不足之处；提出研究的总体构想、研究方法、拟解决的问题和创新点，并说明本书的结构安排。

第二部分为研究的理论基础与模型构建。首先阐述工作压力理论和新制度经济学的一般理论，以此为依据构建研究模型并对工作压力源及其作用结果、影响工作压力作用过程的中间变量进行理论分析，为后面的实证研究提供理论依据。

第三部分为工作压力结构探索与研究工具开发。主要对工作压力结构进行实证研究并编制测量问卷，为分析工作压力现状、影响机制提供测量工具。

第四部分为工作压力源对结果变量影响机制研究，包括本书的第三、四和五章。应用本研究开发的大学教师工作压力测量工具，深入研究工作压力影响机制。

第五部分为结论与展望。作为全书的总结，对主要结论予以提炼，提出缓解大学教师工作压力的政策性建议，提出未来需要继续研究的问题。

（二）研究方法

为有效实现每一阶段的研究目的和完成既定的任务，本研究采用定性和定量相结合的研究方法。①定性研究主要指文献研究与理论探索，一是尽可能充分地检索国内外文献，吸收和消化相关文献的成果，并以此作为界定概念和提出假设的基础；二是对大学教师工作压力来源和压力反应情况进行访谈，结合文献，编制预测问卷。②定量研究是指利用数理统计方法分析数据和检验研究假设，本研究利用结构化问卷进行预测，初步检验工作压力源、中间变量和结果变量各问卷，并在此基础上，修正问卷中的题项，形成正式调研问卷，进行大规模问卷调查，来检验研究假设。本研究主要采用 EXCEL 建立数据库，经数据清理和奇异值检查后，运用 SPSS17.2 统计软件进行相关分析、方差分析、回归分析和探索性因子分析，运用 LISREL 8.7 进行验证性因子分析。

数据收集途径和数据质量直接决定研究结果的有效性和可信性。本研究采用随机抽样的方法，对不同背景的大学教师发送纸本和电子版问卷，进行施测。为了保证问卷回答的完整性和可靠性，在研究大样本调查阶段主要采用电子邮件方式发放问卷。而纸本问卷，则在回收后针对样本不足的类别进行补充发放，从而调整样本的整体平衡性。相比纸质调查问卷，电子版问卷的填写过程不受任何监督，对于心理感受和态度等问题，回答可以不受调查情境的影响，具有更高的数据真实性和完整性，而且电子版问卷可以实现跨地域的同步问卷调查和及时回收，大大节约了传统纸本问卷调查的时间，也扩大了调查问卷的地域范围。

四、结构框架

本书遵循提出问题，通过理论分析和实证研究解决问题的思路，对大学教师工作压力进行了系统分析。结构框架见图3。

本书是作者数年的研究成果，在成稿之际，有幸获得"东北大学秦皇岛分校教材（专著）建设基金资助项目"的资助，对此深表感谢！

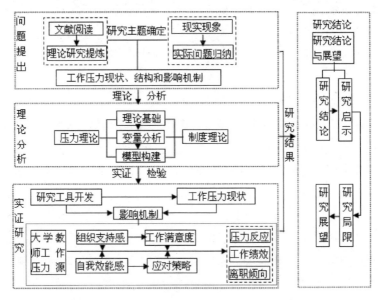

图 3　结构框架

第一章

理论基础与模型构建

　　本章内容包括研究的理论基础与模型构建。首先阐述工作压力理论和新制度经济学的一般理论，以此为依据构建大学教师工作压力研究模型并对模型变量（工作压力源及其作用结果、影响工作压力作用过程的中间变量）进行理论分析，为后面的实证研究提供理论依据。

　　任何一项主题的研究都会存在着各种不同的研究视角。研究视角是观察、分析、解释一个事物、一种现象的特定角度。任何一个视角都意味着一套特定的"话语系统"，即一套从基本范畴、命题到方法原则构成的理论话语①。从不同的角度出发，就会产生各自的侧重点，获得有差异的结论。本文选取制度视角来分析大学教师的工作压力问题，主要是因为制度的重要性和制度视角对现实问题的解释力。新制度经济学的一个重要特点就是强调制度的重要性，也就是说各种各样的现实问题都可以用制度的相关理论来解释。制度的归宿在于其效能的实现，也就是制度运行过程中和运行后是否产生了预期的效果。只有符合个人发展需求的制度安排，才会有效激发个人积极性，在实现个人需要的同时，实现组织的发展目标，达到双赢。我国高等教育正处于体制转型时期，各种制度安排在不断演化、重组和创新，制度绩效截然不同，就我国大学教师管理制度而言，存在着制度绩效不高或失效甚至负绩效的问题。本书从工作压力角度，探讨制度与人是怎样相互作用并导致绩效差异的，主要考察那些给大学教师带来压力感的最具代表性的制度安排，并从压力管理角度对制度改革提出一些建议。

　　从反映我国大学教师压力情况的文献来看，教师感受到的压力程度正在日益增加，虽然各校教师有所不同，但我国大学办学趋同化严重，管理规则大同

---

　　① 冯向东：《高等教育研究中的"范式"与"视角"辨析》，《北京大学教育评论》2006年第3期，第100-108页。

小异，本研究不以大学为单位做个案研究，只关注组织制度层面的教师压力来源，这有利于了解教师面对的共同压力，以便有针对性地进行压力管理。

第一节　理论基础

一、新制度经济学相关理论

本目主要介绍制度及相关概念、制度的构成、制度功能和制度变迁等新制度经济学相关理论。这些理论是分析大学教师工作压力来源及其实施组织层面压力管理的理论基础。

（一）制度相关概念

1. 制度概念

制度是新制度主义的核心概念，也是制度分析方法的理论基础。新制度主义因为其强调制度对经济社会发展的关键作用及面对"真实世界"的视角取向，成为当代盛行于全球的经济分析和社会分析的一种新思想体系和理论框架。对于什么是制度，学术界还没有达成共识。制度的定义主要分为三类：第一类强调制度与精神观念相联系，强调制度实际上是一个共享信念体系，只有当规则的认知内容和协调内容成为人们的共同信念后，规则才能称得上制度，一旦共享信念得不到维持，那么制度就会坍塌。第二类强调制度是演进而来的稳定行为和秩序。第三类强调制度乃人为的行为规则①。沃尔顿·哈米尔顿将制度定义为，"制度意味着一些普遍的永久的思想行为方式，它渗透在一个团体的习惯中或一个民族的习俗中，制度强制性地规定了人们行为的可行范围"。诺思定义制度为"一系列被制定出来的规则、服从程序和道德、伦理的行为规范"，"制度是社会的博弈规则，或更严格地说，是人类设计的制约人们相互行为的约束条件。用经济学的术语说，制度定义和限制了个人的决策集合"②。本研究在综合以上观点的基础上，将制度概念界定为约束、激励或协调人与人之间交易关系的行为规则、规范或稳定的习俗与意识形态。要理解制度概念，必须区分几个与制度相关的概念。

第一，制度与文化。文化是一个非常多义的概念，广义的文化包含一切与

---

① 董志强：《制度及其演化的一般理论》，《管理世界》2008 年第 5 期，第 151-165 页。
② 道格拉斯·C·诺思著、陈郁、罗华平等译：《经济史中的结构与变迁》，上海人民出版社 1999 年，第 225- 226 页。

自然物不同的人造物，即一切物质产品和精神产品。狭义的文化主要指精神产品。显然，制度属于广义的文化。但不能反过来认为文化也是制度。因为广义文化中有些因素明显不是制度，它们有的不影响制度的形成和演化。从与制度的关系这一角度来看，可以把广义文化分为三部分：制度，影响制度的要素，与制度无涉的要素①。

第二，制度与政策。政策一词在日常用语中，有时是指一种行为规则，有时则是指政府的一种目标，如工业化政策等。只有规则意义上的政策才属于制度，目标意义上的政策则不属于制度②。

第三，组织与制度。诺斯（1990，2005）认为，组织是在基础规则即制度的约束下，为实现一定目标而创立的团体。制度类似于运动员的比赛规则，而组织即是运动员在该规则下为赢得比赛胜利，把其策略和技能加以组织或模型化的方式。

2. 大学制度概念

关于大学制度的内涵，学术界的理解还不尽一致。张俊宗（2005）认为，大学制度是以学术本质为根据，维持大学组织生存和运作的一系列组织行为规则和运行机制的总称③；张德祥（2005）认为，现代大学制度是在一定历史条件下，为保障大学有效的运行而形成的大学体制、法规和内部规程的一个总称④；吴松（2005）认为，我国现代大学制度是指在社会主义初级阶段条件下，与市场经济体制和高等教育发展的要求相适应的大学外部关系、内部组织结构及大学组成人员行为规范所构成的体系⑤。综合以上学者观点，本文的大学制度指为保障大学有效运行而制定的正式规则，以及大学在长期的发展和实践中形成的道德、观念、习惯和风俗等非正式规则。本研究涉及的主要是大学教师管理制度。

大学教师管理制度是关于大学教师管理的规则体系，通过对教师责任、权利、利益的规定来规范教师行为，调整教师与社会、教师与学校、教师与学生以及教师之间的关系。大学教师管理制度，包括国家的各项政策、法规和条

① 张旭昆：《制度的定义与分类》，《浙江社会科学》2002 年第 6 期，第 3-9 页。

② 同上刊。

③ 张俊宗：《现代大学制度：高等教育改革与发展的时代回应》，中国社会科学出版社 2005 年，第 5 页。

④ 张德祥：《关于"现代大学制度研究"的几点思考》，《辽宁教育研究》2005 年第 8 期，第 1-4 页。

⑤ 吴松：《我们离现代大学制度有多远》，《中国大学教学》2005 年第 1 期，第 13-16 页。

例，如《教师法》和《教师资格条例》等，也包括大学内部根据实际需要建立的一整套教师管理的行为规范。

3. 制度分析

任何制度分析的核心都是这样一个问题：制度是如何影响个人行为的，制度分析永远是对人的心智与行为的分析。制度分析方法并不单纯属于某个学科，它是个跨学科的研究领域，是针对制度问题的综合判断。制度分析方法的优势在于通过描述或记载行为现象，挖掘行为产生的根源和动因，再针对性地构建制度体系，防止、消除违法和不当行为。新制度经济学认为有限理性、多元偏好和行动效用最大化，是制度分析的前提假设，是制度对人的行为具有约束、激励和引导作用的根源。

（二）制度的功能

制度功能通常是制度分析的直接切入点，对制度功能的分析可以揭示导致问题的主要制度因素。制度的核心功能是提供激励与约束，通过对社会成员某种行为的鼓励和促进，借助奖励和惩罚的强制力量得以监督执行。制度的激励，可以规定人们行为的方向，改变人们的偏好，影响人们的选择。制度的激励功能对于制度能否发挥其作用至关重要，一项具有较强激励功能的制度，能够积极发挥社会成员（个体和团体）的能动性和创造力，从而推动社会发展。制度的设立是针对恶的，是为了缓和或消除社会冲突的。因此，制度在调节人类行为的同时，必然约束人类的部分行为。布坎南认为，"制度研究的全部意义都在于确保各种约束、制度和机构降低自私的政治行为的重要性"①。制度的约束功能划定了人们行为界限，设定了人们行为选择的范围。制度通过设定一定的带有普遍性的较为规范的程序、措施、规则等规范人们的行为活动，包括生产方式、生活方式、思维方式，使之形式化、规范化和常态化。对制度分析仅仅对制度功能分析是不够的，因为对制度功能的分析不过是对个别制度安排的分析，而同样一项制度安排在不同制度结构中其功能可能是有差异的。要尽可能理解现有的有效或无效的制度安排存在的原因，还必须挖掘制度的深层结构，这个结构是维系制度安排的根本原因。

（三）制度的构成

制度结构主要是指在特定时空场域中存在的各种制度类型及其之间的相互

---

① 詹姆斯·M·布坎南著、平新乔，莫扶民译：《自由、市场与国家：80 年代的政治经济学》，上海三联书店 1989 年，第 285-286 页。

关系状况，人们通常把制度区分为正式制度与非正式制度。正式制度，也称正式约束（Formal Constraints），是人们有意识创造的一系列政策法规。它包括政治规则、经济规则和具体单个契约，以及由这一系列规则构成的一种等级结构，从宪法到成文法和不成文法，到特殊的细则，最后到个别契约，它们共同约束着人们的行为。正式制度是人们有意识的对社会行为确定的规范，具有一定的强制性，且一旦确立就会形成制度刚性，对人的行为产生深刻的影响。非正式制度也叫非正式规则，它是人们在长期的交往中无意识形成的习俗习惯、伦理道德、文化传统、价值观念和意识形态等对人们行为产生约束的不成文规则。它们代代相传，约定俗成，具有持久的生命力，并构成社会文化传统的一部分。非正式制度产生于由个体互动形成的社会关系网络，并被演进变化中的社会关系所强化。

非正式制度是正式制度形成的基础，人类的许多正式制度都是在非正式制度的基础上确立起来的；同时，它也是正式制度有效发挥作用的必要条件。在人类行为的约束体系中，虽然正式制度构成了基本结构，但是对人们行为的具体约束大部分是由非正式制度来维持的。正如诺思所说，即使在最发达的经济中，正式规则也只占决定人们选择的总约束中的一小部分（尽管是非常重要的部分），人们行为选择的大部分行为空间是由非正式制度来约束的①。

除了正式制度和非正式制度之外，制度还包括执行机制。正式制度和非正式制度只给定了我们的行为标准。制度必须依赖于一套有效的惩罚机制才能发挥作用。那些不能惩罚违规者的制度，就不免导致制度失败。经济学家史漫飞和柯武刚一再强调这一点。制度作为"由人制定的规则，它们抑制着人际交往中可能出现的任意行为和机会主义行为。制度为一个共同体所共有，并总是依靠某种惩罚而得以贯彻。没有惩罚的制度是无用的。只有运用惩罚，才能使个人的行为变得可预见。带有惩罚的规则创立起一定程度的秩序，将人类的行为导入可合理预期的轨道……制度要有效能，总是隐含着某种对违规的惩罚"②。离开了实施机制，那么任何制度尤其是正式规则就形同虚设。

不管是正式制度还是非正式制度，都是发展变化的。随着时间的推移，各种影响制度的因素、制度之间的关系和地位都会随之变化。在此过程中制度的

①　卢现祥：《西方新制度经济学》，中国发展出版社 2004 年，第 38 页。
②　柯武刚，史漫飞著，韩朝华译：《制度经济学——社会秩序与公共政策》，商务印书馆 2002年，第 32 页。

功能也是变化的，这种变化可能是约束功能减弱，也可能是约束功能增强。这种变化达到一定程度就会造成制度的消亡、产生或者变迁。

（四）制度的变迁

诺思与戴维斯（1971）认为，制度变迁是指制度创立、变更乃至随着时间变化被打破的方式，其实质就是在一定制度环境下所进行的制度安排。诺思从历史演变的角度说明了制度与效率的关系，认为制度变迁就是一个效率更高的制度对一种相对低效率制度的替代过程和交换过程①。制度变迁是一个需要付出时间、努力及费用的过程，以最少的费用获得最佳的制度安排，就是合乎理想的制度创新。

制度变迁的模式主要有两种：一种是自上而下的强制性制度变迁，它由国家强制推行；另一种是自下而上的诱致性制度变迁，它受利益的驱使。林毅夫认为，诱致性制度变迁指的是现行制度安排的变更或替代，或者是新制度安排的创造，它由个人或一群（个）人，在响应获利机会时自发倡导、组织和实行②。强制性制度变迁由政府命令和法律引入实现，其主体是国家。诱致性制度变迁是一种自下而上、从局部到整体的制度变迁过程，是有关群体对制度非均衡的一种自发反应。强制性制度变迁既考虑经济收益（即产出最大化），又考虑非经济收益（统治者的最大稳定和政党利益的最大化等，制度经济学中将此称为"政府的租金最大化"），在这种由国家作为制度选择和制度变革主体而进行的强制性制度变迁中，只有当产出最大化与租金最大化的综合收益大于成本的时候，制度变迁才会发生。诱致性制度变迁主要以经济上的成本收益比较为其制度选择和制度变革的出发点，并以超过制度变迁成本的最大收益为目标函数。

衡量制度变迁的结果是看制度绩效，制度绩效主要体现在制度运行的效益上，衡量制度效益的主要因素是制度规范实施的结果是否符合目的，客观上是否保障并促进了生产力的进步和社会发展。一方面促进制度在运行和发挥作用过程中不断趋向其理想目标，另一方面也导致了制度客观上充满缺憾甚至出现弊端，对其自身的目的起破坏作用，削弱制度的适应性和目的性。甚至在一定条件下，制度还表现出"无功能"和"负功能"，出现应该有的功能不能体现

---

① 姚作为，王国庆：《制度供给理论述评——经典理论演变与国内研究进展》，《财经理论与实践》2005 年第 1 期，第 3-8 页。

② 林毅夫：《关于制度变迁的经济学理论：诱致性变迁与强制性变迁.财产权利与制度变迁》，上海人民出版社 1994 年。

出来和向预定功能目标相反的方向运行的情形，导致制度失灵或者制度异化。

二、工作压力相关理论

关于工作压力产生的原因至今还没有统一的理论模式来解释。目前最具有影响力的压力理论是建立在刺激-反应说基础上的各种互动理论，它全方位、多视角地考察了个人特征与外界刺激物之间的相互作用、相互影响的关系。这些理论大致分为两类，一类倾向以工作者个体特征为核心，另一类倾向以工作特征为核心，具有代表性的是以下三个经典理论。

弗伦奇和卡普兰（French & Caplan, 1982）的个人和环境匹配理论（Person-Environment Fit Theory，简称 P-E 匹配理论），这一理论是工作压力研究领域中运用最多、得到最广泛接受的理论之一。该理论认为，引起压力的因素不是单独的环境或个人因素，压力是个人的特征（能力和目标）和环境的客观特征（工作要求和供给）不匹配的结果。工作压力早期研究思路是考虑如何将组织特征与个体特征进行较好的静态匹配。

卡拉塞克（1979）工作需求-控制模型（Job Demand-Control Model, JDC）。该理论认为，工作压力是由工作活动中所包含的工作要求和工作控制两个关键特征所共同决定的。当工作要求水平高，而工作控制水平低时，就会导致高的工作压力；当工作要求和工作控制都处于较高水平时，工作动机就会增强。20 世纪 80 年代后期，卡拉塞克又在工作需求-工作控制两维度基础上加入社会支持维度，成为工作需求-控制-支持（JDCS）理论。JDCS 模式从工作特征的角度出发对工作压力作出独具特色的解释，为组织从工作再设计的层面进行压力管理提供了操作性非常强的理论依据。

认知评价理论（Cognitive Appraisal Theory），这一理论是由拉扎罗斯和福克曼（1984）提出的[1]。该理论认为，工作压力的产生是环境刺激与个体对环境所作出的可能产生的威胁评价相结合的结果；环境条件和个体特征并非是分离和不变的，在面临某个压力情景时，两者是相互影响的，因而压力是一个动态过程，这一过程随时间和面临的任务而发生变化。由于这一理论对数据的涵盖性和易检验性，使得它受到很多工作压力研究者的重视。

近年来，从认知评价角度来解释工作压力产生原因的又一较有影响力的理

① Folkman S., Lazarus R. S., Gruen R. J., "Appraisal, coping, health status, and psychological symptoms," *Journal of Personality and Social Psychology*, Vol 50, No. 3, 1986, pp. 571-579.

论是由西格里斯特（Siegrist，1996）提出的"努力-奖酬失衡理论"①。该理论认为，员工的工作压力来源于员工所感知到的工作投入和所得奖酬（包括金钱、尊重以及职业发展机会等）之间的失衡，尤其是当付出较大的努力而只获得较少的奖酬时，工作压力最大。

以卡拉塞克的工作要求-控制模式理论为代表的客观环境定向研究思路和拉扎罗斯的认知评价理论为代表的主观认知定向研究思路，在随后的研究中各自都得到了很多实证研究的支持，这种状况使得他们两派之间的争论在相当长一段时间内一直无法统一。直到1990年代后，研究者重新关注最初弗伦奇和卡普兰提出的个体-环境匹配理论的动态匹配方面，试着将两种研究思路融合，最终基本形成了目前对工作压力认识的一种较为主流的系统论观点：即认为工作压力的产生是"刺激发生-心理感受评价-生理变化-行为反应"这一关联系统中的动态过程产物。

压力研究者和组织行为学家们将以上工作压力的研究成果融合到组织压力管理中，纷纷提出了一些指导工作压力管理的综合理论模型。其中比较有影响力的是库珀等人的OSI模型②、罗宾斯（Robbins）的压力模型③和纽斯特罗姆（Newstrom）的压力理论模型④。

OSI工作压力测量研究基本框架（图1.1）。库珀、斯隆（Sloan）和威廉姆斯（1988）设计了职业压力测量指标体系（Occupational Stress Indiacotor，OSI）。该体系以工作压力交互作用模型为基础，将压力结果视为压力源和一系列缓冲变量交互作用的结果。OSI涉及压力源变量、缓冲变量（个性特征、控制源、应对策略）、压力结果变量（工作满意度、生理健康状况和心理健康状况）三个维度共计七个方面的内容，力图全方位地测量工作压力状况。

OSI对工作压力概念进行了相对结构化的阐述，成为后续工作压力研究广泛借鉴的结构化框架模型。自OSI量表问世至今，大量的研究都采用OSI体系。有20多个国家的职业压力测量研究中应用了OSI量表。这些研究在验证OSI量表的信度和效度的同时，也验证了OSI的基本研究框架的科学性。

① Siegrist J. , "Adverse health effects of high-effort/low-reward conditions ," *Journal of Occupational Health Psychology*, Vol1 , No. 1 , 1996 , pp. 27-41.

② Cooper C. L. , Sloan S. J. , Williams S. , *Occupational stress indicator*: *Management guide*, Windsor, UK: NFER-Nelson, 1988.

③ 斯蒂芬·P·罗宾斯著，孙建敏、李原译：《组织行为学》，中国人民大学出版社1997年。

④ 同上书，第474页。

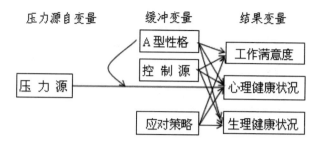

图 1.1　OSI 的基本框架

资料来源：Cooper C. L., Sloan S. J., Williams S., *Occupational stress indicator*: *Management guide*, Windsor, UK: NFER-Nelson, 1988.

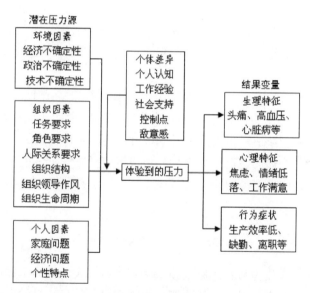

图 1.2　罗宾斯压力模型

资料来源：斯蒂芬·P·罗宾斯著、孙建敏，李原译：《组织行为学》，中国人民大学出版社 1997 年。

　　罗宾斯（1997）的压力模型（图 1.2）。罗宾斯的个体压力模型综合了早期工作压力研究的主要成果，认为压力源是由环境、组织和个人三方面的潜在因素构成，这几方面的因素是否会导致现实压力感将取决于个体差异。个体差异影响压力感的五个关键中介变量分别为：个人认知、工作经验、社会支持、控制点观念和敌意感。相应的压力作用结果则包括生理、心理和行为三个方面的症状。该模型考虑了组织中个体层面工作压力的形成过程及影响结果，为正确认识个体工作压力及提出相应应对管理策略提供了重要的理论框架。

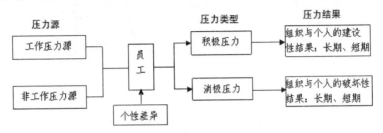

图1.3 纽斯特罗姆的压力理论模型

资料来源：斯蒂芬·P·罗宾斯著、孙建敏，李原译：《组织行为学》，中国人民大学出版社1997年。

罗宾斯压力模型不但展示了压力的过程性，而且对压力的多维性、复杂性进行了揭示阐述。此外，罗宾斯压力模型还明确了个性差异的缓冲变量作用，并认为缓冲变量决定了压力源能否最终导致压力结果的出现，凸现了中介缓冲变量的作用。

纽斯特罗姆（Newstrom）等的工作压力理论模型（图1.3）。纽斯特罗姆等（1997）认为，压力源可以分为两大类：工作因素和非工作因素，并特别指出工作压力源会造成积极性压力与消极性压力两种压力情景，而压力结果则包含组织层面与个体层面两个方面的积极或者消极影响，该模型对全面认识压力的作用效能具有重要的启示意义。

第二节　变量分析

从现有的工作压力研究思路及模型文献来看，大多认为工作压力是一个多维度、多向度的概念，是包含压力源、中间变量与结果变量的系统过程。本书以制度视角下的工作压力源为自变量，选取当前压力研究中具有代表性的四个中间变量（组织支持感、工作满意度、自我效能感和应对策略）和三个结果变量（压力反应、工作绩效和离职倾向），用定量研究方法，探寻工作压力源对结果变量的影响机制。

一、自变量

自变量为工作压力源。职业活动不同的内在特征及其对人的不同工作要求，构成了不同职业之间工作压力来源上的差别。本文选取制度视角，对中国社会转型、大学制度改革背景下大学教师特定工作压力来源的内容与结构进行探讨。

从组织行为学的角度看，制度是规范和约束人与组织的各种行为规则。生活在组织中的人都要受组织制度的制约。这些规则和约束的终极目的是促进组织的发展，而制度里的人工作动机多重、认知各异、个性与能力千差万别，对制度的认知和感受不同，难免产生压力，从而有不同的行为选择，最终影响到制度绩效。大学教师作为高端知识分子，对所从事工作更是有着独特的价值观、态度与信念体系，他们对各种正式的约束以及没有明文规定但约定俗成的各种规则，更可能产生观念冲突与心理压力。通过文献分析，从制度视角来看，大学教师工作压力的潜在来源有：组织管理、角色职责、绩效考核、聘任制度、职业发展（培养培训制度）和工作保障（薪酬制度）等正式和非正式制度方面。从制度视角探讨大学教师工作压力的来源，强调教师工作背景的"刺激情境"，目的是探讨"刺激情境"怎样与不同的组织行为学变量以及个体特质变量相结合，对结果变量产生不同方向和强度的影响，为从组织层面进行压力管理提供科学依据。

（一）组织管理压力源

库珀和马歇尔（Cooper & Marshall，1978）提出的压力源理论认为，组织价值观、决策方式、领导风格、解决冲突办法等组织结构和倾向是产生压力的重要因素①。如果组织的规则过于繁琐、僵化、不健全、沟通不畅，组织成员没有机会参与决策，那么成员将受到影响，工作满意度下降。大学是实施高等教育的社会组织，除具有一般组织所共有的特征外，还具有区别于其它组织的很多突出特征。本书只论述与大学教师工作压力来源相关的组织管理的倾向性特征。

由于历史文化传统的原因，我国大学组织形成了政府外控型的组织特征，政治始终是支配大学发展的最重要力量。政府外控型的组织特征，决定了大学内部形成行政主导、学术权力处于被支配地位的制度特点。学术权力是对学术事务管理的权力，是以学科知识体系和专家学术能力为基础的一种权力。大学行政权力是指为处理学校人事、财政、设施、设备利用和维护以及对外联系等事务建立起来的、以提高管理效率和质量为目的的一种权力。就现代大学管理

---

① Cooper C. L., Marshall J., *Sources of managerial and White Collar stress*, New York：John Wiley & Sons，1978，pp. 81-106.

而言，学术权力和行政权力都有各自的合法性基础，只有保证这两方面力量的有效协作才能保证大学学术事务和非学术事务的有效管理。

从中国大学内部权力结构的演变以及相关政策文本中都可以发现，我国大学内部管理和决策权力主要集中在大学行政部门，教师虽然具有一定的参与管理的机会，但其作用主要是咨询性或补充性的。"行政机构几乎包揽了所有行政和学术事务的决策和管理。而以学术活动为职业，对学科专业有着深刻理解的广大教师的学术权力却没有得到应有的重视和运用"[1]。在高等学校内部进行的各种改革活动中，决策者和行政管理层，常常把学校发展目标强加给教师，未能充分考虑到教师主体的现实境况与利益诉求，忽视了提高教师对改革的认可程度，也没有充分发挥教师在学术上的领导与决策作用，学术管理往往被行政管理所代替，造成"行政官僚导向"与"教师专业导向"之间的冲突。

面对冲突与困惑，作为学院化、专业化的知识分子，大学教师恪守"院校忠诚和学科忠诚"的双重价值信念，强烈的院校忠诚信念可能使他们产生对以院校的现有规章制度、院校文化、院校运行机制的僵化认识，努力维护院校的现有状态，在体制内求发展；强烈的"学科忠诚"信念，也可能使他们在权衡利弊后背弃"院校忠诚"，选择通过流动去寻求醉心于学术或实现个人价值的工作环境。

（二）角色职责压力源

角色是一种制度化的社会身份，特定的社会角色按照规定的权利、义务和规范进行活动。每一个人都在组织中承担一定的角色，而每一个角色都蕴含着组织中其他与之互动的成员——"角色定位群"对其工作的要求与期望，当角色承担者感到期望不明确、矛盾或要求太高，而使他不能完成任务时，压力就产生了。卡恩（1964）等人的角色压力理论认为，压力是组织因素在角色传达者中形成的角色期待，这些期待又化作角色压力传递给相关人员的结果，人们尽力使自己的行为方式与他们的角色定义相一致。角色压力来源于角色模糊与角色冲突。当一个人不明确别人对自己的期望、不明确工作目标或者完成工作的方法时就会出现角色模糊；角色冲突发生的原因通常是由于有限的资源（比如时间、精力）或者不同角色间的矛盾，个体发现自己越来越难以成功地扮演每个角色。角色超载是当前组织中角色冲突的普遍形式，当角色承担者在

① 苏宝利，吕贵：《高校教师学术评价制度：问题与对策》，《江苏高教》2003年第6期，第118页。

一个给定的时间段里，无法满足他的所有角色要求时，就会引起角色超载①。卡普兰研究发现，对他人负有责任特别让人感到压力，教师属于高压力职业，与对人们的责任重大相联系。

　　大学教师的角色职责既有正式制度规定，也有大学传统对教师角色的内在的高标准要求。在中西方两种文化背景下，大学教师角色都被定义为"真理的化身、道德的榜样和社会的良心"，内在知识制度与外在知识制度共同塑制了大学教师的角色行为②。我国对大学教师的角色规定有教师法、高等教育法和高校教师职业道德规范要求。《中华人民共和国教师法》指出，教师是履行教育教学职责的专业人员，承担教书育人，培养社会主义事业建设者和接班人，提高民族素质的使命；《中华人民共和国高等教育法》规定，高等教育的任务是培养具有创新精神和实践能力的高级专门人才，发展科学技术文化，促进社会主义现代化建设；《高校教师职业道德规范》要求教师，热爱教育，献身教育；热爱学生，教书育人；以身作则，为人师表；锐意进取，严谨治学。高校教师身份和职责的法律规范以及职业道德素养要求，表明大学教师职业行为的重要性，教师既要传授知识，又要为人师表。大学教师的行为规范以及高标准的职业道德要求，与大学教师职业群体高成就动机的特征相结合，成为对教师具有挑战性和成长性重要压力。

　　近年来，随着大学面对大众化要求不断扩招、高校人事和分配制度改革的深入，以及各种考核标准的出台，大学教师不得不面对各种新的问题、矛盾和冲突，压力问题日益严重。大学的不断扩招，在教师数量难以满足需要的情况下，只得加重现有教师的负担，他们要授更多种类和数量的课，要开更多的讲座，要不断地更新知识，要达到组织要求的高学历，教学和知识更新的负担沉重。比这更重的是科研负担，数量化导向的评价体系要求教师在有限的时间内，要教好课、要多出成果，教学与科研的角色会发生冲突。高数量和高质量的角色要求，教学和科研的沉重负担，使大学教师产生严重的"角色超载"压力。

（三）绩效考核压力源

　　大学教师绩效考核制度是对教师在完成学校工作任务的数量、质量、效率

---

①　苏尔斯凯、史密斯著，马剑虹等译：《工作压力》，中国轻工业出版社2007年，第105页。

②　朴雪涛：《大学教师角色的制度性特征分析》，《沈阳师范大学学报》2005年第1期，第116-120页。

及态度等方面情况的考查与评定，是教师规范化管理制度的重要组成部分①。考核内容一般包括政治思想、教学业绩、科研业绩三个方面。政治思想一般以定性方式评价，教学业绩和科研业绩一般是评价重点，主要进行量化评价。目前，各大学教学业绩评价一般由专家评价、同行评价和学生评价三个方面组成，进行量化评分，所占比例各校有所差异；科研业绩评价基本上以教师的科研成果产出量为考核标准，进行量化考核，并将考核结果与津贴、奖金等个人利益直接挂钩。近年来，量化考核出现了过度使用的现象：一是过度重视数量，甚至走向唯数量论；二是过于重视质量形式，几乎完全依据行政机构的级别来衡量学术成果，它把对科研人员学术水平的评定等同于对于刊物、奖励以及项目主办单位的行政级别的评定。科研资金发放、岗位评聘、职称晋升，都是按照定量化办法，均要求根据论著、课题、获奖的总评得分来确定。这种表面化和形式化的量化评价制度，存在着评价标准偏离学术逻辑的倾向，忽视了学术成果的内在质量和真正价值。

已有研究发现，如果组织中的绩效考评比较经常，比较严格具体，且和工作奖酬挂钩紧密、或者绩效考评对个人的职业生涯有重要影响，以及考评活动是否公正与公平，都会产生较大压力感。有研究者对大学绩效评估制度进行访谈，调查结果说明量化考核的弊端严重：教师对制度的出台、政策的制定过程参与程度较低；教师普遍认为现行的教师评估不能体现出其真实劳动内容和价值；评估过于重视"量"的多少，忽视对质的评价；评估缺乏激励教师的作用，甚至引发了学术道德问题②。

大学教师职业劳动创造性和潜在性的特点，决定大学教师的劳动绩效鉴定（人才价值确认、科研成果转化）具有滞后性、间接性和长期性的特点，难以适时而有效地评价；劳动过程具有主体性、复杂性特点，其努力程度也难以有效测量和监督。这些诸多的偏离学术取向的硬性指标和条件无疑给高校教师增加了很大的压力。

（四）聘任制度压力源

著名的工作压力研究专家库珀等在《战略压力管理》一书中写到，随着现代社会的加速发展与环境条件的急剧变化，组织中的各类变化、变动与变革事件也大量增加。研究表明，组织变革会导致员工不确定性增长，出现工作不

---

① 赵敏：《我国现代大学教师管理制度伦理研究》，2007 年华中科技大学博士学位论文。
② 同上。

安全感，人的资源有限，不断适应变化，使员工处在短暂和临时之中，不管是积极体验还是消极体验，不断适应外部环境的刺激，不断地耗费大量精力，会导致紧张感和压力感①。变化成为强大的压力诱因。目前与大学教师关系最密切的变化就是聘任制度改革，这场适应市场经济要求的变革，使大学教师面临着巨大的压力。

面对市场经济的发展完善和高等教育国际化的双重挑战，从 20 世纪末开始，我国高等学校在国家关于深化高校人事分配制度改革的政策指导下，对校内人事管理制度进行了改革，开始试行教师职务聘任制。教师聘任制度是指高等学校和教师在双方平等自愿、"双向选择"的基础上，以签订聘任合同的方式确认教师职务职责以及双方权利和义务的教师任用制度②。它的实施意味着高等学校与教师之间的关系由人事行政管理关系变为劳动合同关系，完成了教师队伍人事关系由计划向市场的转化。与聘任相对的是解聘或者淘汰制度。教师淘汰制度是对不能达到现有岗位要求的教师给予降职或另外安排工作处理的制度。教师聘任制赋予高校和教师双方更大的选择空间，有利于加速人员的合理流动，有利于高校教师资源得到合理且优化的配置，使高校人事制度与市场经济的发展相适应。

大学教师的职务聘任制度本质上要求学校根据事业发展、学科建设、人才培养、科学研究以及教师队伍建设的需要，科学设置教师职务岗位，教师依据岗位职责和任职条件申报教师职务；学校按照岗位择优聘用，学校根据岗位职责进行履职考核；依据考核结果续聘、缓聘或解聘教师职务。然而，我国高校教师职务聘任制尚缺乏完善的体制规范，在实施过程中给教师造成了很大的压力。目前我国教师聘任制还不够完善，不仅源自于高校制度规则的变革所牵涉利益格局的复杂性，更为重要的是其面临着高校自身无法解决的一些根本性问题。教师聘任制度本身还存在着种种的局限性，如过多强调短期效益，评价标准呈现过度量化的倾向，对落聘教师的工作保障不到位，不确定性增加等诸多问题，给习惯于在安稳象牙塔工作的教师造成很大的冲击与心理压力，主要表现在：

第一，职业稳定性受冲击。传统的高校职业生涯通道是建立在职务等级体系基础之上的，是一种"官本位"的职业生涯管理制度，教师职业历来被公

---

① Sutherland V. J., Cooper C. L. 著、徐海鸥译：《战略压力管理》，经济管理出版社 2003 年。
② 赵敏：《我国现代大学教师管理制度伦理研究》，2007 年华中科技大学博士学位论文。

认为是最稳定的行业之一，稳定性是许多人选择教师这一职业的核心要素。聘任制作为正式制度被移植进来，但作为非正式制度的传统观念仍在发挥作用，造成了教师观念上的碰撞与冲突。还有一些高校借鉴社会上的做法，把市场竞争机制引入到教育体制中来，采用竞争上岗等办法改革高校管理体制。这些做法加剧了部分大学教师的职业危机感。

第二，聘任制度不完善。教师考评制度为聘任、续聘、晋升、调薪和奖惩提供依据，建立在考评机制不完善基础上的聘任制造成了教师的不公平感。在实施聘任制过程中，有相当一部分高校未能深入细致地把握学科特点，在聘任条件、考核标准等方面未能处理好人文社科与自然学科、基础学科与应用学科的关系，采取一刀切的办法，违背了学科发展的内在规律，造成致力于学术发展的教师很大的压力。

第三，保障机制不健全。由于任何一种制度安排都是"嵌在"制度结构中，它必定内在地联结着制度结构中的其他制度安排，因而每一种制度安排的效率还取决于其他制度安排实现其功能的完善程度。实行教师聘任制，需要有发育良好的人才市场、社会保障系统、教师权益保障的有关法规。但是，我国市场经济正处于完善之中，人才市场发育不够健全。在不完善的高校教师劳动力市场和社会保障体系下，聘任制的实施将在很大程度上使教师处于被动的地位。

（五）职业发展压力源

从制度视角看，职业发展压力源主要涉及到教师培养和培训制度。教师培训作为一种制度性行为而实施，对于促进教师队伍的质量提升具有重要作用。经济全球化时代的到来，开启了人类社会的信息时代，知识信息呈现爆炸式增长，人们不再认为学校教育的结束意味着整个教育的结束，而认为教育过程伴随终身。从职业性质看，教师属于专业性职业，大学教师属于专业技术人员。面对学科纵向深入分化发展，横向交叉综合发展的趋势，以及知识生命周期不断缩短的态势，在激烈的学术竞争中，为跟上自己学科前沿，需要不断学习，"知识"是他们的从业资本，当这些最有价值的资源不断消耗，却得不到足够的补充时，根据霍布福（Hobfoll，1988）提出的资源守恒理论（Conservation of Resource Theory，简称 COR 理论），个人失去特定的资源、珍贵资源受到威胁，或不足以应付需求、投入珍贵资源却无法得到预期的回报时，个人就会产生压力①。随着整个社会受教育层次的提高以及高校学历竞争的加剧，特别是市场经济和教育产业化的影响，对教师的学历要求也越来越高，在教学科研的同时，年轻一点的教师要想方设法攻读硕士、博士学位，年龄偏大、知识老化的教师压力感更大。知识更新的压力加大，学校提供的进修深造机会却受到限制，超负荷的工作和现实条件的种种制约，使教师面临很大压力。

（六）工作保障压力源

工作保障压力源主要涉及的是大学的薪酬福利制度。在本研究中薪酬制度、工作保障、工资制度、收入分配制度，不作严格区分，大致表达的是相同的含义。薪酬（Compensation），是指员工在从事劳动、履行职责并完成任务之后所获得的经济上的酬劳或回报。大学教师薪酬是指高等学校对教师给学校所做贡献的回报，它以职务说明为基础，为教师提供基本的较稳定的收入。它是对教师为学校带来的长期的、总体的贡献和价值的肯定。薪酬一般包括工资和福利，工资以货币形式直接支付，而福利多以实物或服务的形式支付。对于高成就需要的大学教师群体来说，社会给教师提供报酬不仅仅是向他们提供了维持生存的手段，而且报酬的高低也意味着对学术人员研究成果的认可程度，从某种意义上说，报酬是对自我价值的体现，报酬的数量和形式以及公平性都对教师的心理和行为产生重要的影响。

为保障人事管理制度的有效运行，我国多数大学进行了薪酬制度改革。薪酬制度改革的目的在于通过将教师收入与岗位职责、工作业绩、实际贡献紧密联系，激励教师。薪酬制度改革，引进了激励机制，在一定程度上弥补了事业单位工资制度的缺陷，扭转了长期以来高校教师在全国各行业中待遇偏低的局面，增强了其岗位在社会上的竞争力。薪酬制度实施效果依赖于绩效评估体制的合理性。如果绩效评估被认为是不公平的，那么以此为基础的绩效工资也必然是不公平的。亚当斯所提出的"公平理论"认为，组织中的个人不仅关心自己经过努力获得报酬的绝对数量，也关心自己的报酬和他人报酬的差别。个人受激励程度不仅受其所得绝对报酬的影响，而且受其所得相对报酬的影响。虽然近几年教师的社会地位、物质待遇有较大提高，但同公务员等职业相比仍有很大差距。不同学科教师之间、组织管理人员与普通教师之间实际经济收入存在一定的差距，甚至差距悬殊。一项实证研究显示，在工作满意各影响因素

---

① Hobfoll S. E., "Conservation of resources: A new attempt at conceptualizing stress," *American Psychologist*, Vol 44, No. 3, 1989, pp. 513-524.

中，大学教师对工作回报因素的满意率最低①。根据西格里斯特提出的"努力-奖酬失衡理论"，工作者所感知到的工作投入和所得奖酬（包括金钱、尊重以及职业发展机会等）之间的失衡，尤其是当付出较大的努力而只获得较少的奖酬时，工作压力感最大②。

总的看来，组织的压力分解为教师的压力，这些压力对教师来说，可能是积极压力，促进组织目标实现；也可能是消极压力，阻碍组织目标实现。

二、中间变量

中间变量包括调节变量（Moderator）和中介变量（Mediator），它们是相对于自变量和因变量的第三变量，调节变量影响二者之间关系的方向和强弱，中介变量直接在二者之间起作用③。在引入中介变量时，通常要求中介变量与自变量有较强的关系，同时也要与因变量有较强的关系。中介作用可分为两种：一是完全中介作用，当控制中介变量时，自变量对因变量的影响为零（虚线部分），见图1.4（1），二是部分中介作用，当控制中介变量时，自变量对因变量的影响不为零（实线部分），而且其影响的强度显著小于没有控制时的影响，这时为部分中介作用④，见图1.4（2）。在引入调节变量时，并不要求调节变量与自变量或者因变量有关系，也不要求自变量和因变量之间有关系。调节变量可以是定性的，也可以是定量的，它影响因变量和自变量之间关系的方向（正或负）和强弱，见图1.4（3）⑤。对于给定的自变量和因变量，有的变量做调节变量和中介变量都是合适的，从理论上都可以做出合理的解释。

在工作压力源与结果变量关系的研究中，研究者们注意到工作压力源的实际影响效能因个体差异或缓冲变量有很大不同。这些影响压力源与结果变量之间关系的中间变量包括组织支持感、工作满意度、自我效能感、应对策略、个

---

①　王志红，蔡久志：《大学教师工作满意度的测量与评价》，《黑龙江高教研究》2005年第2期，第77-79页。

②　Siegrist J. , "Adverse health effects of high-effort/low-reward conditions ," *Journal of Occupational Health Psychology*, Vol1, No. 1, 1996, pp. 27-41.

③　温忠麟，侯杰泰，张雷：《调节效应与中介效应的比较和应用》，《心理学报》2005年第2期，第268-274页。

④　Baron R. M. , Kenny D. A. , "The moderator-mediator variable distinetion in social psychological research：conceptual, strategic, and statistical considerations," *Journal of Personality and Social Psychology*, Vol51, No. 6, 1986, pp. 1173-1182.

⑤　同上。

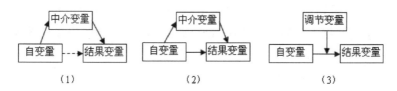

图 1.4 中介模型和调节影响模型

资料来源：Baron R. M., Kenny D. A., "The moderator-mediator variable distinetion in social psychological research: conceptual, strategic, and statistical considerations," *Journal of Personality and Social Psychology*, Vol 51, No. 6, 1986, pp. 1173-1182.

性特征、角色认知等。近年来，压力研究开始注重中间变量的作用，并且在中间变量的选择上越发重视与压力的心理转换机制有关的变量。本书选取目前压力研究中具有代表性的四个组织行为学和个体特质变量作为中间变量，探索工作压力源的各个维度对结果变量的直接作用以及通过四个中间变量的间接作用，对大学教师工作压力作用机理进行系统分析。

（一）组织支持感

从 20 世纪 90 年代开始，组织支持感（Perceived Organizational Support，POS）在压力作用过程中的影响日益引起关注。尽管现有的研究和文献并不十分丰富，但相关的研究还是揭示了组织支持感在工作压力作用过程中的中介或调节作用，较高的组织支持感有利于减少工作压力带来的心理和精神上的不良反应，提高组织绩效，减少离职倾向。选取组织支持感作为中间变量，有利于从组织和制度层面对工作压力进行管理。

1. 组织支持感与工作压力的关系

组织支持感指员工对组织如何看待他们的贡献并关心他们利益的一种知觉和看法，是美国社会心理学家艾森伯格（Eisenberger，1986）提出来的[1]。组织支持感理论是以社会交换理论和互惠原则为基础的，即员工感受到来自组织方面的关心、支持和认同时，将会受到激励，并以努力工作和忠诚来作为交换。组织支持理论的重要意义在于强调组织对于员工的关心和重视才是导致员工愿意留在组织内部、并为组织做出贡献的重要原因。

已有研究表明，组织的各项举措，例如薪资水平、职位高低、组织政策等，都会影响到员工对组织支持的感知，较高的组织支持感有利于减少工作压

① Eisenberger R., Huntington R., Hutchison S., "Perceived organizational support," *Journal of Applied Psychology*, Vol71 No. 3, 1986, pp. 500-507.

力带来的心理和精神上的不良反应。斯坦珀和乔艾克（Stamper & Johlke，2003）的研究发现，组织支持感在角色压力（如角色模糊和角色冲突）和压力结果（绩效、满意度和留职意向）之间发挥显著的缓冲效应；不管压力强度的高低，组织支持感都能够降低员工总体的压力感①；艾塞德（Asad）和卡恩认为，具有较高组织支持感的员工工作压力水平往往相对较低②；袁少锋等以知识型员工为研究样本，实证检验了组织支持在工作压力源与压力反应之间的中介效应③。

2. 组织支持感对工作绩效和离职倾向的影响

许多研究表明，组织支持感对工作绩效具有正向影响、对离职倾向具有负向影响。克罗潘扎诺等（Cropanzano，1997）的研究表明，工作支持和工作满意度呈显著正相关关系，工作满意度和工作绩效也常常被用作工作压力研究中的结果变量④；乔治和布里夫（George & Brief，1992）的研究表明，组织支持感会促使员工产生两种角色外行为：帮助同事和帮助组织。尽管这两类行为在具体的对象范围和程度上存在差别，但无论哪一种行为都将有可能最终对组织绩效有益⑤；克雷默（Kraimer，2001）研究了组织支持感对涉外员工的工作绩效正向影响⑥；艾森伯格（1986）和韦恩（Wayne，2003）都认为，组织支持感会让员工产生较少的职业流动与离职行为⑦；艾伦（Allen，2003）等认为，高的组织支持感可以提高员工保持组织成员身份、高出勤率及工作准时

---

① Stamper C. L. , Jonlke M. C. , "The impact of perceived organizational support on the relationship between Boundary Spanner Role Stress and work Outcomes," *Journal of Management*, Vol40 No. 4, 2003, pp. 569-588.

② Asad N. , Khan S. , "Relationship between job-stress and burnout: Organizational support and creativity as predictor variables Pakistan ," *Journal of Psychological Research*, Vol 18, No. 3, 2003, pp. 139-150.

③ 袁少锋，高英：《组织支持对工作压力的中介效应研究——基于知识型员工样本的实证分析》，《应用心理学》2007 年第 4 期，第 373-378 页。

④ Cropanzano R. , Howes J. C. , Grandey A. A. , "The relationship of organizational politics and support to work behaviors, attitudes, and stress," *Journal of Organizational Behavior*, Vol18, No. 2, 1997, pp. 159-180.

⑤ George J. M. , Brief A. P. , "Feeling good-doing good: A conceptual analysis of the mood at work-organizational spontaneity relationship," *Psychological Bulletin*, Vol112, No. 2, 1992, pp. 310-329.

⑥ Kraimer M. L. , Wayne S. J. , "An examination of perceived organizational support as a multidimensional construct in the context of an expatriate assignment," *Journal of Management*, Vol30, No. 2, 2004, pp. 209-237.

⑦ Wayne A. H. , Charles K. , Pamela L. P. , "Perceived organizational support at a mediator of the relationship between politics perceptions and work outcomes," *Journal of Vocational Behavior*, Vol63, No. 4, 2003, pp. 438-456.

等公认的与组织支持感互惠的行为，也能增加员工对组织的感情承诺，从而减少他们的离职倾向与消极行为①。

3. 组织支持感测量

在组织支持感测量方面，目前采用的大多是艾森伯格开发的组织支持感问卷（SPOS）。具体项目如"组织重视我对其成长做出的贡献"、"组织不能理解我为工作付出的额外努力"等②。在不同行业和不同组织员工被试样本中的研究结果表明都具有很高的内部信度和单维性。正是由于这个原因，所以大多数的组织支持感研究采用的是从 SPOS 问卷中抽出的 17 个因子负荷较高的条目，或是采用条目更少的短型问卷，以替代 36 个项目的问卷。

（二）工作满意度

工作满意度（Job Satisfaction）是影响工作效率与工作生活质量的重要心理因素。在 OSI 等工作压力模型中，工作满意度是工作压力的重要结果变量，员工的满意意味着对组织的认可，是组织价值的重要体现；另一方面，工作满意度会影响到缺勤和离职状况，也影响到组织承诺和工作效率，并最终影响工作绩效，是工作压力与工作绩效过程的重要缓冲变量。本研究主要考察工作满意度作为中间变量在工作压力源与结果变量关系中的作用，并考察组织支持感与工作满意度交互作用对结果变量产生的影响。

1. 概念与结构

霍波克（Hoppock，1935）最早对工作满意度进行了研究③。目前的工作满意度概念主要有三类。第一类是整体性定义（Overall Job Satisfaction），将工作满意度的概念作一般性解释，重点在于人们对其工作及有关环境所持的一般态度。对其工作角色的整体情感反应，并不涉及工作满意度的各个方面和工作满意度形成的原因与过程④；第二类是差距性定义（Expectation Discrepancy），

① Allen D. G. , Shore L. M. , Griffeth R. W. , "The role of perceived organizational support and support-ive human resource practices in the turnover process," *Journal of Management*, Vol29, No. 1, 2003, pp. 99-118.

② Eisenberger R. , Huntington R. , Hutchison S. , "Perceived organizational support ," *Journal of Applied Psychology*, Vol71, No. 3, 1986, pp. 500-507.

③ Hoppock R. , *Job satisfaction*, 2 nd, ed. , New York：Arno Press, 1977.

④ Price J. H. , *Handbookof organizational measurement*, Lexington, District of Columbia：Health & Company, 1972, pp. 156-157.

认为工作满意的程度视个人实得报酬与其认为应得报酬之间的差距而决定①；第三类是参考架构性定义（Job Facet Satisfaction），认为影响人的态度及行为的最重要因素是人们对于这些客观特征的主观知觉及解释，这种知觉与解释则受个人自我参考架构的影响②。综合上述三种观点，可以发现工作满意度是指个人生理、心理两方面对环境因素的满足感受，也就是个人对工作状态的主观感受或反应。本研究的教师工作满意度是指教师对其工作与状况的一种总体的、带有情绪色彩的感受与看法。

洛克（Locke，1976）认为工作满意度主要包括四个方面的内容，即工作本身、报酬、工作条件与环境和人际关系满意度③；贾奇和托雷森（Judge & Thoreson，1984）把工作满意度分为内源性与外源性工作满意度④；弗鲁姆（Vroom）提出工作满意的主要评价因素包括管理、晋升、工作性质、上司、工资报酬、工作条件、同事等七个方面⑤；弗里德兰德（Friedlander）通过因子分析抽出工作满意度的三个因素：社会及技术环境、自我实现和被认可⑥；史密斯、肯德尔和休林（Smith、Kendall & Hulin）提出工作满意度包含工作本身、工资、晋升、上司和同事五个因素⑦；霍尔德韦（Holdaway，1978）发现教师对工作产生满意的因素多为内部因素如工作成就、职业发展，而一些外部因素如行政管理、人际关系等则多与教师的不满意相关⑧；西蒙斯（Simmons，1970）曾专门研究了教师工作满意度的结构因素，并把它们分为内容和环境两类。内容方面的因素涉及教学过程本身，而环境方面的因素包括工作

---

① Porter L. W., Steers R. M., "Organizational, work, and personal factors in employee turnover and absenteeism," *Psychological Bulletin*, Vol80, No. 2, 1973, pp. 151-176.

② Alderfer C. P., BrownL. D., "Designing an empathic questionnaire for organizational research," *Journal of Applied Psychology*, Vol56, No. 6, 1972, pp. 456-460.

③ Locke E. A., *The nature and causes of job satisfaction*. In M. D. Dunnette（Ed.）, Handbook of Industrial and Organizational Psychology, Chicago: Rand McNally, 1976, pp. 1319-1328.

④ Judge T. A., Thoresen C. J., Bono J. E., "The job satisfaction-job performance relationship: A qualitative and quantitative review," *Psychological Bulletin*, Vol27, No. 3, 2001, pp. 376-407.

⑤ Vroom V. H., "Ego-involvement, job satisfaction, and job performance," *Personnel Psychology*, Vol15, No. 2, 1962, pp. 159-177.

⑥ Friedlander F., "Relationships between the importance and the satisfaction of various environmental factors," *Journal of Applied Psychology*, Vol49, No. 3, 1965, pp. 160-164.

⑦ Smith P. C., L. Kendall M., Hulin C. L., *The measurement of satisfaction in work and retirement*, Chicago: Rand McNally, 1969.

⑧ Holdaway E. A., "Facet and overall satisfaction of teachers," *Educational Administration Quarterly*, Vol14, No. 1, 1978, pp. 30-47.

状态（如人际关系，学校政策，薪金等）①；冯伯麟（1996）对教师工作满意度的结构进行因子分析，提出自我实现、工作强度、领导关系、工资收入和同事关系等五维结构②。

2. 工作压力与工作满意度的关系

在传统的工作压力研究中，一般认为工作压力的增加将导致工作满意度的下降，两者之间的关系一般表现为负相关关系。但随着研究的深入，"压力越大，满意感就越低"的观点开始受到研究者们的质疑。大量实证研究表明，工作压力与满意度之间的关系不只是简单的正相关或负相关关系，两者都受到十分复杂的工作系统因素的影响，使用笼统的测量，难以发现两者的相关，实际上，不同的压力源对于工作满意度的影响是不同的，某些压力源可以提高工作者的工作态度和工作绩效。许小东（2004）研究发现，知识型员工工作内源压力与工作满意之间有着正相关关系，工作外源压力与工作满意感之间有着负相关关系③。也有研究认为，工作压力源与满意度的关系会受到其它变量的影响，某些来源的社会支持在工作压力与满意度关系中具有缓冲作用。

关于工作满意度与工作绩效的相关性，多年来在组织行为学界也得到了广泛的研究，一种观点认为高的满意度会导致好的绩效；还有一种观点认为好的绩效会导致满意。对这两种观点，都有支持性的研究，但是在工作满意度与绩效之间，并没有发现简单、直接的关系。目前，越来越多的研究者结合离职倾向、生理状况、工作绩效等个体及组织结果变量，采用结构方程和路径分析的方法对工作压力与工作满意度的关系模型进行研究。有研究发现，角色模糊、角色冲突对工作满意度和生理状况具有直接影响，进而影响到离职倾向。

3. 工作满意度的测量

国外常用量表主要有三种：第一，工作满意度问卷（Job Satisfaction Index，JSI），共有36个项目，问卷涉及到评价工作的报酬、提升和工作性质等九个方面；第二，工作描述指数（Job Description Index，简称 JDI），它是由史密斯和肯德尔等（1969）发展设计的，包括工作本身、升迁、报酬、管理者

---

① Simmons R. M., *The measurement of factors of teacher satisfaction and dissatisfaction in teaching*, Tennessee, USA: University of Tennessee, 1970.

② 冯伯麟:《教师工作满意及其影响因素的研究》,《教育研究》1996年第2期，第42-49页。

③ 许小东，孟晓斌:《工作压力应对与管理》,航空工业出版社2004年。

及同事五个部分①；第三，明尼苏达工作满意度调查表（Minnesota Satisfaction Questionnaire，简称 MSQ），由明尼苏达大学韦斯（Weiss）等人（1967）所设计。它分为长式量表（21 个量表）和短式量表（3 个分量表）。短式量表包括内在满意度、外在满意度和一般满意度 3 个分量表。长式量表包括 100 个题目，可测量 20 个工作方面的满意度及一般满意度②。

（三）自我效能感

自我效能感（Self-efficacy）在工作压力作用过程中，是一个非常重要的中间变量。近年来，自我效能感在压力源与压力结果之间所起调节作用研究，越来越受到研究者的关注。本研究引入自我效能感为调节变量，并考察自我效能感与应对策略的交互作用对结果变量产生的影响。

1. 概念与特征

自我效能感这一概念最早由美国斯坦福大学著名心理学家班杜拉（Bandura，1986）提出的。自我效能感是指个人对自己在特定情境中是否有能力去完成某个行为的期望③。教师效能感是近年来教师心理研究领域的一个重要课题，是教师对自己能否成功完成教育教学活动的主观判断④。

2. 自我效能感在工作压力与工作绩效关系中的作用

班杜拉认为，由于不同活动领域之间的差异性，所需要的能力、技能也千差万别。一个人在不同的领域中，其自我效能感是不同的。因此，并不存在一般的自我效能感。任何时候讨论自我效能感，都是指与特定领域相联系的自我效能感⑤。在职业与组织领域研究证明，自我效能感是预测绩效的最佳指标之一。近年来，自我效能感在压力源与压力结果变量之间所起中介作用研究，越来越受到研究者的关注。罗伊尔和霍尔（Royle & Hall，2005）认为，员工对自己完成工作能力的感知会影响他们的关键行为结果，并把工作自我效能作为责任心和组织公民行为的缓冲变量加以研究⑥；杰克斯等人的研究表明，自我

① Smith P. C. , L. Kendall M. , Hulin C. L. , *The measurement of satisfaction in work and retirement*, Chicago: Rand McNally, 1969.

② Dail L. F. 著、阳志平，王薇译：《工作评价——组织诊断与研究实用量表》，中国轻工业出版社 2004 年。

③ 郭本禹，姜飞月：《自我效能理论及其应用》，上海教育出版社 2008 年，第 57 页。

④ 张鼎昆，方俐洛，凌文辁：《自我效能感的理论及研究现状》，《心理学动态》1999 年第 1 期，第 39 -43 页。

⑤ 郭本禹，姜飞月：《自我效能理论及其应用》，上海教育出版社 2008 年，第 57 页。

⑥ 魏海燕：《研发人员工作动力行为的探索性研究》，2007 年复旦大学博士学位论文。

效能感是工作时间、工作负荷、任务特征与身体紧张和心理紧张的中介变量，而身体和心理的紧张恰恰是压力结果的重要表现①。辛格（Singh）等人的研究也发现，自我效能感与工作紧张之间存在显著的负相关关系。自我效能感对于压力结果的直接影响是存在的②。

很多实证研究还发现，卡拉塞克的经典工作需求-控制模型也必须结合考虑自我效能感的中介作用才能提高其预测效度。自我效能感水平不同的个体对工作控制的需求和压力感受存在很大差异。杰克斯（Jex）等（2001）指出，具有高自我效能感水平的个体可能在压力产生之前就会采取积极措施加以应对③；许小东等（2004）认为，自我效能感对于工作压力的影响机制可能主要体现在工作控制意愿和应对策略选择这两个方面④；巴哈特（Bhagat）和阿莉（Allie）研究结论支持了当个体具有较积极的自我信念时，压力对工作带来的负面影响相对较小的假设⑤。自我信念系统中，自我效能的研究一直占有十分重要的地位，大量的研究支持自我效能对动机、行为表现有显著预测作用的假设。

3. 自我效能感与身心健康关系

班杜拉认为，自我效能感在两个水平上影响人类健康⑥。在较为基础的水平上，人们对自己处理应激能力的信念会影响到其身心调节系统。如果人们相信其能够有效地控制潜在的应激源，他们便不会为其所困；反之，便会受其困扰，并损害到生理机能的水平。自我效能感影响健康的第二个水平表现在人们对个人健康习惯及生理老化的直接控制上，这种自我调节的效能感影响到其动机和行为。另一些研究涉及到对情绪及主观幸福感的影响。研究发现，自我效能感与主观幸福感、生活满意度之间存在显著正相关关系，与焦虑水平之间存

---

① Jex S. M., Bliese P. D., Buzzell S., "The impact of Self-efficacy on stressor-strain relations coping style as an explanatory mechanism," *Journal of Applied Psychology*, Vol86, No. 3, 2001, pp. 401-409.

② Singh P., Mohanty M., "Role efficacy in relation to job anxiety and job status," *Psycho- Lingua*, Vol26, No. 1, 1996, pp. 25-28.

③ Jex S. M., Bliese P. D., Buzzell S., "The impact of Self-efficacy on stressor-strain relations coping style as an explanatory mechanism," *Journal of Applied Psychology*, Vol 86, No. 3, 2001, pp. 401-409.

④ 许小东，孟晓斌：《工作压力应对与管理》，航空工业出版社2004年。

⑤ Bhagat R. S., Allie S., Ford D. L., "Organizational stress, personal life stress and symptoms of life-strains: An inquiry into the moderating role of styles of coping," *Journal of Social Behavior & Personality*, Vol6, No. 7, 1991, pp. 163-184.

⑥ Bandura A., *Self-efficacy: The exercise of control*, New York: Freeman, 1997, pp. 133-134.

在负相关关系，与抑郁水平之间存在负相关关系①。

4. 自我效能感的测量

在实践中并不存在一个普适的自我效能感测量工具，自我效能感在含义上更强调与特定领域的关联。涉及压力与自我效能感的研究中，杰克斯和古丹诺斯基（Gudanowski，1992）、杰克斯和布利斯（1992，1999，2001）测量都使用了琼斯（Jones，1986）设计的包含 5 个项目的效能量表，该量表的典型问项如"根据我的经验，我自信我可以成功地完成目前的这项工作"；施奥布鲁克和梅里特（Schaubroeck & Merritt，1997）使用希勒（Sherer）等人（1982）的通用自我效能量表来进行测量。而施奥布鲁克等人（2000）的研究则采用里格斯（Riggs）等（1994）研究中的个体效能感量表，该量表包含 10 个项目，"我自信自己有能力完成工作"、"我怀疑自己不具备完成工作的能力"等②。

在班杜拉自我效能理论的影响下，国外研究者陆续编制了一系列教师效能感量表，如吉布森和登博（Gibson & Dembo）开发的教师效能感量表，里格斯和伊诺克斯（Enochs）的理科教学效能感量表，班杜拉的教师效能感量表等③。我国对这一领域的探讨始于 20 世纪 90 年代，在量表的专门研究方面，俞国良、辛涛和王才康等修订了三份教师效能感量表。

（四）应对策略

应对策略是影响压力反应结果的关键因素，是调节压力源与压力反应结果之间关系的中间变量。压力应对研究早已表明，当个体面临压力时，应对在维护其身心健康、提高工作绩效方面具有非常重要的作用。

1. 应对策略对工作压力源与结果变量关系的作用

关于压力应对策略的划分，拉扎罗斯和福克曼认为，应对可分为情绪定向应对和问题定向应对④；库珀和威廉姆斯（Williams）将应对策略划分为支持型应对和控制型应对两类⑤；拉塔克和哈夫洛维茨（Latack & Havlovic）提

① 钱铭怡：《抑郁者目标水平与自我评价的研究》，1995 年北京大学博士学位论文。

② 许小东，孟晓斌：《工作压力应对与管理》，航空工业出版社 2004 年，第 108 页。

③ 王振宏：《国外教师效能研究述评》，《心理学动态》2001 年第 2 期，第 146 - 150 页。

④ Folkman S．，Lazarus R. S．，Gruen R. J．，"Appraisal，coping，health status，and psychological symptoms," *Journal of Personality and Social Psychology*，Vol 50，No. 3，1986，pp. 571-579．

⑤ Cooper C. L．，Sloan S. J．，Williams S．，*Occupational stress indicator：Management guide*，Windsor，UK：NFER-Nelson，1988．

出了比较全面的压力应对措施的理论评价框架。他们认为，个体的应对焦点主要集中在待解决的工作任务和个人情感上，而解决的方法则主要包括认知和行为上的调节。对于认知上的调节又主要包括认知控制和认知逃避两种形式；对于行为上的调节则包括寻求社会支持、独自解决、行为控制和行为逃避四种形式①；杰克斯等（2001）将工作压力的应对措施分为能动型和逃避型两种。前者是积极面对和问题聚焦式的压力应对措施，如积极采取行动控制压力后果、改善压力源、寻求社会支持等，它主要着眼于问题的根本解决；后者是消极逃避和情绪聚焦式的压力应对措施，如回避压力源、改变认知、酗酒、吸毒等，它往往只是暂时性地缓解紧张情绪，有时甚至可能带来更严重的后果②。

心理学研究表明，主动认知和主动行为应对能缓和压力事件所造成的不良影响，减轻压力和倦怠感；而回避型应对会加重压力事件对身体的消极影响；问题定向应对比情绪定向应对更能减少心身症状和疾病。有学者研究发现，在应对策略对压力过程的调节作用方面，使用积极应对策略有助于缓和与工作相关的压力结果，在应对策略的缓冲之下，压力感受与压力结果之间的相关性减弱或消失③。

2. 压力应对的测量

压力应对常用的测量工具是 WCQ 和 COPE 量表。拉扎罗斯 和 Folklnan 等开发的 WCQ 量表（Ways of Coping Questionnaire，1986，1993），分为八个维度，分别是：正面应对、距离化、自我控制、寻求社会支持、接受责任、逃避-回避、有计划的问题解决、积极评估。卡弗（Carver，1989）等编制的 COPE 量表测评维度很多，由 41 个应对条目组成，包含测评维度为 8 个，分别为：寻求社会支持、主动控制与筹划、求助宗教、失助反应、心理资源积聚、情绪专注与宣泄、否认与心理摆脱、正面认识④。

---

① 韦雪艳：《基于交互作用的民营企业家压力应对策略与倦怠关系的研究》，2008 年浙江大学博士学位论文。

② Jex S. M.，Bliese P. D.，Buzzell S.，"The impact of Self-efficacy on stressor-strain relations coping style as an explanatory mechanism," *Journal of Applied Psychology*，Vol86，No. 3，2001，pp. 401-409.

③ Lu L.，Shiau C.，Cooper C. L.，"Occupationa stress in Clinical nurses," *Counseling Psychology Quarterly*，Vol10，No. 1，1997，pp. 39-50.

④ 韦雪艳：《基于交互作用的民营企业家压力应对策略与倦怠关系的研究》，2008 年浙江大学博士学位论文。

国内学者编制的应对策略量表主要有：肖计划的应付方式问卷①、姜乾金的特质应对方式问卷（TCSQ）② 和解亚宁的简易应对方式问卷（SCSQ）③。

三、结果变量

从已有文献看，关于工作压力的结果变量研究，心理学领域更注重对个人身心健康的作用，而管理学领域更关注对工作绩效的影响。从工作压力研究趋势看，工作压力源的多重作用效能越来越受到学者的关注。本研究选择与个人身心健康（压力反应的积极和消极维度）和组织绩效（工作绩效和离职倾向）相关的三个变量：压力反应、工作绩效和离职倾向，深入研究工作压力源对教师身心健康和组织绩效产生的影响。考虑到工作压力研究开始关注积极反应维度，但缺乏实证研究的支持，本书将积极压力反应维度引入到压力反应变量中，进行尝试研究。组织压力管理的终极目的就是提高工作绩效，衡量工作压力状况的好坏，制度改革的效果如何，是否需要调整，都是以工作绩效作为判别标准的，所以，本书将工作绩效纳入研究模型，并作为结果变量的核心。已有文献基本认为工作绩效与离职倾向呈负相关，离职倾向可以看作是负工作绩效。

（一）压力反应

目前，主流的研究还是注重于压力的消极反应。事实上，压力是一个中性词。压力反应并不总是对人体是有害的。对于个体来说，一定的压力反应不但可以看成是及时调整与环境的契合关系，而且这种应激性锻炼有利于人格和体格的健全，从而为将来的环境适应提供条件。美国心理学会主席塞利格曼（Seligman，2000）呼吁，心理学应该从只研究人类的消极的心理倾向中转变，要关注人类自身存在的积极品质，如勇气、乐观、希望、诚实、毅力等，通过发掘困境中人的潜在能量就可以做到有效地预防疾病，保证心理乃至身体健康④。这种对人类积极心理的研究倾向应用在工作压力研究领域里，就要求去了解积极工作压力是如何产生的以及人们在工作压力之下怎样保持身心健

① 肖计划，许秀峰：《应付方式问卷效度和信度研究》，《中国理卫生杂志》1996 年第 4 期，第164-168 页。

② 姜乾金，祝一虹：《特质应对问卷的进一步探讨》，《中国行为医学科学》1999 年第 3 期，第167-169 页。

③ 解亚宁：《心理卫生评定量表手册》，中国心理卫生杂志社 1999 年。

④ Seligman M., Csikszentmihalyi M. "Positive psychology: An introduction," *American Psychologist*, Vol56, No.1, 2000, pp. 5-14.

康。西蒙斯和纳尔逊（Nelson，2001）认为，积极压力是对压力源的积极心理反应，表现为积极心理状态的出现，他们还认为，积极情绪、意义感、可掌握性和希望可能是预测积极压力反应的指标[1]。目前对积极压力的研究还比较少，而且主要处于理论研究状态。本书从消极压力反应和积极压力反应两个方面探索工作压力对教师个人的影响。

（二）工作绩效

工作压力对工作绩效的影响在学界一直没有形成普遍接受的统一理论。总结以往研究成果，可以归纳为以下四种理论：工作压力-绩效适度理论、工作压力-绩效抑制理论、工作压力-绩效激发理论和工作压力-绩效无关理论（具体内容在第四章）。无论哪一种理论，都未能真正揭示工作压力对工作绩效的作用机理。阿布拉米斯（Abramis，1994）从工作压力源的角度对工作压力和绩效的关系进行研究，他认为不同工作压力源对绩效有不同影响[2]；拉比诺维茨和斯顿夫（Rabinowitz & Stumpf，1987）专门以大学教师为样本，研究角色冲突压力对工作绩效的影响，结果显示不同类型的角色冲突对不同的工作绩效影响是不同的[3]；波特和菲尔德（Potter & Fielder，1983）研究指出，压力源与工作绩效不同维度的关系不同，很容易导致不同的研究结论[4]。另外，许多学者认为工作压力和绩效之间的关系会受不同缓冲变量的影响。

国内的一些研究者近来也对一些特定领域、特定人员的工作压力与绩效关系做了实证研究。关于大学教师工作压力与工作绩效的关系，刘英爽（2006）研究发现工作压力与绩效之间存在着显著的负相关关系，除了整体的工作压力对工作绩效有影响之外，工作压力的不同维度对工作绩效的影响也不同，"组

① Simmons B. L., Nelson D. L., "Eustress at work: the relationship between hope and health in hospital nurses," *Health Care Management Review*, Vol 26, No. 4, 2001, pp. 7-18.

② Abramis D. J., "Work role ambiguity, job satisfaction, and job performance: Meta-analysis and review," *Psychological Reports*, Vol 75, No. 3, 1994, pp. 1411-1433.

③ Rabinowitz S., Stumpf S. A., "Facets of role conflict, role-specific performance, and organizational level within the academic career," *Journal of Vocational Behavior*, Vol 30, No. 1, 1987, pp. 72–83.

Barnes V., Potter E. H., Fielder F. E., "Effect of interpersonal stress on the prediction of academic performance," *Journal of Applied Psychology*, Vol 68, No. 4, 1983, pp. 686-697.

④ Rabinowitz S., Stumpf S. A., "Facets of role conflict, role-specific performance, and organizational level within the academic career," *Journal of Vocational Behavior*, Vol 30, No. 1, 1987, pp. 72–83.

Barnes V., Potter E. H., Fielder F. E., "Effect of interpersonal stress on the prediction of academic performance," *Journal of Applied Psychology*, Vol 68, No. 4, 1983, pp. 686-697.

织结构"压力与工作绩效呈显著正相关①；纪晓丽，陈逢文（2009）实证分析表明，外源工作压力对高校教师工作绩效具有显著的负向影响，而内源压力对高校教师工作绩效具有显著的正向影响②；胡青等（2009）研究发现，目前高校教师的工作压力较为严重，其中来自评价体制方面的压力最为突出，工作压力与工作绩效呈负相关，是工作绩效的重要预测变量③。

以上文献反映出不同属性和组成结构的压力源对绩效影响是不同的，而且二者关系受不同缓冲变量的影响。本书主要探索不同的压力源维度对工作绩效的直接影响以及加入中间变量后的间接影响。

（三）离职倾向

工作压力与离职倾向的关系一直存在争议，但多数研究者认为，工作压力大容易产生离职倾向。布朗（Brown，1967）实证研究发现有七种与直接的工作环境相关的因素影响教师的离职倾向，包括主管领导的能力、研究设施和机会、教学负荷、薪水、所教课程内容、同事的能力和同事之间的关系④；弗劳尔斯和休斯（Flowers & Hughes，1973）认为，教师本人的工作伦理观与其所在院所的学术价值观之间的差距大小，影响教师离职倾向的强或弱⑤；罗森菲尔德（Rosenfeld）和琼斯（1988）认为，教师们通过工作调动来平衡自己的职称、薪水、声誉等资源，但是对于干脆离开学术领域的离职行为就更复杂⑥。周和沃柯文（Zhou & Volkwein，2004）研究发现，教师的资历、报酬、学术职称、博士学位、少数派、报酬满意度、工作稳定满意度和外部酬劳等影响教师的离职倾向⑦。另外，许多学者研究表明，当学院面临严重的招生或财

①　刘英爽：《高校教师工作压力、控制点及其与工作绩效的关系研究》，2006 年大连理工大学硕士学位论文。

②　纪晓丽，陈逢文：《工作压力对高校教师工作绩效的作用机制研究》，《统计与决策》2009 年第 16 期，第 81-83 页。

③　胡青，李笃武，孙宏伟等：《高校教师工作压力与工作绩效的关系：组织承诺的调节作用》，《中国健康心理学杂志》2009 年第 12 期，第 1488-1491 页。

④　转引：曹雨平：《高校教师的职业压力、倦怠与离职倾向研究综述》，《山西财经大学学报（高等教育版）》2005 年第 3 期，第 41-44 页。

⑤　同上。

⑥　Rosenfeld R. A.，Joncs J. A.，"Institutional Mobility among academics：the case of psychologists．" *Sociology of Education*，Vol59，No. 4，1986，pp. 212-226.

⑦　Zhou Y.，Volkwein J. F.，"Examining the influences on faculty departure intentions：A comparison of tenured versus nontenured faculty at research universities using NSOPF-99，" *Research in Higher Education*，Vol45，No. 2，2003，pp. 139 - 176.

政困难，以及内部管理方式比较独裁时，教师的离职率就比较高。

国内研究者肖沅陵（2008）研究表明，分配公平性、职业成长度、工作单调性、工作压力和薪酬低是导致高校教师离职的主要原因[1]；杨秀伟等（2005）研究发现，工作本身、领导管理和人际关系对离职倾向具有显著的负向影响[2]；曹雨平（2006）认为，从工作满意度、工作倦怠、寻职行为、离职决策四个要素来考察离职过程，可以明晰地看到高校教师离职的原因、后果与影响[3]；曾晓娟、刘元芳（2008）认为，工作压力是导致高校教师离职的原因之一[4]。

以上文献反映出影响离职倾向的因素是多元的，组织政策和教师个人的特质因素都可能成为离职倾向的潜在原因。工作压力是离职倾向的原因之一，并且二者关系还会受到不同缓冲变量的影响。本书主要探索不同的压力源维度对离职倾向的直接影响以及加入中间变量后的间接影响。

第三节　模型构建

综上所述，以工作压力和新制度经济学相关理论为依据，本书构建了包含自变量、中间变量、结果变量的大学教师工作压力研究模型（图1.5）。

自变量为工作压力源，包含组织管理、角色职责、绩效考核、聘任制度、职业发展和工作保障六个构想维度，选取制度视角对其内容与结构进行理论探索和实证检验；中间变量选取组织行为学变量组织支持感和工作满意度、个体特质变量自我效能感和应对策略，系统分析这些变量（或者部分中间变量之间交互作用）在工作压力作用过程中的中介或调节作用；以压力反应、工作绩效和离职倾向作为结果变量，深入研究工作压力源对教师身心健康和组织绩效及离职倾向产生的影响。另外，为探索大学教师工作压力规律性和"普适性"结论，选取性别、年龄等八个人口学特征因素，作为控制变量。

由以上变量构成的研究模型，将应用于大学教师工作压力的现状、内部结

---

① 肖沅陵：《我国高校教师离职动因及对策研究》，《吉林省教育学院学报》2008年第8期，第3-4页。

② 杨秀伟，李明斐，张国梁：《高校教师工作满意度及其与离职倾向关系的实证研究》，《大连理工大学学报（社会科学版）》2005年第4期，第64-69页。

③ 曹雨平：《高校教师离职过程分析》，《江海学刊》2006年第3期，第215-218页。

④ 曾晓娟，刘元芳：《高校学术人才流失的动因：基于压力管理的视角》，《黑龙江高教研究》2008年第3期，第33-36页。

构和影响机制的研究。

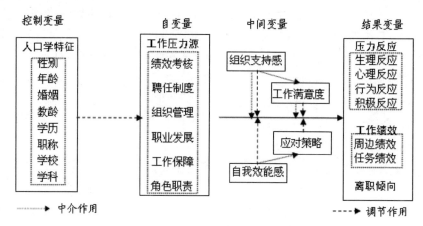

图 1.5 大学教师工作压力研究模型

第二章

大学教师工作压力的测量工具开发

为开发大学教师工作压力的测量工具，本研究借鉴了工作压力相关研究的成熟量表，在文献分析和定性访谈基础上，形成"大学教师工作压力"预测问卷。经过预试，在题项净化基础上，初步确定了"大学教师工作压力调查问卷"，通过对数据进行探索性因子分析和验证性因子分析，"大学教师工作压力调查问卷"最终得以确定，为进一步研究工作压力现状和影响机制提供有效的测量工具。

第一节　研究设计

大学教师工作压力既具有与其它职业相类似的地方，又有自己独特的职业特点。本章是对工作压力系统的重要前因和结果变量——工作压力源和压力反应的内容与结构进行实证检验，为后面的研究提供测量工具。

一、研究流程

研究流程如下，见图 2.1。

二、研究测量

（一）大学教师工作压力源问卷

工作压力源是工作压力研究中最核心的内容，指任何能使个体产生压力反应的内外环境刺激。本研究的大学教师工作压力源指作用于大学教师并给教师造成压力感的大学管理制度

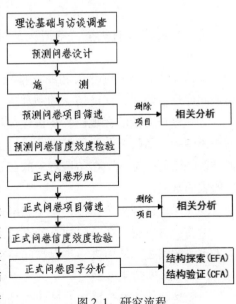

图 2.1　研究流程

以及影响教师心理和认知的非正式制度。根据工作压力源理论以及教师压力研究文献中的相关条目和访谈结果，编制大学教师工作压力源问卷，探索制度视角下特定的工作压力源内容与结构。

（二）大学教师压力反应问卷

大学教师压力反应指当教师面对工作压力源时所表现出来的积极心理状态或产生消极的生理、心理和行为反应的过程。消极压力反应研究相对比较成熟，本研究根据访谈结果和文献资料编制了消极压力反应分问卷。由于目前我国尚缺乏大学教师积极压力反应的实证研究，所以根据访谈结果和理论构想，编制积极压力反应分问卷，合并后成为大学教师压力反应问卷，对压力反应的内容与结构进行探索。

第二节　预测问卷编制与项目净化

一、访谈调查

在前期对大学教师工作压力源文献研究的基础上，选择不同人口统计学特征的大学教师43人为访谈对象，进行访谈调查。访谈调查的目的是从质的方面收集大学教师工作压力源与压力反应的构成、特征等资料，为初步编制大学教师工作压力源和压力反应问卷提供条件。

（一）访谈提纲（附录2.1）

为了保证访谈的质量，本研究从以下几个方面着手对访谈过程进行了控制：

①访谈对象均通过熟人和朋友推荐，并在访谈之前通过电话或 E-Mail 就访谈问题进行沟通，保证访谈的顺利进行。

②为保证访谈的客观性，在访谈过程中，对访谈对象的谈话始终保持动态的积极倾听，尽量避免任何带有暗示性或掺杂个人主观意愿的反馈信息。为保证访谈结论的确定性，在访谈对象的回答比较含糊时，访谈者请求对方更为清晰的表明观点。

③为保证访谈的全面性，避免遗漏重要信息，在每一位访谈对象完成访谈时，给访谈对象留出部分时间，补充访谈提纲中完全没有涉及但对于访谈对象认为重要的问题，从而进一步提高问卷在结构、内容方面的完整性。

（二）访谈结果分析

大学教师压力源访谈和开放式问卷收集条目，见附录1.1，压力反应访谈和开放式问卷收集条目，见附录1.2。

二、预测问卷形成

（一）大学教师工作压力源预测问卷

工作压力理论为问卷的编制奠定了理论基础，访谈结果则为编制问卷提供了现实的方向。经过整理加工，形成了包括24个测量项目的压力源预测问卷和16个测量项目的压力反应预测问卷。在完成对测量项目的初步筛选之后，将测量项目送交心理学和教育管理专业的教授和博士研究生，对项目有效性进行评定。大学教师工作压力源问卷在访谈基础上参照邓汉姆（Dunham）和博格（Borg）的教师工作压力研究成果以及李虹的大学教师工作压力问卷编制而成，预测卷共24个测量项目（表2.1）。

表 2.1　大学教师工作压力源预测问卷

测量项目	项目来源	测量项目	项目来源
A1 知识的更新	定性访谈	A13 缺乏参与学校决策与管理的机会	定性访谈
A2 科研任务和要求	定性访谈	A14 对学历的要求提高	定性访谈
A3 教学任务和要求	定性访谈	A15 缺少进修机会	定性访谈
A4 职称评定条件	定性访谈	A16 工作与进修冲突	定性访谈
A5 量化考核与评比	定性访谈	A17 学校的工作保障	定性访谈
A6 学生对教师的教学质量评价	定性访谈	A18 回报与付出不相当	定性访谈
A7 现有聘任制度	定性访谈	A19 工资、福利待遇	定性访谈
A8 工作岗位的竞争	定性访谈	A20 学生对教师的要求和期望	文献
A9 对不同学科教师评价标准相同	定性访谈	A21 需要承担太多的责任	文献
A10 大学管理的目标短期化	定性访谈	A22 社会对于大学教师职业的期望和要求	定性访谈
A11 大学的行政化管理体制	定性访谈	A23 教师的自我期望值高	文献
A12 学校部分政策的频繁变动	定性访谈	A24 您总体上感受到的工作压力程度	

注：文献来源 A2 [1]、A23 [2]、A20 [3]

工作压力源问卷全部采用利克特（Likert）五点式量表评价，选项由“没有压力”到“很大压力”组成，数字越大表示压力感越强。

---

[1]　Dunham J., "An exploratory comparative study of staff stress in English and German comprehensive schools," *Educational Review*, Vol32, No. 1, 1980, pp. 11-20.

[2]　Borg M. G., "Occupational stress in British Educational Settings: A Review," *Educational Psychology*, Vol10, No. 2, 1990, pp. 103-126.

[3]　李虹：《大学教师工作压力量表的编制及其信效度指标》，《心理发展与教育》2005 年第 4 期，第 105-109 页。

（二）大学教师压力反应预测问卷

本研究主要测试大学教师的压力反应状况，分消极压力反应和积极压力反应两个方面。消极压力反应问卷在访谈基础上参照石林教授的中小学教师工作压力量表；积极压力反应问卷在访谈基础上参照西蒙斯和 Nelson（2004）测量积极工作压力反应的指标，编制而成。预测卷共 16 个项目（表2.2）。

表2.2　大学教师压力反应预测问卷

测量项目	项目来源	测量项目	项目来源
B1 有头疼、气闷、耳鸣等身体不适症状	文献	B9 有过激行为	定性访谈
B2 食欲下降睡眠状况不佳	文献	B10 工作中错误率增高	定性访谈
B3 感到疲劳	定性访谈	B11 爱发脾气	定性访谈
B4 情绪低落	定性访谈	B12 感到工作很有意义	文献
B5 记忆力下降	定性访谈	B13 对周围与自己相关的事情很感兴趣	文献
B6 注意力不够集中	定性访谈	B14 对现实和未来持快乐自信态度	文献
B7 焦虑、紧张	定性访谈	B15 有明确的生活目标和生活目的	文献
B8 思维缓慢、混乱、反应迟钝	文献	B16 采取积极的行动	文献

注：文献来源 B1、B2、B8 ①、B13、B14、B15、B16 ②

压力反应问卷全部采用利克特五点式量表评价，选项由"从不"到"总是"组成，数字越大表示压力反应越消极。其中测量项目12、13、14、15 和 16 反向计分。

三、预测问卷数据获取与项目净化

2009 年 5 月，在大连理工大学、大连大学和河北农业大学等多所学校进行预测问卷调查，调查对象为全日制从事教学或科研的大学教师（不包括私立院校和专科学校）。总共发放 200 份问卷，回收 199 份，回收率是 99.5%。问卷回收后对不合格问卷进行剔除，剔除问卷的准则有三个：第一，整份问卷答案呈规则作答的，如同一性作答、波浪形作答等；第二，同一题目选两个或两个以上答案的；第三，整份问卷漏答题目大于 2 的。最后获得有效问卷 191 份，有效率 95.5%。从被调查教师的基本情况中可以看出，样本包含了不同人口统计学特征的教师，随机性较强，保证了分析结论的可靠性。

---

① 石林：《职业压力与应对》，社会科学文献出版社 2005 年。
② Alan Carr 著、郑雪等译校：《积极心理学：关于人类幸福和力量的科学》，中国轻工业出版社 2008 年。

（一）预测问卷项目净化方法

预测的主要目的是通过初步调查获得数据，在数据分析的基础上对预测问卷进行信度与效度评价，并根据其结果对问卷进行修改与完善。预测卷数据的处理方法包括：使用项目-总体相关系数（Corrected Item-Total Correction，CITC）净化测量项目；利用 Cronbach α 信度系数来评价多维度量表的内部一致性信度；因子分析的适宜性检验。

根据鲁科特（Ruekert）和丘吉尔（Churchill）的观点，项目-总体相关系数用来检验是否每一个项目与其所在的维度相关、并且这种相关性是否具有理论意义[1]。本研究按心理学一般标准，凡是 CITC 小于 0.40 的项目，且剔除后可以增加 Cronbach α 系数的项目都应当删除。

Cronbach α 信度系数检验。信度即可靠性，是指测验结果的一致性或稳定性。在实证研究中，学术界普遍采用 Cronach α 系数来检验测量工具的内部一致性信度 Cronbach α 值越大，表示问卷测量项目间的相关性越好，内部一致性可信度越高。农纳利（Nunnally，1978），丘吉尔和彼得（Churchill & Peter 1984）建议信度标准为，Cronbach α 系数至少要大于 0.5，且最好能大于 0.7，若小于 0.35 则应拒绝[2][3]。为保证研究数据的可靠性，本研究对量表的 Cronbach α 系数值要求是 0.70。

因子分析的适宜性检验。因子分析法是用来验证问卷的结构效度的。结构效度就是要了解测量工具是否反映了概念和命题的内部结构，这种方法常常在理论的研究中使用。由于它是通过与理论假设相比较来检验的，因此结构效度也被称为理论效度。本研究采用因子分析法来验证问卷的结构效度。在做因子分析之前，需要使用 KMO 样本测度来检验数据是否适合做因子分析。KMO 越接近 1，越适合做因子分析，KMO 在 0.9 以上，非常适合；0.8~0.9，很适合；0.7~0.8，适合；0.6~0.7，不太适合；0.5~0.6，很勉强；0.5 以下，不适合[4]。

综合以上结果，本研究选用检验方法所要满足的最低条件是：所有测试项

---

①　Ruekert R. W., Churchill G. A., "Reliability and validity of alternative measures of channel member satisfaction," *Journal of marketing Research*, Vol21, No. 2, 1984, pp. 226-233.

②　Nunnally J. C., *Psychometrics methods*, New York : McGraw-Hill Company., 1978.

③　Churchill G. A. J., Peter J. P., "Research design effects on the reliability of rating scales: A meta-analysis," *Journal of Marketing Research*, Vol21, No. 4, 1984, pp. 360-375.

④　同上刊。

目的 CITC 值大于 0.40，Cronach α 系数在 0.70 以上，KMO 值大于 0.70。

（二）预测问卷的信度和效度检验

1. 工作压力源预测问卷

工作压力源问卷，包括 24 个项目，使用项目总体相关系数（CITC）来净化项目，利用 Cronach α 系数检验问卷的信度，对样本进行 KMO 样本测度和巴特莱特球体检验问卷的效度。通过对 191 份预测问卷检验分析，得出以下结果（表 2.3）。

表 2.3　工作压力源预测问卷信度效度检验

净化前			净化后		
测量项目	CITC	项目删除后的 Cronbach α 系数	测量项目	CITC	项目删除后的 Cronbach α 系数
A1	.533	.874	A1	.523	.909
A2	.442	.876	A2	.450	.910
A3	.526	.874	A3	.541	.910
A4	.531	.874	A4	.530	.908
A5	.585	.873	A5	.591	.907
A6	.583	.873	A6	.605	.907
A7	.495	.875	A7	.493	.909
A8	.515	.875	A8	.533	.908
A9	.424	.877	A9	.436	.910
A10	.629	.872	A10	.647	.906
A11	.651	.871	A11	.666	.905
A12	.491	.875	A12	.520	.909
A13	.200	.912	A13	.200	.912
A14	.502	.874	A14	.517	.909
A15	.528	.874	A15	.532	.909
A16	.507	.874	A16	.535	.908
A17	.600	.873	A17	.624	.907
A18	.485	.875	A18	.481	.909
A19	.417	.877	A19	.415	.911
A20	.390	.873	A20	.589	.907
A21	.457	.876	A21	.464	.910
A22	.548	.873	A22	.553	.908

续表

净化前			净化后		
测量项目	CITC	项目删除后的 Cronbach α 系数	测量项目	CITC	项目删除后的 Cronbach α 系数
A23	.417	.877	A23	.432	.910
A24	.595	.873	A24	.604	.907
Cronbachα		0.910	Cronbach α		0.913
KMO					0.869
χ^2					1899.654
Df					253
Sig.					0.000

项目 A13 的 CITC 值是 0.200，小于 0.4，删除这个项目后整体信度显著提高，因此予以删除，工作压力源问卷由 24 个项目减少到 23 个，删除后整体信度是 0.913，表明问卷内部一致性信度良好。对样本进行 KMO 样本测度和巴特莱特（Bartlett）球体检验，KMO 值为 0.869，显著性概率 P 为 0.000，表明问卷具有很好的效度，适合做因子分析。

2. 压力反应预测问卷

压力反应问卷，包括 16 个项目，使用项目总体相关系数（CITC）来净化项目，利用 Cronach α 系数检验问卷的信度，对样本进行 KMO 样本测度和巴特莱特球体检验，检验问卷的效度。由表 2.4 可知，B12、B13、B14、B15、B16 的 CITC 值小于 0.4，删除后 Cronbach α 系数有显著提升，净化后 11 个项目的 Cronbach α 系数为 0.891，表明问卷内部一致性信度良好。净化后 11 个项目的 KMO 值为 0.886，统计值的显著性概率 P 为 0.000，表明问卷具有很好的效度，适合做因子分析。

（三）预测问卷净化结果

经过文献研究、理论分析以及对预测问卷信度和效度检验，删除不适当的项目，最后产生符合统计学要求的大学教师工作压力问卷，包括工作压力源问卷 23 个项目、工作压力反应问卷 11 个项目，共计 34 个项目，问卷净化结果见表 2.5。

表 2.4　压力反应预测问卷信度效度检验

净化前			净化后					
测量项目	CITC	项目删除后的Cronbach α系数	测量项目	CITC	项目删除后的Cronbach α系数	测量项目	CITC	项目删除后的Cronbach α系数
B1	.574	.855	B1	.615	.859	B1	.657	.879
B2	.556	.856	B2	.596	.860	B2	.632	.881
B3	.544	.857	B3	.599	.860	B3	.651	.879
B4	.598	.854	B4	.627	.859	B4	.614	.882
B5	.542	.857	B5	.557	.862	B5	.595	.883
B6	.495	.859	B6	.525	.864	B6	.572	.884
B7	.630	.852	B7	.684	.855	B7	.726	.875
B8	.560	.856	B8	.592	.860	B8	.631	.881
B9	.433	.862	B9	.437	.868	B9	.421	.893
B10	.589	.855	B10	.607	.860	B10	.599	.883
B11	.631	.852	B11	.657	.857	B11	.651	.880
B12	.402	.864	B12	.309	.876	B12	.309	.876
B13	.291	.868	B13	.291	.868	B13	.291	.868
B14	.449	.861	B14	.358	.872	B14	.358	.872
B15	.308	.868	B15	.308	.868	B15	.308	.868
B16	.405	.863	B16	.321	.874	B16	.321	.874
Cronbach α		0.867	Cronbach α		0.873	Cronbach α		0.891
KMO								0.886
χ^2								954.697
Df								55
Sig								0.000

表 2.5　预测问卷变量净化结果

项目净化	Cronbach α	KMO	Sig	因子分析适宜度
工作压力源问卷项目由 24 个减少到 23 个	0.913	0.869	0.000	很适合
工作压力反应问卷项目由 16 个减少到 11 个	0.891	0.886	0.000	很适合

第三节　正式施测

一、研究样本和数据获取

从一般方法论的角度分，可将压力研究方法分为定性方法和定量方法。定量方法由于更接近科学的方法而成为压力研究的主导方法。本研究的数据，主要来源于结构式问卷调查。要得到可靠的数据，除了要精心设计问卷外，样本必须具有代表性。因此，取样时需考虑抽样方法、样本框架、样本容量和抽样误差等问题。

1. 抽样方法。本书在选取调查对象时采用简单随机抽样（Random Sampling）原则进行抽样，简单随机抽样是一种最基本的、操作最简单、适用于非复杂现象的抽样方法。随机样本应当成为总体的缩影，要使总体的特征尽可能在样本中再现出来。

2. 样本框架。本研究在选择抽样调查的地区时，主要考虑调查结果的代表性与准确性，调查地点力求尽量全面。从地区上看，涉及东北、华北、西北、华东、华南等地的大学；从学校看，包括研究型大学、研究教学型、教学研究型大学、教学型本科院校。总体看，各类性别、年龄、婚姻、教龄、学历、职称和学科领域齐全（表2.6和附录1.3），说明样本具有一定的代表性。

表2.6　问卷分布

抽样方法	抽样地区	抽样大学类型	问卷调查时间	抽样对象
简单随机抽样	北京 上海、天津、辽宁、河北、山西、陕西、广东等	研究型、研究教学型和教学研究型、教学型本科院校	2009年	大学一线教师

3. 样本容量。如何科学地确定一个合适有效的样本容量至关重要。它既涉及抽样估计的精度，又决定调查费用，是调节和平衡精度与费用的杠杆。本研究根据时间和费用的具体情况，主要采用电子邮件和文本形式分散和集中填答。2009年6月到7月进行第一次正式问卷调查，总共发放调查问卷500份，回收问卷459份，回收率91.8%，有效问卷456份，有效率为99.3%。

4. 抽样相对误差。抽样相对误差是样本的某一估计值与总体对应参数的真值的平均差距，这个差距的大小直接关系到该估计值对总体参数估计的准确程度。表2.7是置信程度位于95%的水平，在不同最大样本数量下，相对误差最小值①。

表 2.7　样本量与相对误差

样本量	9604	2401	1067	600	384	96	24
相对误差	1%	2%	3%	4%	5%	10%	20%

联合国人口调查专家认为，抽样调查估计值的相对误差控制在 10% 以内，数据质量好，控制在 15% 以内，数据质量较好，控制在 20% 以内，数据可用于研究②。本次调查问卷的抽样相对误差，可以满足相对误差控制在 10% 以内的要求，所以本次调查具有很高的可信度。

二、描述性统计分析

正式调查问卷包括三部分内容：第一部分是背景资料，包括性别、年龄、婚姻、教龄、学历、职称、学校类型、学科领域八个方面；第二部分是大学教师工作压力源问卷，共 23 个测量项目；第三部分是大学教师压力反应问卷，共 11 个测量项目。

（一）工作压力源

大学教师工作压力源问卷各测量项目的描述性统计分析结果，包括平均值、标准差、压力感程度百分比。从表 2.8 可见，被调查教师在各压力源项目上的均值从最高"职称评定条件"到最低"工作与进修冲突"，差异很大。各项目的标准差则从最高"职称评定条件"到最低"学生对教师的要求和期望"呈现出一定的离散趋势，说明面对同一压力源，不同个体的压力感有所差异。职称评定条件、科研任务和要求、回报与付出不相当、工资福利待遇、需要承担太多的责任方面，50% 以上的教师感到压力较大。

效标问题 23 题"您总体上感到压力程度"的调查结果显示：没有压力占 0.9%，较轻压力占 14.5%，中等压力占 29.6%，较大压力占 38.8%，很大压力占 16.2%，中等及以上压力达到 84.6%。从总体情况来看大学教师的压力感程度中等偏高，与河北的一项高校人力资源现状调查结果、中国人民大学等部门的联合调查结果基本一致。可见，大学教师工作压力普遍存在且压力感较大。

---

① 胡英：《抽样调查方法应用中的问题》，《中国统计》2003 年第 7 期，第 5-6 页。
② 同上刊。

表 2.8　大学教师工作压力源和压力感程度分析

测量项目	样本均值	标准差	较低		压力感（％）						较高
			均值	较低率（％）	没有压力	较轻压力	中等压力	较大压力	很大压力	均值	较高率（％）
A1 知识的更新	3.07	1.148	1.627	29.4	11.0	18.4	33.8	25.9	11.0	4.298	36.9
A2 科研任务和要求	3.61	1.151	1.713	17.5	5.0	12.5	25.7	30.3	26.5	4.467	56.8
A3 教学任务和要求	2.96	1.159	1.699	36.4	11.0	25.4	31.6	21.1	11.0	4.342	32.0
A4 职称评定条件	3.67	1.308	1.386	18.2	10.7	7.5	20..6	26.5	34.6	4.566	61
A5 量化考核与评比	3.27	1.182	1.675	25.6	8.3	17.3	30.6	25.9	17.5	4.404	43.4
A6 学生对教师的教学质量评价	2.96	1.085	1.719	33.5	9.4	24.1	35.7	22.4	8.3	4.271	30.7
A7 现有聘任制度	3.14	1.185	1.729	31.6	8.6	23.0	28.9	24.3	15.1	4.383	39.4
A8 工作岗位的竞争	3.06	1.180	1.703	34.0	10.1	23.9	28.5	25.0	12.5	4.333	37.5
A9 对不同学科教师评价标准相同	3.08	1.086	1.710	28.7	8.3	20.4	35.5	26.1	9.6	4.270	35.7
A10 大学管理的目标短期化	3.05	1.133	1.778	34.7	7.7	27.0	30.3	23.2	11.8	4.344	34
A11 大学的行政化管理体制	3.00	1.171	1.688	34.7	11.0	23.7	30.9	22.8	11.6	4.338	34.4
A12 学校部分政策的频繁变动	3.08	1.179	1.703	32	9.6	22.4	32.5	21.3	14.3	4.401	35.6
A13 对学历的要求提高	2.93	1.296	1.503	38.4	19.1	19.3	22.6	27.9	11.2	4.287	39.1
A14 缺少进修机会	3.05	1.221	1.660	35.6	12.1	23.5	24.1	28.1	12.3	4.304	40.4
A15 工作与进修冲突	2.89	1.201	1.635	39.7	14.5	25.2	26.5	24.3	9.4	4.279	33.7
A16 学校的工作保障	3.12	1.129	1.746	29.4	7.5	21.9	35.1	21.7	13.8	4.389	35.5
A17 回报与付出不相当	3.48	1.190	1.690	21.9	6.8	15.1	23.9	31.6	22.6	4.417	54.2
A18 工资、福利待遇	3.60	1.103	1.785	17.3	3.3	13.6	25.2	33.6	23.9	4.416	57.5
A19 学生对教师的要求和期望	3.21	1.011	1.890	23.9	4.6	19.3	36.4	30.0	9.6	4.909	39.6
A20 需要承担太多的责任	3.48	1.081	1.831	19.5	3.3	16.2	29.8	30.9	19.7	4.390	50.6
A21 社会对于大学教师的期望和要求	2.96	1.098	1.731	35.1	9.4	25.7	32.9	23.7	8.3	3.123	32.0
A22 教师的自我期望值高	3.34	1.141	1.773	24.1	5.5	18.6	30.9	26.3	18.6	4.415	44.9
A23 您总体上感受到的工作压力程度	3.55	0.957	1.943	15.4	0.9	14.5	29.6	38.8	16.2	4.293	55.0

按均值比较，居于第一位的压力源是职称评定条件。其原因可能是高校管理越来越规范化和制度化，对教师的素质要求越来越高。现行的《职称评审标准》相对于过去要高，主要体现在学历（学位）和科研质量与数量要求方面，较为严格的评审条件加上数量有限的指标使职称评审竞争激烈，许多学校的讲师和副教授如果得不到晋升，还面临着"非升即走"的压力。

　　居于第二位的压力源是科研任务和要求。其原因可能是：随着高等学校生源和就业问题的加剧，高校生存和发展的竞争日益激烈，在全方位的竞争当中，科研实力已经成为高校排名的重要指标。目前，各种"工程"建设评估以及重点学科和基地评审都以科研成果为主要评价标准，这就使高校不得不将有限的资源与精力向科研工作倾斜，将科研压力通过量化指标"转嫁"到教师身上。科研工作量的衡量主要就是发表论文、申请科研课题，并且要求发表论文的级别和申报科研课题的级别与科研的工作量相联系。教师职称评定、奖金分配和福利待遇等都直接或间接的和科研成果挂钩，这些诸多的硬性指标和条件无疑给教师增加了很大的压力。这和刘志成、孙佳（2009）对中部和东部六所高等院校教师的心理压力情况调查结果一致，高校教师科研压力排在诸多压力之首[①]。

　　居于第三位的压力源是工资、福利待遇，这和吉林大学李兆良等关于高校教师主要压力源的研究结果一致，位于前三位的是工资和福利待遇不佳、搞科研、付出和得到的不成比例[②]。根据动机期望理论，高付出的劳动，应该得到高收入回报。大学教师既要花费大量的时间进行教学、搞科研，同时还要进行服务社会等活动，确实是个高付出的行业，但大部分高校教师，工资福利待遇水平还是较低的。特别是年轻教师，资历低、职称低，难争取到科研项目，难得到科研经费支持，工作和生活压力就更大。

　　（二）压力反应

　　大学教师工作压力反应问卷各测量项目的描述性统计分析结果，包括平均值、标准差、压力反应程度百分比。从表 2.9 可见，压力反应程度最重的是"感到疲劳"，程度最轻的是"有过激行为"。压力反应程度居于前三位的依次是：感到疲劳、记忆力下降、焦虑、紧张，说明大学教师压力反应的特点是生

---

　　① 刘志成，孙佳：《高校教师的科研压力及其缓解措施》，《湖南农业大学学报（社会科学版）》2009 年第 4 期，第 67-70 页。

　　② 李兆良，高燕，于雅琴等：《高校教师工作压力状况及与职业倦怠关系调查分析》，《医学与社会》2007 年第 2 期，第 60 页。

理和心理反应重于行为反应。就学者阿提尼恩（Artinian）提出的积极压力反应指标，和石林教授提出的"组织或工作有利于自我提升时，可能产生积极压力反应"问题，进行了访谈并得到部分支持，但对大样本调查问卷进行统计分析后，所有测量项目的 CITC 值均低于 0.40 的标准。就所调查样本而言，大学教师的积极压力反应在压力反应结构里，并没有成为独立的维度，说明我国大学教师面对工作压力源时，同其它行业一样，都是呈现消极的生理、心理和行为反应特征。

表 2.9　大学教师压力反应程度分析

测量项目	样本均值	标准差	较低均值	较低率（%）	压力反应频率（%）						较高均值	较高率（%）
					从未	较少	有时	较多	经常	均值		
B1 头疼、气闷、耳鸣等身体不适症状	2.45	.945	1.706	53.7	15.8	37.9	34.2	9.9	2.2	4.182		12.1
B2 食欲下降睡眠状况不佳	2.61	.961	1.778	48.5	10.7	37.7	33.8	14.9	2.9	4.160		17.8
B3 感到疲劳	3.29	1.009	1.793	20.2	4.2	16.0	39.0	28.7	12.1	4.296		40.8
B4 情绪低落	2.68	.907	1.824	43.6	7.7	36.0	41.0	11.8	3.5	4.229		15.4
B5 记忆力下降	2.90	.987	1.773	33.8	7.7	26.1	39.9	21.3	5.0	4.192		26.3
B6 注意力不够集中	2.73	.893	1.724	35.7	9.9	25.9	47.8	14.7	1.8	4.170		16.4
B7 焦虑、紧张	2.85	1.029	1.970	7.2	7.0	33.1	33.8	19.1	6.8	4.361		52.3
B8 思维缓慢、混乱，反应迟钝	2.44	.945	1.738	56.1	14.7	41.4	32.5	8.3	3.1	4.269		11.4
B9 有过激行为	1.93	.862	1.547	77.4	35.1	42.3	17.3	5.0	0.2	4.042		5.3
B10 工作中错误率增高	2.13	.858	1.691	72.4	22.4	50.0	20.0	7.2	0.4	4.057		7.7
B11 爱发脾气、烦躁	2.48	.967	1.757	55.9	13.6	42.3	30.0	10.7	3.3	4.234		14.0

三、信度和效度检验

为了提高研究的信度与效度，需要对量表进行质量分析。信度、效度检验所要满足的最低条件：各测量项目 CITC 值大于 0.4，Cronbach α 系数大于0.7，KMO 值大于 0.7。

（一）大学教师工作压力源问卷

采用 CITC 法和 Cronbach α 信度系数法净化量表的测量项目。从表 2.10可以看出，压力源问卷的 23 个测量项目的初始 CITC 值 0.441～0.739，均大于 0.40，没有需要删除的项目。同时量表整体的 Cronbach α 信度系数为

0.937, 大于 0.70, 说明压力源问卷内部一致性信度良好。在做因子分析前, 对压力源问卷的 22 个测量项目 (除去效标题) 进行样本充分性检验和样本分布检验后发现, 问卷的 KMO 测试值为 0.919, Bartlett 球形检验的卡方统计值的显著性概率为 0.000, 说明数据适合进行因子分析。

表 2.10　工作压力源正式问卷信度和效度检验

测量项目	CITC	项目删除后的 Cronbach α 系数	测量项目	CITC	项目删除后的 Cronbach α 系数
A1	.458	.936	A13	.441	.937
A2	.569	.934	A14	.599	.934
A3	.581	.934	A15	.608	.934
A4	.634	.933	A16	.628	.934
A5	.694	.933	A17	.671	.933
A6	.542	.935	A18	.590	.934
A7	.739	.932	A19	.623	.934
A8	.691	.933	A20	.533	.935
A9	.601	.934	A21	.618	.934
A10	.667	.933	A22	.574	.934
A11	.609	.934	A23	.736	.932
A12	.559	.935			
Cronbach α					0.937
KMO					0.919
χ^2					5390.703
Df					231
Sig					0.000

(二) 大学教师压力反应问卷

采用 CITC 法和 Cronbach α 信度系数法净化量表的测量项目。从表 2.11 可以看出, 压力反应问卷的 11 个测量项目, 初始 CITC 值 0.401 ~ 0.726, 均大于 0.40, 没有需要删除的项目, 同时问卷整体的 Cronbach α 信度系数为 0.890, 大于 0.70, 说明压力反应问卷内部一致性信度良好。在做因子分析前, 对压力反应问卷净化后的 11 个测量项目, 进行样本充分性检验和样本分布检验后发现, 问卷的 KMO 测试值为 0.901, Bartlett 球形检验的卡方统计值的显著性概率为 0.000, 说明数据适合进行因子分析。

表 2.11　压力反应正式问卷信度和效度检验

测量项目	CITC	项目删除的 Cronbach α 系数	测量项目	CITC	项目删除后的 Cronbach α 系数
B1	.605	.883	B7	.726	.875
B2	.626	.882	B8	.646	.880
B3	.660	.879	B9	.401	.894
B4	.692	.878	B10	.485	.889
B5	.636	.881	B11	.647	.880
B6	.629	.881			
Cronbach α					0.890
KMO					0.901
χ^2					2264.250
Df					55
Sig					0.000

四、因子结构探索

本研究采用因子分析方法探索和验证问卷的结构效度。探索性因子分析标准采用主成分分析方法（Principal Component Analysis），经过方差最大正交旋转（Varimax）处理后抽取共同因子，共同因子的确定，没有统一标准，本研究综合已有研究成果，采用如下标准：选取特征根值大于 1 的因子；因子累计方差贡献率一般情况下达到 60% 以上，即可认为量表具有良好的结构效度[①]；以因子负荷量（loadings）0.50 作为因子分析时删除的标准，即一个题目在所有因子的因子负荷量小于 0.5，或者该题目因子负荷量有两个以上是大于 0.5（横跨两个因子以上）的，皆删除[②]。

（一）工作压力源结构探索性因子分析

本研究把 456 份压力源问卷总样本分半，分别作为探索性和验证性因子分析的样本。通过样本一（228 份）的数据对压力源问卷的 22 个变量（23 题是效标问题），进行探索性因子分析。从表 2.12、图 2.2 可知，选取特征根值大

---

① 刘璞，谢家琳，井润田：《国有企业员工工作压力与工作满意度关系的实证研究》，《中国软科学》2005 年第 12 期，第 121-126 页。

② Wolfinbarger M., Gilly M. C., "Shopping online for freedom, control, and fun," *California Management Review*, Vol43, No. 2, 2001, pp. 34-55.

于1的因子，提取的6个因子累计方差贡献率达71.044%，表明因子保留较多的信息量，远超过60%的标准，因子分析的结果可以接受。

表 2.12　工作压力源因子特征根与方差贡献率

序号	初始样本相关系数矩阵特征根			旋转后的因子方差贡献		
	各因子对应特征根	各因子方差贡献率	各因子累计方差贡献率	各因子对应特征根	各因子方差贡献率	各因子累计方差贡献率
1	12.968	43.504	43.504	4.290	14.391	14.391
2	2.358	7.911	51.416	3.814	12.794	27.185
3	1.680	5.637	57.053	3.604	12.092	39.277
4	1.588	5.328	62.380	3.155	10.583	49.860
5	1.429	4.792	67.173	3.314	11.119	60.979
6	1.154	3.872	71.044	3.000	10.066	71.044
7	.940	3.152	74.197			
8	.917	3.077	77.274			
9	.784	2.631	79.904			
10	.758	2.544	82.448			
11	.734	2.461	84.909			
12	.619	2.076	86.986			
13	.590	1.978	88.964			
14	.536	1.797	90.761			
15	.475	1.592	92.353			
16	.447	1.500	93.853			
17	.384	1.288	95.142			
18	.357	1.199	96.341			
19	.320	1.073	97.414			
20	.301	1.010	98.424			
21	.249	.834	99.258			
22	.221	.742	100.000			

根据各因子的测量项目的内容，对这六个因子分别命名为：

①绩效考核压力源（5个测量项目），包括 A1 知识的更新、A2 科研要求、

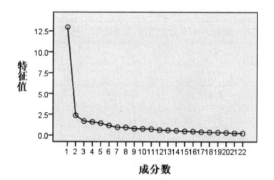

图2.2 工作压力源结构碎石图

A3 学校规定的教学任务、A4 职称评定、A5 量化考核与评比；②聘任制度压力源（3个测量项目），A6 学生对教师的教学质量评价、A7 现有聘任制度、A8 岗位竞争；③组织管理压力源（4个测量项目），A9 对不同学科教师评价标准相同、A10 大学管理的目标短期化、A11 大学行政化管理体制、A12 学校部分政策的频繁变动，主要反映大学的组织管理、组织文化、组织风格方面的特点；④职业发展压力源（3个测量项目），包括 A13 对学历的要求提高、A14 缺少进修机会、A15 工作与进修冲突，主要教师专业化发展的要求有关；⑤工作保障压力源（3个测量项目），包括 A16 学校工作保障体制、A17 回报与付出不相当、A18 工资、福利待遇；⑥角色职责压力源（4个测量项目），包括 A19 学生对教师的要求和期望、A20 需要承担太多的责任、A21 社会对于大学教师职业的期望和要求、A22 教师的自我期望，主要与角色要求与期望有关。

六个因子共同解释了约71.044%的方差变异，经 Varimax 旋转后因子负荷数据见表2.13。其中，绩效考核制度因子解释了约14.391%的方差变异；聘任制度因子解释了约11.119%的方差变异；组织管理因子解释了约12.794%的方差变异；角色职责因子解释了约12.092%的方差变异；工作保障因子解释了约10.583%的方差变异；职业发展因子解释了约10.066%的方差变异。六个因子的 Cronbach α 系数在 0.756～0.850 之间，说明各因子内部一致性信度良好。

表 2.13 工作压力源结构探索性因子分析

测量变量	I 绩效考核	II 组织管理	III 角色职责	IV 工作保障	V 聘任制度	VI 职业发展
A3	.757					
A1	.735					
A2	.628					
A5	.586					
A4	.567					
A11		.820				
A12		.795				
A10		.640				
A9		.544				
A19			.775			
A20			.745			
A22			.707			
A21			.540			
A18				.849		
A17				.819		
A16				.611		
A8					.668	
A7					.640	
A6					.536	
A14						.805
A13						.788
A15						.750
旋转后各因子解释变（%）	14.391	12.794	12.092	10.583	11.119	10.066
旋转后特征根值	4.290	3.814	3.604	3.155	3.314	3.000
Cronbach α	0.850	0.817	0.827	0.821	0.848	0.756

（二）压力反应结构探索性因子分析

压力反应问卷 11 个变量探索性因子分析结果显示（表 2.14、图 2.3），特征根值大于 1 的因子有两个，根据碎石图拐点确定因子数共有二个，二者综合考虑，抽取三个因子，累计方差贡献率为 71.316%，大于 60% 的标准，因子分析的结果可以接受。

表 2.14　压力反应特征根与方差贡献率

因子序号	初始样本相关系数矩阵特征根			旋转后的因子方差贡献		
	各因子对应特征根	各因子方差贡献率	各因子累计方差贡献率	各因子对应特征根	各因子方差贡献率	各因子累计方差贡献率
1	5.799	53.588	53.588	2.927	26.607	26.607
2	1.139	10.530	64.118	2.616	23.780	50.388
3	.833	7.702	71.820	2.302	20.929	71.316
4	.681	6.291	78.111			
5	.581	5.369	83.480			
6	.433	4.002	87.482			
7	.344	3.183	90.665			
8	.304	2.811	93.476			
9	.268	2.475	95.952			
10	.248	2.293	98.245			
11	.190	1.755	100.000			

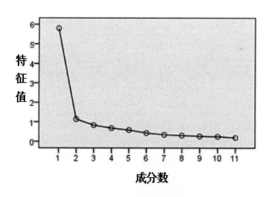

图 2.3　压力反应结构碎石图

　　根据各公共因子所包含项目的共性，为各公共因子进行命名。从问卷因子抽取的情况来看，基本与本研究在前面提出的消极压力反应构想结构一致。根据各因子的测量项目的内容，对这三个因子分别命名为：①生理反应（3个测量项目），包括：B1 头疼、气闷、耳鸣等身体不适症状、B2 食欲下降睡眠状况不佳、B3 感到疲劳；②心理反应（5个测量项目），包括：B4 情绪低落、

B5 记忆力下降、B6 注意力不够集中、B7 焦虑、紧张、B8 思维缓慢、混乱，反应迟钝；③行为反应（3 个测量项目），包括：B9 有过激行为、B10 工作中错误率增高、B11 爱发脾气、烦躁。

三个因子共同解释了约 71.316% 的方差变异，经 Varimax 旋转后因子负荷数据见表 2.15。其中，心理反应因子解释了约 26.607% 的方差变异；行为反应因子解释了约 23.780% 的方差变异；生理反应因子解释了约 20.929% 的方差变异。三个因子测量变量的 Cronbach α 系数分别是 0.820～0.856 之间，说明各因子内部一致性程度较好。

表 2.15　压力反应结构探索性因子分析

测量变量	Ⅰ心理反应	Ⅱ行为反应	Ⅲ生理反应
B5	.780		
B6	.768		
B8	.719		
B7	.633		
B4	.599		
B9		.846	
B10		.777	
B11		.688	
B2			.868
B1			.738
B3			.628
旋转后各因子解释变异（%）	26.607	23.780	20.929
旋转后特征根值	2.927	2.616	2.302
Cronbach α	0.856	0.818	0.820

经过探索性因子分析，共获得压力源 6 个因子、22 个（A1～A22）因子分析项目和压力反应结构的 3 个因子、11 个（B1～B11）因子分析项目（表 2.16）。

表 2.16 工作压力公因子及因子所包含的变量

问卷	因子	测量变量
大学教师工作压力源	绩效考核	A1 A2 A3 A4 A5
	聘任制度	A6 A7A 8
	组织管理	A9 A10 A11 A12
	职业发展	A13 A14 A15
	工作保障	A16 A17A18
	角色职责	A19 A20 A21A22
大学教师压力反应	生理反应	B1 B2 B3
	心理反应	B4 B75B6 B7B8
	行为反应	B9 B10 B11

五、因子结构验证

为对大学教师工作压力结构模型的构思作进一步的检验，本研究用另一半问卷（样本二 228），进行验证性因子分析。验证性因子分析可以检验一个量表结构的稳定性，同时也可以对探索性因子分析所获得的条目进行精简。验证性因子分析模型的很多拟合指数容易受样本容量和项目数量的影响。关于样本容量 N 最小应是多少，以及每个因子至少要有多少个测量项目的问题，很多文献上的建议都十分含糊，甚至相互矛盾。但从识别的角度来说，每个因子最好有三个测量项目。比较常见的建议是，样本容量应该是自由估计参数（变量）的 5~10 倍。对于大多数模型来说，样本数与进入因子分析的变量数量的比例应该保持在 5：1 以上（经验估计）[1]。综合以上条件，本研究远远满足进行验证性因子分析的样本要求。

（一）验证性因子分析指标

验证性因子分析通过估计理论或构想模型对实际采集的测量数据的拟合程度，从而检验理论或构想模型的正确性与合理性。本研究采用结构方程建模软件 Lisrel 8.70，对构想模型进行验证性因子分析。评价构想模型是否得到观测数据的支持，一般由三类拟合指标来予以衡量：

绝对拟合指标：χ^2（卡方）和 χ^2/df 检验、RMSEA（近似误差均方根）、GFI（拟合优度）、AGFI（校正拟合优度）。χ^2 是最常报告的拟合优度指标，当显著性水平高于 0.05 时，可以认为假设的模型和测量的数据具有较好的拟合度。但是由于 χ^2 值对样本容量非常敏感。很多学者建议采用 χ^2/df 指标，

---

[1] 张文彤：《SPSS 11.0 统计分析教程》，希望电子出版社 2002 年。

在实际研究中，学者认为 χ^2/df 应该小于 3[1]。RMSEA，是一种基于总体差距的指数，斯泰格尔（Steiger，1990）认为，当 RMSEA 小于 0.1 时，表示好的拟合，当 RMSEA 小于 0.05 时，表示非常好的拟合；当 RMSEA 小于 0.01 时，表示完全拟合，不过这种情形在实际应用中几乎碰不上。RMSEA 因相对受 N 的影响较少且对错误模型较为敏感而更值得研究关注。关于 GFI 与 AGFI 的标准，一般认为 GFI≥0.90，AGFI≥0.80，表示模型拟合良好[2]。

相对拟合指标，采用 TLI（非范拟合指数）、NFI（规范拟合指数）、IFI（增值拟合指数）、CFI（比较拟合指数），它们取值在 0～1 之间，一般认为 TLI、IFI、NFI、CFI≥0.90，表示模型拟合良好。TLI 和 CFI 两个指标因不受样本大小影响，而在新近的拟合指数研究中得到推荐。

简约拟合指标，PNFI（省简规范拟合指数）、PGFI（省简拟合优度指数）一般要求大于 0.5。本研究对采用的适配指数进行汇总（表 2.17）。

表 2.17　适配指数一览

指标	基本范围	优良标准
χ^2/df	0 以上，小于 5	小于 3
RMESA	0 以上，小于 0.10	小于 0.05
GFI	0～1 之间，有负值可能	大于 0.90
AGFI	0～1 之间，有负值可能	大于 0.80
NFI	0～1 之间	大于 0.90
CFI	0～1 之间	大于 0.90

（二）验证过程

1. 工作压力源结构验证性因子分析

大学教师工作压力源六维度模型验证性因子分析结果表明，模型得到了观测数据的支持，但该模型是否为最优，尚需做进一步的检验。为此，需要再建立比较模型，从中选择最优模型。从文献和前期访谈结果看，多数教师认为聘任制压力的根源还是评价制度，评价制度是聘任制度的依据，所以设想将两个维度合并为绩效考核维度，形成比较模型——五维模型，将两个模型的拟合数据进行比较，得出结果（表 2.18）。

---

① Medsker J. L., Gina J., "A review of current practices for evaluating causal models in organizational behavior and human resources management research," *Journal of Management*, Vol20, No.2, 1994, pp. 439-464.

② 侯杰泰，温忠麟，成子娟：《结构方程式模型及其应用》，教育科学出版社 2004 年。

表2.18　工作压力源结构模型验证性因子分析

	χ^2	df	χ^2/df	GFI	AGFI	NFI	CFI	RMSEA	RMR
基本模型（六维度）	489.32	194	2.522	0.84	0.79	0.95	0.97	0.081	0.058
比较模型（五维度）	519.53	199	2.612	0.83	0.78	0.96	0.97	0.084	0.059

经比较，两个模型均通过了检验。但根据简约性原则，本研究采用五维度模型为大学教师工作压力源模型。五维度模型验证性因子分析结果表明，测量模型的自由度为199，卡方值为519.53，卡方与自由度的比值为2.612，符合小于3的理想标准。RMSEA值为0.084，符合斯泰格尔建议的小于0.10的标准。RMR值为0.059，接近于0.05的标准。模型的拟合参数GFI，AGFI，NFI，CFI分别为0.83，0.78，0.96，0.97，均接近于国内外各项相关研究所建议的0.80或0.90的优良标准，由此表明验证性因子分析模型与数据的拟合情况良好（图2.4）。

本研究采用总量表与分量表的相关性检验方法进一步验证工作压力源的结构。心理测量学一般要求多个分量表构成的总量表中，分量表间的相关应低一些，以表明它们独立地测量了某一因子；每个分量表与总量表之间的相关性应较高，说明分量表共同测量了更高概括程度的潜在变量，分量表与总量表的相关比各分量表之间的相关高是结构效度良好的一种表现。根据心理学家图尔克（Tulker）的观点，一个良好的总量表与分量表之间的相关应在0.30～0.80之间，分量表之间的相关系数应在0.10～0.60范围内[1]。

表2.19　工作压力源总量表与分量表的相关矩阵

因子	均值	标准差	STR1	STR2	STR3	STR4	STR5
STR1	3.402	0.820	1				
STR2	3.219	0.929	0.554 ***	1			
STR3	3.059	1.039	0.529 ***	0.374 ***	1		
STR4	3.551	0.931	0.507 ***	0.478 ***	0.513 ***	1	
STR5	3.373	0.867	0.598 ***	0.484 ***	0.398 ***	0.429 ***	1
效标问题	3.67	0.953	0.668 ***	0.460 ***	0.401 ***	0.473 ***	0.633 * * *
总压力源	3.042	0.652	0.902 ***	0.753 ***	0.698 ***	0.681 ***	0.741 * * *

注：①N=228　②* P<0.05，* * P<0.01，* * * P<0.001，下同

① 戴忠恒：《心理与教育测量》，华东师范大学出版社1987年。

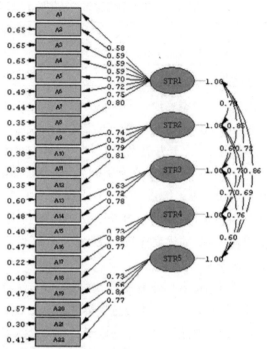

Chi-Square=516.45, df=199, P-value=0.00000, RMSEA=0.084

图 2.4 大学教师工作压力源验证性因子分析模型

说明：左边箭头表示残差，中间箭头表示因子负荷，右边双箭头表示
因子间的共变性，方框表示测量指标，椭圆表示所要验证的潜变量。
STR1 代表绩效考核、STR2 代表组织管理、STR3 代表职业发展、
STR4 代表工作保障、STR5 代表角色职责。

从表 2.19 可以看出，各分量表之间的相关系数在 0.374 ~ 0.598 之间，完全符合 0.10 ~ 0.60 的标准，各分量表与总量表相关在 0.681 ~ 0.902 之间，与效标问题的相关系数在 0.401 ~ 0.668 之间，基本符合 0.30 ~ 0.80 的标准。而且各分量表相关系数低于与总量表之间的相关系数，进一步说明该问卷的结构效度较高。

2. 大学教师压力反应结构验证性因子分析

压力反应验证性因子分析结果表明，测量模型的自由度为 41，卡方值为 100.79，卡方与自由度的比值为 2.458，符合小于 3 的优良标准。RMSEA 值为 0.080，符合斯泰格尔建议的小于 0.10 的标准；RMR 值为 0.050，接近于 0.05 的优良标准。模型的拟合参数 GFI，AGFI，NFI，CFI 分别为 0.93，0.88，

0.96，0.98，均接近于国内外各项相关研究所建议的 0.80 或 0.90 的标准，由此表明压力反应验证性因子分析模型与数据的拟合结果可以接受。拟合数据验证的模型见表 2.20、图 2.5。

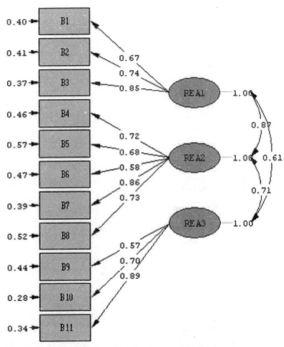

Chi-Square=100.79, df=41, P-value=0.00000, RMSEA=0.080

图 2.5　大学教师压力反应验证性因子分析模型

说明：REA1 代表生理反应、REA2 代表心理反应、REA3 代表行为反应。

表 2.20　压力反应结构模型验证性因子分析

	χ^2	df	χ^2/df	GFI	AGFI	NFI	CFI	RMSEA	RMR
三维度模型	100.79	41	2.458	0.93	0.88	0.96	0.98	0.080	0.050

为了进一步验证压力反应结构，本文对压力反应总量表与分量表进行相关性检验。从表 2.21 可以看出，各分量表之间的相关系数在 0.474 ~ 0.703 之间，基本符合 0.10 ~ 0.60 之间的标准，分量表与总量表的相关系数在 0.770 ~ 0.929 之间，基本符合 0.30 ~ 0.80 的标准。而且分量表之间相关系数低于与总量表的相关系数，说明该问卷的结构效度良好。

表 2.21 压力反应总量表与分量表的相关矩阵

因子	均值	标准差	REA1	REA2	REA3
REA1	2.902	0.841	1		
REA2	2.790	0.781	0.703 ***	1	
REA3	2.215	0.799	0.474 ***	0.578 ***	1
总问卷	2.664	0.691	.843 ***	0.929 ***	0.770 ***

注：N = 228

（三）验证结果

结合以往对大学教师工作压力的研究，本研究对大学教师工作压力源与压力反应的内容结构进行了理论分析，并根据相关文献和访谈内容设计出大学教师工作压力调查问卷，进行了结构探索和验证。实证研究结果表明，工作压力源结构主要包括五个维度：绩效考核、组织管理、职业发展、工作保障和角色职责压力源；压力反应包括消极的生理反应、心理反应和行为反应三个维度。本研究所编制的问卷具有较好的内部一致性信度和结构效度。

第三章

工作压力源对压力反应的作用机制

　　长期过度的职业压力不仅影响教师身心健康，使教师身心功能失调、出现认知偏差、注意力不集中、判断能力和社会适应能力下降及焦虑等症状，还会引起教师的不满、消极、高离职率和缺勤等问题，甚至出现和学生关系紧张的现象，严重影响和制约学校的发展，是教育事业发展的隐忧。本章主要探讨两个问题：一是调查分析大学教师工作压力现状。掌握工作压力的现状，是进一步研究工作压力其它问题的基础；二是引入四个中间变量，深入研究工作压力源对压力反应的作用机制，为提出有益于教师身心健康的压力管理策略提供依据。

第一节　大学教师工作压力现状

一、数据描述

（一）研究样本

　　为了了解大学教师工作压力状况，2009～2010 年，在大连理工大学、辽宁师范大学、河北农业大学等数十所学校进行两次大学教师工作压力及相关内容的正式问卷调查，共获得关于大学教师工作压力现状的有效问卷 939 份。从被调查教师的基本情况中可以看出，样本包含了不同人口统计学特征的教师，随机性较强，保证了分析结论的可靠性（见附录 1.4）。

（二）变量正态检验

　　在绝大多数的研究中，为了能在后续统计分析工作中得出较为科学的结论，首先要对样本进行正态检验。正态检验通常使用偏度（Skewness）和峰度（Kurtosis）绝对值来判断数据的正态分布情况。偏度可用来反映样本分布的偏斜方向和程度，峰度可用来反映样本分布的陡峭和平坦的程度。偏度的绝对值大于3.0时，一般被视为是极端的偏态；峰度的绝对值大于10.0时表示峰度有问题，若是大于20.0时就可以视为是极端的状态①。从表3.1可以看出，工作压力现状相关研究变量，数据分布的偏度绝对值最大为0.819，低于参考值3.0；峰度的绝对值最大为1.992，远低于参考值10.0。因此，可以认为16个变量数据符合正态分布，能够用于后续的分析。

表3.1 工作压力现状研究相关变量正态分布检验

变量	样本数	偏度		峰度	
	统计值	统计值	标准差	统计值	标准差
R1 性别	939	0.109	0.080	-1.992	0.159
R2 年龄	939	0.298	0.080	-0.475	0.159
R3 婚姻	939	-0.819	0.080	1.216	0.159
R4 教龄	939	0.682	0.080	0.525	0.159
R5 教育程度	939	-0.426	0.080	-0.990	0.159
R6 职称	939	0.139	0.080	-0.661	0.159
R7 学校类型	939	0.008	0.080	-1.030	0.159
R8 学科领域	939	-0.139	0.080	-1.985	0.159
总体压力源	939	-0.052	0.080	-0.469	0.159
STR1 绩效考核	939	-0.242	0.080	-0.368	0.159
STR2 组织管理	939	0.046	0.080	-0.504	0.159
STR3 职业发展	939	-0.079	0.080	-0.751	0.159
STR4 工作保障	939	-0.258	0.080	-0.601	0.159
STR5 角色职责	939	0.030	0.080	-0.469	0.159
总体压力反应	938	0.254	0.080	-0.014	0.160
REA1 生理反应	939	0.138	0.080	-0.282	0.159
REA2 心理反应	938	0.196	0.080	-0.031	0.160
REA3 行为反应	939	0.712	0.080	0.525	0.159

注：N=939

二、大学教师工作压力源现状

（一）大学教师压力感强度

首先对工作压力源变量进行描述性统计分析，以了解样本分布的情形，将

---

① 卢纹岱：《SPSS for Windows 统计分析》，电子工业出版社2005年第2版。

根据此结果对大学教师的工作压力源和压力感状况进行分析。

大学教师工作压力源问卷的理论分数范围是 23～115 分，分数越高表明压力感越大，以理论中值 69 分来划分压力感的高低，得分高于 69 分被认为高压力感，反之为低压力感。由表 3.2 可见，工作压力感均值为 74.566，高于理论中值 69 分，处于中等偏高位置，说明大学教师工作压力强度较高。这一结果与本研究对 43 名大学教师工作压力程度的访谈结果和效标问题 23 题的调查结果一致。

表 3.2　工作压力感强度描述统计

工作压力源	题目数	平均值	标准差	理论中值	实际分数范围	理论分数范围
总体压力源	23	74.566	16.629	69	57.93～91.195	23～115
STR1 绩效考核	8	26.32	6.52	24	19.80～32.84	8～40
STR2 组织管理	4	12.516	3.772	12	8.74～16.288	4～20
STR3 职业发展	3	9.012	2.961	9	6.05～11.973	3～15
STR4 工作保障	3	10.17	2.94	9	7.23～13.11	3～15
STR5 角色职责	4	13.04	3.384	12	9.65～16.424	4～20

为了解大学教师的压力感程度，笔者在 2008 年底选取性别、年龄、职称、学科和学校等不同类别的 43 名教师进行过访谈，将压力感程度从轻到重分为五级：没有压力、较小压力、中等压力、较大压力、很大压力。对于"您是否感到有工作压力？程度如何？"的访谈结果如下：较小压力 5 人，占 11.6%；中等压力 11 人，占 25.6%；较大压力 25 人，占 58.1%；很大压力 2 人，占 4.6%，中等以上压力的人数占 88.4%（图 3.1），反映了大学教师工作压力感偏高的现状。

从压力结构上看，绩效考核压力感高出理论中值 2.322 分；工作保障压力感高出理论中值 1.17 分；角色职责压力感高出理论中值 1.04 分，组织管理和职业发展压力感稍高于理论中值。这说明大学教师在上述五个方面所承受的压力感强度都达到中等或偏高程度，其中，工作保障压力感最大，之后依次是：绩效考核、角色职责、组织管理、职业发展，说明大学绩效制度改革是目前教师最主要的压力来源。

（二）不同人口统计学变量教师压力感差异

单因素方差分析是检验样本均值有无差异的方法，前提条件是数据呈正态分布。前面对数据的峰度和偏度检验说明，数据符合正态分布，所以能够用于

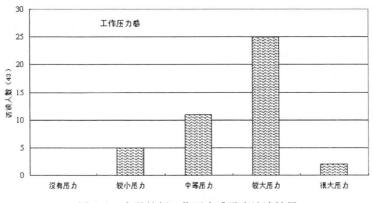

图 3.1 大学教师工作压力感强度访谈结果

方差分析。对压力源五个维度进行独立样本 T 检验和单因素方差分析（Analysis of Variance，ANOVA），目的是检验不同人口统计学变量压力感的差异。结果表明，婚姻变量对压力源所有维度都没有显著影响，数据不在表里列出，其它七个变量均对压力源的不同维度具有不同程度的影响（表 3.3）。

表 3.3 人口统计学变量与工作压力源单因素方差

人口统计学变量	平均值（标准差）				
	绩效考核	组织管理	职业发展	工作保障	角色职责
（1）性别					
1. 男（495）	3.33（0.821）	3.247（0.935）	2.975（1.002）	3.46（0.970）	3.313（0.850）
2. 女（444）	3.24（0.807）	2.998（0.936）	3.036（0.970）	3.30（0.986）	3.201（0.838）
t 值	1.810	4.067***	−0.948	2.482*	2.022*
Sig	0.071	0.000	0.343	0.013	0.043
组间比较	1＞2	1＞2	2＞1	1＞2	1＞2
（2）年龄					
1. 30 以下（207）	3.262（0.816）	3.075（0.893）	3.095（0.979）	3.19（1.086）	3.240（0.851）
2. 31-40 岁（434）	3.404（0.735）	3.154（0.921）	3.013（0.950）	3.46（0.911）	3.280（0.822）
3. 41-50 岁（247）	3.163（0.887）	3.184（0.990）	2.920（1.006）	3.40（0.950）	3.243（0.871）
4. 50 以上（51）	3.125（0.974）	3.284（1.041）	2.961（1.213）	3.38（1.150）	3.250（0.918）
F 值	5.731**	2.706	1.226	3.757*	0.153
Sig	0.001	0.054	0.299	0.011	0.928
组间比较	2＞1＞3＞4	4＞3＞2＞1	1＞2＞4＞3	2＞3＞4＞1	2＞4＞3≈1

续表

人口统计学变量	平均值（标准差）				
	绩效考核	组织管理	职业发展	工作保障	角色职责
（3）教龄					
1. 5年以下（386）	3.33（0.802）	3.089（0.898）	2.989（0.960）	3.25（0.999）	3.278（0.826）
2. 6-15年（314）	3.39（0.760）	3.145（0.951）	3.085（0.938）	3.53（0.942）	3.291（0.848）
3. 16-25年（177）	3.10（0.891）	3.160（0.988）	2.927（1.087）	3.39（0.955）	3.171（0.894）
4. 25年以上（62）	3.12（0.84	3.218（1.049）	2.903（1.087）	3.48（1.026）	3.246（0.820）
F值	6.045***	0.509	1.306	5.107**	0.854
Sig	0.000	0.676	0.271	0.002	0.464
组间比较	2>1>4>3	4>3>2>1	2>1>3>4	2>4>3>1	2>1>4>3
（4）教育程度					
1. 本科及以下（153）	3.03（0.786）	2.984（0.896）	3.163（0.914）	3.33（0.999）	3.167（0.838）
2. 硕士（392）	3.26（0.789）	3.014（0.923）	3.215（0.927）	3.31（1.006）	3.169（0.797）
3. 博士及以上（394）	3.41（0.829）	3.301（0.956）	2.732（1.008）	3.48（0.939）	3.386（0.881）
F值	12.634***	11.515***	27.412***	3.511*	7.709***
Sig	0.000	0.000	0.000	0.030	0.000
组间比较	3>2>1	3>2>1	2>1>3	3>1≈2	3>1≈2
（5）职称					
1. 助教（128）	3.06（0.875）	2.896（0.904）	3.102（0.985）	3.02（1.118）	3.127（0.844）
2. 讲师（390）	3.42（0.729）	3.152（0.883）	3.099（0.937）	3.43（0.928）	3.341（0.826）
3. 副教授（306）	3.33（0.800）	3.199（0.957）	2.989（0.975）	3.46（0.930）	3.236（0.836）
4. 教授（115）	2.98（0.938）	3.128（1.106）	2.616（1.098）	3.44（1.045）	3.196（0.916）
F值	12.755***	3.247*	7.876***	6.894***	2.565
Sig	0.000	0.021	0.000	0.000	0.053
组间比较	2>3>1>4	3>2>1>4	1>2>3>4	3>4>2>1	2>3>4>1
（6）学校					
1. 研究型大学（241）	3.45（0.810）	3.304（0.990）	2.837（1.003）	3.40（0.991）	3.390（0.863）
2. 研究教学、教学研究型大学（462）	3.30（0.848）	3.159（0.931）	3.134（1.002）	3.45（0.941）	3.258（0.858）
3. 教学型本科院校（236）	3.09（0.712）	2.893（0.871）	2.919（0.908）	3.25（1.035）	3.130（0.785）
F值	11.777***	12.046***	8.465***	3.069*	5.680**

续表

人口统计学变量	平均值（标准差）				
	绩效考核	组织管理	职业发展	工作保障	角色职责
Sig.	0.000	0.000	0.000	0.047	0.004
组间比较	1 > 2 > 3	1 > 2 > 3	2 > 3 > 1	2 > 1 > 3	1 > 2 > 3
（7）学科					
1. 理科（437）	3.34（0.791）	3.108（0.956）	2.927（0.989）	3.37（0.943）	3.287（0.834）
2. 文科（502）	3.24（0.834）	3.148（0.932）	3.070（0.981）	3.40（1.012）	3.237（0.856）
t 值	1.972*	−0.662	−2.219*	−0.451	0.905
Sig.	0.049	0.508	0.027	0.652	0.366
组间比较	1 > 2	1 ≈ 2	2 > 1	2 > 1	1 ≈ 2

注：$*p < 0.05$，$**p < 0.01$，$***p < 0.001$

1. 数据统计结果

表（1）数据显示，男女教师间的压力感差异最显著表现在组织管理方面，其次是工作保障和角色职责方面，男教师感受到的压力程度大于女教师。这和靳娟等（2006）、罗国湘等（2008）的实证研究结果相一致，也和中国文化背景下人们的平常认识相吻合。

表（2）数据显示，不同年龄段教师的压力感差异最显著表现在绩效考核方面，31～40岁教师压力感最强，其次是30岁以下教师，最轻的是50岁以上教师；在工作保障方面，也是31～40岁教师压力感最强，其次是41～50岁教师。总的来看，在目前大学制度改革背景下，40岁以下的青年教师感受到的工作压力程度更高，与以往的研究结论基本一致。

表（3）数据显示，不同教龄教师的压力感差异最显著表现在绩效考核方面，15年以下两个教龄组感受到的压力程度最高，16年以上两个教龄组压力感较小，与上面相应年龄组的研究结论基本吻合。

表（4）数据显示，教育程度不同的教师在绩效考核、组织管理、职业发展、工作保障和角色职责压力感方面差异都非常显著。图3.2显示，在绩效考核、组织管理、工作保障和角色职责方面，博士学历教师压力感最大；在职业发展方面，硕士学历教师压力感最大。

表（5）数据显示，不同职称教师在压力源的五个维度中，除角色职责外，都存在显著差异。绩效考核方面，压力感程度最高的是讲师，然后是副教授，教授压力感相对较小，说明讲师面临的制度改革压力感最大；在职业发

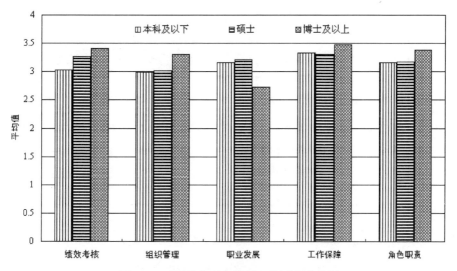

图 3.2 不同教育程度教师工作压力感差别

展、工作保障方面，助教压力感最大、其次是讲师，教授压力感最小。这与国内外的研究结果"高职称者对压力的感知普遍下降、讲师压力最大"基本一致。

表（6）数据显示，不同类型学校教师在压力源各维度上都具有显著差异。图 3.3 显示，除了职业发展外，都是研究型大学的教师压力感程度最大。职业发展压力感最大的是研究教学和教学研究型大学，教学型本科院校各方面压力感相对较轻。

表（7）数据显示，学科不同的教师在绩效考核维度上具有显著差异，理科教师压力感程度高；在职业发展方面，文科教师压力感大于理科教师。

通过统计分析发现，不同人口统计学特征教师在压力源的不同维度上，压力感程度具有显著差异。高压力感教师群体有：男教师、年龄 31～40 岁、教龄 6～15 年、博士、研究型大学；低压力感教师群体有：女教师、50 岁以上、教龄 16～25 年、本科、教授、教学型本科院校。

2. 原因分析

（1）高压力感原因分析

男教师在组织管理、工作保障和角色职责方面，感受到的压力程度大于女教师。其原因可能是：男教师对来自于社会和自身的期望较高。我国传统赋予男性成就取向的角色特征，成功和地位成为男性角色的基础，使得男性在职业

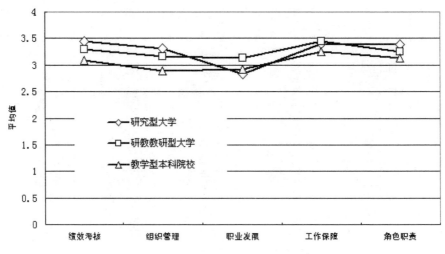

图 3.3　不同类型学校教师工作压力感比较

发展方面有更大的压力。我国传统家庭男女分工观念是"男主外，女主内"。男性一般在工作上承担更多的责任，而女性则在家庭方面承担更多的义务，女性在工作方面压力感相对较小。

31～40 岁年龄段、6～15 年教龄、讲师，这三个群体总体压力感最强。其原因可能是：这部分教师讲师比例大，随着高校扩招，学生人数急剧增加，教学资源相对不足，他们承担的教学任务较重，而且随着高校教学改革的不断深化，各高校对教师教学都很重视，有较为严密的质量监控体系，教学任务偏重和教学质量标准要求提高给教师造成很大压力；这部分教师处于职业生涯初期，学术、经济地位相对比较低，难争取到科研项目，难得到科研经费支持，学历提升、科研要求、职称评定等压力都很大；近年来高校教师人事制度改革的核心"教授终身、副教授、讲师非升即走"，讲师面临的聘任制压力很大。现行的《职称评审标准》提高了高级职称评审门坎，主要体现在学历（学位）和科研要求方面，较为严格的评审条件加上数量有限的指标使许多努力了多年的讲师仍然得不到晋升，这在一定的程度上加剧了他们的职业压力感。

博士学历教师压力感大的原因可能是：博士学历教师对自己的教学、科研等业务要求及自我期望值和成就动机相对较高，当行为结果未达到期望的标准时，就会出现挫折感；晋升和聘任条件高，压力感大；博士学历教师职业准备期长，前期投入高，如果感到回报低（经济收入、事业发展等），不平衡感和压力感就会更强。

研究型大学在教学管理、科研要求、职称评审和考核评价等方面比普通学校要求要高；其次，研究型大学教师的学历、业务水平总体上高于普通学校，且高手云集，同行之间竞争激烈，人际关系复杂；再次，研究型大学学生相对质量好，学校和学生对教师的要求和期望也高，在学生对教师评价中，一旦得不到客观的肯定和认可，会影响教师的职业发展前景，所以来自学生的压力感也大。

在职业发展方面，硕士学历教师压力感最大。其原因可能是：从外部看，随着整个社会受教育层次的提高以及高校学历竞争的加剧，对教师的学历要求也越来越高；从内部看，每个人都有努力保护和获得资源的倾向，知识是大学教师的从业资本，必须及时进行知识更新才能确保职业的稳定。而处于中低职称的硕士学历教师和本科学历教师要与博士教师在晋级提职、科研经费、研究成果等方面竞争，必须进行知识更新和提高学历，所以压力很大。

理科教师在绩效考核维度上压力感程度高。其原因可能是：在科研数量导向的评价体系下，理科教师因科研更依赖设备、技术和经费等物质支持，科研成果取得和文章发表难度很大，所以感到压力感大。

（2）低压力感原因分析

50 岁以上、教龄 16～25 年、教授等老教师，压力感较轻，其原因可能是：处于职业生涯的稳定成熟期或后期，老教师经过几十年打拼，工作经验丰富，对工作的控制感较强；工作得到学校和社会的认可，职称问题基本解决，压力感减弱；老教师应对压力的资源充足；近年来随着各高校教师人事改革制度的纷纷出台，教师的工作压力总体提高了，但这些制度对教授的利益冲击不大，所以教授的工作压力感显著低于副教授、讲师、助教，应在情理之中。

本科及以下学历教师压力感低的原因可能是：近年来各高校补充的教师基本是博士学历教师，高校中原有的年龄偏大的本科学历教师或者功成名就，或者对自己的教学、学术等业务要求与期望同过去相比有所降低。

教学型本科院校教师压力感低的原因可能是：教学型本科院校在学历提升和科研要求等方面标准相对较低，学生质量相对薄弱，对教师的要求和期望较低，所以教师感到压力相对较小。

三、大学教师压力反应现状

（一）大学教师压力反应强度

对压力反应变量进行描述性统计分析，以了解样本分布的情形。将根据此结果对大学教师的工作压力反应状况进行分析。

大学教师工作压力反应问卷的理论分数范围是 11～55 分，分数越高表明消极压力反应越重。本研究采用理论中值 33 分来划分压力反应的轻重，得分高于 33 分为高压力反应，反之为低压力反应。表 3.4 显示，压力反应强度均值 28.567，低于理论中值 33；各维度平均分数也低于理论中值，得分最高的是心理反应，其次是生理反应，行为反应最轻，表明教师总体压力反应程度较轻。其原因可能有，一是与其原有的心理健康状况和应对资源有关。对某些人而言，尽管客观压力很大，但如果他们具有良好的应对资源和应对能力，那么他们的压力反应就会减轻；二是与大学教师承受的慢性压力有关。西方国家学者研究表明，对人们的身心最具破坏力的压力并非急性压力而是持续不断的慢性压力。大学教师承受的多是慢性压力，而不是急性压力，慢性压力具有破坏性但容易被忽略。

表 3.4 大学教师的压力反应强度

维度	题目数	均值	标准差	理论中值	实际分数范围	理论分数范围
总体压力反应	11	28.567	7.469	33	21.098～36.036	11～55
REA1 生理反应	3	8.28	2.607	9	5.673～10.887	3～15
REA2 心理反应	5	13.815	3.875	15	9.94～17.63	5～25
REA3 行为反应	3	6.468	2.22	9	4.248～8.688	3～15

（二）不同人口统计学变量教师压力反应差异

为探究人口统计学变量对工作压力反应的不同影响，对压力反应三个维度进行独立样本 T 检验和单因素方差分析，结果表明，性别、婚姻、教育程度以及学科变量，在压力反应各维度上，结果均没有显著差异，不在表里列出，其它四个变量都对压力反应的不同维度具有不同程度的影响（表 3.5）。

表 3.5 人口统计学变量与压力反应单因素方差分析

人口统计学变量	平均值（标准差）		
	生理反应	心理反应	行为反应
（1）年龄			
1. 30 以下（207）	2.63（0.877）	2.739（0.785）	2.180（0.700）
2. 31-40 岁（434）	2.78（0.862）	2.815（0.755）	2.220（0.747）
3. 41-50 岁（247）	2.79（0.839）	2.711（0.781）	2.070（）0.743
4. 50 岁以上（51）	3.03（0.977）	2.671（0.859）	1.928（0.765）

人口统计学变量	平均值（标准差）		
	生理反应	心理反应	行为反应
F 值	3.215*	1.324	3.922**
Sig	0.022	0.265	0.008
组间比较	4>3>2>1	2>1>3>4	2>1>3>4
（2）教龄			
1. 5 年以下（386）	2.71（0.881）	2.782（0.769）	2.192（0.725）
2. 6-15 年（314）	2.80（0.876）	2.808（0.773）	2.198（0.749）
3. 16-25 年（177）	2.76（0.801）	2.716（0.745）	2.072（0.708）
4. 25 年以上（62）	2.90（0.946）	2.548（0.876）	1.968（0.838）
F 值	1.103	2.234	2.744*
Sig	0.347	0.083	0.042
组间比较	4>2>3>1	2>1>3>4	1≈2>3>4
（3）职称			
1. 助教（128）	2.62（0.866）	2.733（0.785）	2.318（0.723）
2. 讲师（390）	2.75（0.853）	2.788（0.758）	2.119（0.687）
3. 副教授（306）	2.82（0.909）	2.780（0.763）	2.196（0.782）
4. 教授（115）	2.79（0.811）	2.666（0.851）	1.994（0.784）
F 值	1.658	0.848	4.536**
Sig	0.174	0.468	0.004
组间比较	3>4>1>2	3≈2>1>4	1>3>2>4
（4）学校			
1. 研究型大学（241）	2.94（0.879）	2.870（0.804）	2.246（0.799）
2. 研教、教研型大学（462）	2.72（0.865）	2.747（0.766）	2.109（0.725）
3. 教学型本科院校（236）	2.66（0.844）	2.686（0.753）	2.157（0.702）
F 值	7.435**	3.584*	2.737
Sig.	0.001	0.028	0.065
组间比较	1>2>3	1>2>3	1>3>2

1. 数据统计结果

表（1）数据显示，年龄不同的教师，在生理反应方面具有显著差异，50岁以上教师生理反应最重，30岁以下教师最轻。在行为反应方面具有显著差异，31～40岁年龄段教师行为反应最重。

表（2）数据显示，教龄不同的教师，在行为反应方面具有显著差异，6～15年教龄组的教师压力反应最重，其次是5年以下教龄组的教师，25年以上老教师行为反应最轻。

表（3）数据显示，职称不同的教师，在行为反应方面具有显著差异，助教行为反应最重，教授最轻。

表（4）数据显示，不同类型学校教师在生理和心理反应维度上，都具有显著差异。图3.4显示，在压力反应三个维度上，研究型大学的教师压力反应都是最重，其次是研究教学和教学研究型大学、教学型本科院校教师压力反应最轻。研究型大学压力感最大，压力反应也最重。

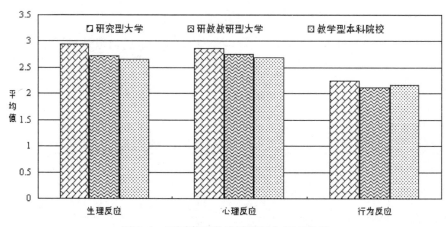

图3.4　不同类型学校教师压力反应差异

以上统计分析表明，不同人口统计学特征教师在压力反应不同维度上，压力反应程度不同。生理反应程度较高的教师群体是50岁以上和研究型大学教师；生理反应程度较低的教师群体是30岁以下和教学型本科院校教师。

心理反应程度较高的教师群体是研究型大学，其次是研究教学、教学研究型大学；心理反应程度较低的教师群体是：50岁以上、教龄25年以上和教学型本科院校的教师。

行为反应程度较高的教师群体是：31～40岁、教龄6～15年、助教；行为反应程度较低的教师群体是：50岁以上、教龄25年以上、教授。

2. 原因分析

50岁以上、教授、25年教龄以上老教师生理反应最重，心理和行为反应最轻。其原因可能是：老教师精力和体力都有所下降，所以面对工作压力，生理反应最明显；老教师心理稳定成熟，知识积累、工作能力等都已达到较高的水准和境界，具有较强的独立解决问题的能力，对应对压力而言，有足够应对资源，所以心理和行为反应较轻。

青年教师行为反应最重，其原因可能是：青年教师处于职业生涯初期，资历低、职称低、收入低，面对学历提升、职称晋升、同事竞争等各种压力较大，对教师角色期望较高，但对教师角色的认同与内化尚不充分，对工作的控制感不足，压力应对能力欠缺、对情绪和行为的控制经验不足，所以行为反应也最重。

四、大学教师工作压力类型

（一）四种工作压力类型划分

以往研究工作压力系统的两个重要前因和结果变量——压力源和压力反应类型都是按不同标准进行单维划分。从管理学的角度研究二者及其关系，最终目的是有效管理压力，这就需要对二者的关系进行细致深入的分析。被学界广泛认可的压力交互作用模式认为，工作压力是一个过程，从个体受到外部压力源的刺激，到感受到压力以及个体产生一系列身心及行为的反应，是一个复杂的过程，受多种因素的影响。在压力源存在的情况下，个体并不一定产生相应的压力反应。在此过程中，个性及应对是起着重要作用的中介变量。工作压力的反应是多方面的，程度也不同。从以上分析可知，不同方面或不同程度的压力源对压力反应的影响，无论是直接的还是间接的，都会因个体差异或应对能力差异而不同。在单独考察压力源或压力反应对组织效能影响的基础上，如果考虑二者的相互关系采用二维分类法，划分工作压力类型，更有利于分析工作压力系统的作用效能。

工作压力源的平均数为 3.24，标准差是 0.723，工作压力反应的平均数为 2.597，标准差是 0.679，把被试教师工作压力感和压力反应按平均数各分为高低两组，工作压力状态分可划分为四种类型：低压力感低压力反应型、高压力感低压力反应型、高压力感高压力反应型，低压力感高压力反应型。表 3.6 和图 3.5 是对四种压力类型进行的频数统计，各类型所占百分比分别是 31.7%、18.8%、33.2%、16.2%。可以看出，其所占比例符合实际情况，相对均衡，因此，可以认为大学教师工作压力存在这四种类型。

表3.6　不同工作压力类型频数

工作压力类型	人数	百分比	均值（标准差）	
			压力感	压力反应
低压力感低压力反应型	298	31.7	2.542（.447）	2.042（.358）
高压力感低压力反应型	177	18.8	3.707（.364）	2.077（.379）
高压力感高压力反应型	312	33.2	3.871（.420）	3.247（.458）
低压力感高压力反应型	152	16.2	2.779（.296）	2.949（.297）
合计	939	100.0	3.242（.723）	2.597（.679）

图3.5　大学教师工作压力类型

（二）工作压力源与压力反应相关性分析

相关分析（Correlation Analysis）是研究现象之间是否存在某种依存关系，并对具体有依存关系的现象探讨其相关方向以及相关程度，是研究随机变量之间关系的一种统计方法。从统计思想和方法来看，线性相关是最基本的方法。相关系数 r 绝对值愈大（愈接近1），表明变量之间的线性相关程度愈高。人们通常利用相关系数的大小来解释变量间相互关系的大小。

分别对不同工作压力类型教师进行工作压力源和压力反应相关分析（表3.7），结果显示，在高压力感高压力反应组，压力源与压力反应相关系数为0.410，在0.001 水平上显著相关；在低压力感高压力反应组和低压力感高压力反应组，压力源与压力反应相关系数分别是0.214和0.159，在0.01 水平上达到显著相关；在低压力感低压力反应组，压力源与压力反应相关不显著。这一方面验证了以往关于工作压力感与压力反应呈正相关的结论，另一方面也说明在大学教师群体内，存在压力感很高但压力反应很低和压力感低但压力反应很高的现象。

表3.7 工作压力源与压力反应相关系数

	低压力感低压力反应型	高压力感低压力反应型	高压力感高压力反应型	低压力感高压力反应型
相关系数	− .008	.159 **	.410 ***	.214 **
显著性	.911	.008	.000	.006

大学教师面对同样的压力源，产生不同程度的压力感和压力反应，与教师对压力源的认知、应对资源是否充分和压力反应适应性有关。四元压力理论模型认为，相同的工作压力源条件在不同的个性特征和应对机制下会产生积极或消极的不同结果。

（1）对压力源的认知评价不同。拉扎罗斯提出的认知交互作用理论认为，在压力源与压力反应之间存在着两个阶段的认知评价过程。个体首先要评价外界事件是否具有挑战性或威胁，然后对自己所能获得的应对资源如个人能力和社会支持等进行评价，当个体认为后者不足以应对外界的威胁性事件时，工作压力便产生了。

根据弗鲁姆的期望理论，人们采取某项行动的动力或激励力取决于其对行动结果的价值评价和预期达成该结果可能性的估计。对于大学教师来说，如果把这种具有压力的制度安排，看作是组织对自己的一种职业生涯管理策略，这些工作压力会给自己带来好的回报，明白从事这样的工作任务会锻炼自己的能力，能促进自身的职业生涯发展，他们就会积极投入工作，会努力增加应对资源，消极压力反应强度会减弱。

（2）应对资源是否充分。如果可调动的资源越充分，越能应对压力，压力反应越轻。马西尼（Matheny，1986）发现五种应对资源对应对压力最有效：社会支持、信念和价值、自尊、有信心控制和良好状态[1]。本研究发现，两个低压力反应组，组织支持感、工作满意度、自我效能感和应对策略值都高于高压力反应组，说明低压力反应组应对资源比较充分。

（3）对压力的适应性不同。压力反应是个体对变化着的内外环境所作出的一种适应，这种适应是生物界赖以发展的原始动力。对于个体来说，一定的压力反应不但可以看成是及时调整与环境的契合关系，而且这种应激性锻炼有利于人格和体格的健全，从而为将来适应环境提供条件。如果对压力感的耐受

---

[1]　Matheny K. B. , Aycock D. W. , Pugh J. L. , "Stress coping：A qualitative and quantitative synthesis with implications for treatment," *The Counseling Psychology*, Vol14, No. 5, 1986, pp. 499-549.

力高，抗挫能力强，压力反应就较弱。有学者认为个性比性别、年龄对个体的压力反应水平具有更大影响。

第二节　研究假设

一、工作压力源对压力反应的直接作用假设

许多研究表明，压力源、工作者心理紧张度（不满意程度、生气、压力的感觉和沮丧等情绪）和生理健康紧张度（如缺席、看医生，以及身体生理症状）三者之间存在相关作用。罗宾斯（1997）的压力模型认为，压力作用结果包括生理、心理和行为三个方面的症状；OSI 模型的压力结果变量包括工作满意度、生理健康状况和心理健康状况。这些理论或模型都涉及到压力源引起的消极压力反应问题。关于工作压力源对教师的影响，主流的研究结论认为，长期过度的职业压力影响教师身心健康，使教师身心功能失调、出现认知偏差、注意力不集中、判断能力和社会适应能力下降、焦虑等症状。消极的压力不仅影响教师的情绪、认知能力，还会导致一些不良行为，如频繁吸烟、酗酒、攻击性行为、与同事疏远、转嫁责任、师生关系紧张等。

根据上面分析，推测大学教师的工作压力源直接对生理、心理和行为产生正向的影响。因此，提出假设 3-1。

假设 3-1：工作压力源各维度与生理、心理和行为反应呈显著正相关。

二、工作压力源与压力反应关系的中间变量作用假设

（一）工作满意度的中介作用假设

已有研究认为，工作压力是影响工作满意度的重要变量，工作压力的增加将导致工作满意度的下降，两者之间的关系一般表现为负向相关关系[1]。针对医护人员的研究结果发现，工作压力越大其工作满意度越低[2]。关于教师工作压力与工作满意度的关系，研究发现，团体中人际关系不良以及彼此间的不信任与高焦虑所代表的工作压力，会影响教师身体健康与工作满意的程度，工作压力与健康之间成负相关，工作满意与个体健康呈正相关关系。

---

① Blegen M. A. , "Nurses´ job satisfaction: A metaanalysis of related variables ," *Nursing Research*, Vol42, No. 1, 1993, pp. 3641.

② Lu L. , Shiau C. , Cooper C. L. , " Occupationa stress in Clinical nurses," *Counseling Psychology Quarterly*, Vol10, No. 1, 1997, pp. 39-50.

根据上面分析，工作满意度与工作压力源和压力反应都具有相关性，推测工作满意度对大学教师工作压力源与压力反应的关系，具有中介作用，工作压力源通过工作满意度的中介作用，减弱消极压力反应程度。因此，提出假设3-2。

假设3-2：工作满意度对工作压力源与压力反应的关系具有中介作用。

（二）组织支持感的调节作用假设

研究表明，组织支持感是压力源与压力反应之间的重要调节或中介变量。斯坦珀（2003）等研究发现，组织支持感在角色压力和压力结果、满意度、留职意向之间发挥显著缓冲效应。许多学者研究指出，具有较高组织支持感的员工，工作压力水平往往相对较低[1]。当员工感知到来自组织的支持时，对威胁刺激的感知就可能弱化，或者相信在组织支持下能应付自己单独不能应付的威胁刺激。组织支持感除了直接在压力源与压力反应关系中具有中介或调节作用外，还会通过工作满意度影响压力源与压力反应的关系。克罗潘扎诺等（1997）的研究表明，工作支持和工作满意度呈显著正相关关系[2]。哈克特（Hackett）和盖恩（Guion）通过元分析发现高层管理者对伦理行为感知到的支持与工作满意度呈正相关[3]。肖尔（Shore）等人以美国一家大型跨国公司总部的员工为对象，考察了组织支持感、组织承诺与工作满意度之间的关系，结果表明组织支持与员工的工作满意度之间存在着显著的正相关关系[4]。马斯特森等人通过对美国一所大学的员工进行调查，发现组织支持会对员工工作满意度、组织导向的公民行为、组织承诺产生正相关的影响[5]。袁少锋等以知识型员工为研究样本，实证检验了组织支持在工作压力源与压力反应之间的中介

---

① Stamper C. L., Jonlke M. C., "The impact of perceived organizational support on the relationship between Boundary Spanner Role Stress and work Outcomes," *Journal of Management*, Vol40, No. 4, 2003, pp. 569-588.

② Cropanzano R., Howes J. C., Grandey A. A., "The relationship of organizational politics and support to work behaviors, attitudes, and stress," *Journal of Organizational Behavior*, Vol18, No. 2, 1997, pp. 159-180.

③ Hackett R. D., Guion R. M., "A re-evaluation of the absenteeism-job satisfaction relationship," *Organizational Behavior and Human Decision Processes*, Vol35, No. 3, 1985, pp. 340-381.

④ Shore L., Terick L., "A construct validity study of the survey of perceived organizational support," *Journal of Applied Psychology*, Vol76, No. 7, 1991, pp. 637 - 643.

⑤ Masterson S., Lewis K., Taylor M., "Integrating justice and social exchange: the differing effects of fair Procedures and treatment on work relationships," *Academy of Managemen Journal*, Vol43, No. 7, 2000, pp. 738 - 748.

效应①。本研究倾向把组织支持感看作是调节变量。推测在不同维度的工作压力源与压力反应关系中，具有调节作用，还会通过工作满意度影响工作压力源与压力反应关系。因此，提出假设 3-3 和 3-4。

假设 3-3：组织支持感对工作压力源与压力反应的关系具有调节作用。

假设 3-4：组织支持感通过工作满意度，对压力反应产生积极影响。

（三）自我效能感的调节作用假设

自我效能感在工作压力作用过程中，是一个非常重要的中间变量。近年来，自我效能感在压力源与压力结果之间所起调节作用研究，越来越受到研究者的关注。研究表明，自我效能感是工作时间、工作负荷、任务特征与身体紧张和心理紧张的中间变量，而身体和心理的紧张恰恰是压力反应的重要表现。巴哈特和阿莉的研究支持了当个体具有较积极的自我信念时，压力对工作带来的负面影响相对较小的假设②。杰克斯和布利斯（1999）认为，自我效能感在个体应对压力源时扮演了非常重要的角色③。该研究发现的结果与班杜拉（1997）的观点一致，即具有更高自我效能感的个体，一般不会把一些压力源看作是对自己的威胁，他们倾向于对压力做出积极的反应；而低自我效能的人一遇到困难就自我怀疑，降低成就要求，甚至半途而废。另外，也有研究表明自我效能感在压力过程中的作用主要通过采用积极的应对策略而实现。杰克斯等（2001）认为，具有较高自我效能感水平的个体在压力产生之前就会采取积极措施加以应对④。许小东（2004）在总结前人对工作压力与自我效能感的研究后指出，自我效能感对工作压力的作用机制可能主要体现在工作控制意愿与应对策略选择两个方面⑤。

根据上面分析，自我效能感在工作压力源与压力反应关系中具有调节作用，而且自我效能感通过应对策略的中介作用，对压力反应产生积极影响，所以推测自我效能感在大学教师工作压力源与压力反应关系中具有调节作用，即

① 袁少锋，高英：《组织支持对工作压力的中介效应研究——基于知识型员工样本的实证分析》，《应用心理学》2007 年第 4 期，第 373-378 页。

② Bhagat R. S., Allie S., Ford D. L., "Organizational stress, personal life stress and symptoms of life-strains: An inquiry into the moderating role of styles of coping," *Journal of Social Behavior & Personality*, Vol6, No. 7, 1991, pp. 163-184.

③ Jex S. M., Bliese P. D., Buzzell S., "The impact of Self-efficacy on stressor-strain relations coping style as an explanatory mechanism," *Journal of Applied Psychology*, Vol86, No. 3, 2001, pp. 401-409.

④ 同上。

⑤ 许小东，孟晓斌：《工作压力应对与管理》，航空工业出版社 2004 年。

自我效能感高分组的教师面对压力源时，消极压力反应程度要低于低分组的教师；自我效能感还通过应对策略的中介作用，对压力反应产生积极影响。因此，提出假设3-5和3-6。

假设3-5：自我效能感对工作压力源与压力反应的关系具有调节作用。

假设3-6：自我效能感通过应对策略的中介作用，对压力反应产生积极影响。

（四）应对策略的调节作用假设

以往研究提出应对策略是压力应对过程的核心变量，是影响压力反应的关键因素，是调节压力源与压力反应之间关系的中间变量。杰克斯等（2001）将压力应对策略分为能动型和逃避型两种，前者是积极面对和问题聚焦式的压力应对措施，如积极采取行动控制压力后果、改善压力源、寻求社会支持等，它主要着眼于问题的根本解决；后者是消极逃避和情绪聚焦式的压力应对措施，如回避压力源、改变认知、酗酒、吸毒等，它往往只是暂时性地缓解紧张情绪，有时甚至可能带来更严重的后果①。有学者研究发现，在应对策略对压力过程的调节作用方面，使用积极应对策略有助于缓和与工作相关的压力，在应对策略的缓冲之下，压力感受与压力结果之间的相关性减弱或消失②。

根据上面分析，可知使用积极的应对策略，能降低消极的压力反应程度，而逃避型的应对策略，使压力反应加重，所以推测在大学教师群体中，较多使用积极应对策略的教师，压力反应程度要弱于较少使用积极应对策略的教师。因此，提出假设3-7。

假设3-7：应对策略对工作压力源与压力反应的关系具有调节作用。

三、人口统计学变量对工作压力源与压力反应关系的调节作用假设

许多学者针对不同的人口统计学变量对工作压力源和压力反应的影响作用进行调查研究。从国外文献看，关于性别对压力过程的影响，研究结果不一致，一般认为女性教师压力感和压力反应程度大于男性教师；婚姻对压力过程的影响，一般认为未婚教师压力感和压力反应程度高于已婚教师；年龄和教龄对压力过程的影响，一般认为工作年限越短，教师压力感和压力反应程度越

① Jex S. M., Bliese P. D., Buzzell S., "The impact of Self-efficacy on stressor-strain relations coping style as an explanatory mechanism," *Journal of Applied Psychology*, Vol86, No. 3, 2001, pp. 401-409.

② Lu L., Shiau C., Cooper C. L., "Occupationa stress in Clinical nurses," *Counseling Psychology Quarterly*, Vol10, No. 1, 1997, pp. 39-50.

大。国内针对大学教师的研究表明，工作压力有明显的职称、性别、年龄、学历和所在学校性质的差异。根据上面分析，推测人口统计学变量对压力源与压力反应关系具有调节作用。因此，提出假设3-8。

假设3-8：人口统计学变量对压力源与压力反应的关系具有调节作用。

四、工作压力源与压力反应关系的假设汇总

大学教师压力源与压力反应关系作用假设汇总（图3.6）。

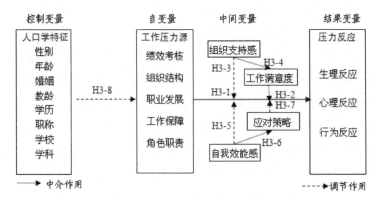

图3.6 工作压力源对压力反应影响关系假设汇总

第三节 研究测量

一、研究样本

2009年10月至11月，在大连理工大学、大连大学、东北大学、河北经贸大学等十余所学校进行第二次预测问卷调查，调查对象为大学全日制从事教学或科研的一线教师。总共发放200份问卷，回收189份，回收率94.5%，获得有效问卷183份，有效率96.8%。调查对象包含了不同人口统计学特征的教师，随机性较强，保证了分析结论的可靠性（见附录1.5）。

2009年底到2010年，在北京航空航天大学、燕山大学、大连海洋大学等十余所学校进行第二次正式问卷调查，调查对象为大学全日制从事教学或科研的一线教师。总共发放500份问卷，回收489份，回收率97.8%，获得有效问卷483份，有效率96.6%（见附录1.6）。

二、研究工具

（一）大学教师工作压力源问卷

大学教师工作压力源的五维结构得到验证，通过了信度和效度检验。现将

包含 23 个项目的大学教师工作压力源问卷，纳入包含中介变量和结果变量的整体问卷，进行问卷调查。压力源问卷进行利克特五点式量表评价，从"没有压力"到"很大压力"，得分越高表示感受到的压力程度越大。

（二）中间变量相关问卷

1. 组织支持感问卷

本书选取的是由美国心理学家艾森伯格等开发的感受组织支持调查表（SPOS）中的 6 个载荷较高的项目[1]。SPOS 原量表共有 36 道题目，为单一维度量表。由于量表过长，在后来的许多研究中（包括作者本人）均节选其中因子负荷较高的部分项目组成新量表进行测量，而且节选量表的效度也比较好。本研究根据大学教师的具体情况，在 SPOS 量表里选取了 6 个项目，作为正式问卷，进行利克特五点式量表评价，从"完全不符合"到"完全符合"，得分越高表示感受到的组织支持程度越高。

2. 自我效能感问卷

本研究的自我效能感属于特定领域的工作自我效能感。自我效能问卷从魏海燕（2007）编制的共 9 个项目的工作自我效能问卷中抽取 7 个载荷较高的条目，此问卷是参考琼斯（1986）的工作自我效能量表、瑞格斯等（1994）的个人效能信仰量表和麦克唐纳（McDonald），西高尔（Siegall，1992）的技术性自我效能量表编制而成的，测量对象是研发人员[2]。问卷进行利克特五点式量表评价，从"完全不符合"到"完全符合"，得分越高表示工作自我效能感越高。

3. 应对策略问卷

教师压力应对策略问卷参考了肖计划的应付方式问卷[3]、姜乾金的特质应对方式问卷（TCSQ）[4]、解亚宁的简易应对方式问卷（SCSQ）[5] 和龚志周（2005）[6] 博士论文研究成果，编制了共 11 个项目的问卷，进行利克特五点式

① Rhoades L., Eisenberger R., "Perceived organizational support: A review of the literature," *Journal of Applied Psychology*, Vol87, No. 4, 2002, pp. 698-714.

② 魏海燕：《研发人员工作动力行为的探索性研究》，2007 年复旦大学博士学位论文。

③ 肖计划，许秀峰：《应付方式问卷效度和信度研究》，《中国理卫生杂志》1996 年第 4 期，第 164-168 页。

④ 姜乾金，祝一虹：《特质应对问卷的进一步探讨》，《中国行为医学科学》1999 年第 3 期，第 167-169 页。

⑤ 解亚宁：《心理卫生评定量表手册》，中国心理卫生杂志社 1999 年。

⑥ 龚志周：《电子商务创业压力及其对创业绩效影响研究》，2005 年浙江大学博士学位论文。

量表评价，由"从不"到"总是"，得分越高表示所采用的策略越积极，第7～11题反向计分。

4. 工作满意度问卷

本研究需要测量的是与压力源相关的总体满意度，参考了卡曼（Cammann）、费奇曼（Fichman）等（1983）的整体工作满意度量表（OAQ），斯佩克特（Spector, 1985）的工作满意度调查量表（JSS），明尼苏达满意度问卷（MSQ）压缩版[1]，将工作满意度分为报酬满意度、晋升满意度、进修满意度、工作认可满意度、工作成就满意度、政策实施满意度等六方面，编制了 7 个项目的问卷，进行利克特五点式量表评价，从"非常不满意"到"非常满意"，得分越高表示对组织满意度越高。

（三）大学教师压力反应问卷

大学教师压力反应的三维结构得到验证，通过了信度和效度检验。现将包含 11 个项目的大学教师压力反应问卷，纳入包含各测量变量的整体问卷，来测量教师压力反应的程度。进行利克特五点式量表评价，由"从未"到"总是"，得分越高表示压力反应越消极。

三、预测问卷信度效度检验

为了提高研究的信度与效度，在正式数据分析之前，需要对量表的质量进行分析，沿用前面标准，所要满足的最低条件是：测量项目的 CITC 值大于 0.4，Cronbach α 系数在 0.7 以上，KMO 值大于 0.7，因子荷重要求 0.5 以上。

（一）工作压力源问卷质量检验

首先，用 CITC 法和 Cronbach α 信度系数法净化量表的测量项目。工作压力源的 23 个测量项目的初始 CITC 值为 0.464～0.686，均大于 0.40，同时量表整体的 Cronbach α 信度系数为 0.927，各因子的 Cronbach α 信度系数为：0.850、0.821、0.780、0.834、0.750，均大于 0.70 的标准，说明压力源问卷整体和各维度内部一致性信度良好。其次，对工作压力源问卷进行因子分析适宜性检验，在对问卷的 22 个测量项目进行样本充分性检验和样本分布检验后发现，工作压力源问卷的 KMO 测试值为 0.884，大于 0.70，Bartlett 球形检验的卡方统计值的显著性概率为 0.000，并且因子分析结果达到本研究标准。

---

① Dail L. F. 著、阳志平，王薇译：《工作评价——组织诊断与研究实用量表》，中国轻工业出版社 2004 年。

（二）压力反应问卷质量检验

首先，用 CITC 法和 Cronbach α 信度系数法净化量表的测量项目。工作压力反应的 11 个测量项目的 CITC 值为 0.400～0.704，均大于 0.40，同时问卷整体的 Cronbach α 信度系数为 0.885，各因子的 Cronbach α 信度系数为：0.789、0.837、0.783，均大于 0.70，说明压力反应问卷整体和各维度内部一致性信度良好。其次，对压力反应问卷进行因子分析适宜性检验。在对问卷的 11 个测量项目进行样本充分性检验和样本分布检验后发现，工作压力源问卷的 KMO 测试值为 0.857，大于 0.70，Bartlett 球形检验的卡方统计值的显著性概率为 0.000，并且因子分析结果达到本研究标准。

（三）组织支持感问卷质量检验

首先，用 CITC 法和 Cronbach α 信度系数法净化量表的测量项目。表 3.8 显示，组织支持感 6 个测量项目的初始 CITC 值为 0.868～0.880，大于 0.40，同时量表整体的 Cronbach α 信度系数为 0.894，大于 0.70，说明组织支持感问卷内部一致性信度良好。

表 3.8　组织支持感问卷 CITC 与信度分析

测量项目	CITC	项目删除后的 Cronbach α 系数	Cronbach α
C1	.689	.880	
C2	.710	.876	
C3	.740	.871	0.894
C4	.759	.868	
C5	.674	.882	
C6	.724	.874	

其次，对组织支持感问卷进行因子分析适宜性检验。在对问卷的 6 个测量项目进行样本充分性检验和样本分布检验后发现，组织支持感问卷的 KMO 测试值为 0.866，大于 0.70，Bartlett 球形检验的卡方统计值的显著性概率为 0.000，说明数据适合进行因子分析。通过主成分分析法进行因子分析，提取特征根大于 1 的一个因子，累计解释总体方差变异为 65.711%，说明因子提取了较多的信息量。因子负荷都符合大于 0.5 的标准，且无交叉负载，说明量表结构效度良好（表 3.9）。

表 3.9 组织支持感问卷探索性因子分析

因子	测量项目	因子荷重	Cronbach α
组织支持感	C4	.845	0.894
	C3	.829	
	C6	.815	
	C2	.812	
	C1	.796	
	C5	.752	
累计解释总体方差变异			65.711%
KMO			0.866
χ^2			592.049
Df			15
Sig			0.000

（四）自我效能感问卷质量检验

首先，用 CITC 法和 Cronbach α 信度系数法净化量表的测量项目。从表 3.10 可以看出，自我效能感问卷的 7 个测量变量的初始 CITC 值为 0.149 ~ 0.696，D6 小于 0.3，在删除项目 D6 后，Cronbach α 系数显著提升。重新对工作自我效能问卷进行测量，6 个测量项目的 CITC 值为 0.496 ~ 0.722，均大于 0.40，同时量表整体的 Cronbach α 信度系数为 0.865，大于 0.70，说明自我效能感问卷内部一致性信度良好。

表 3.10 自我效能感问卷 CITC 与信度分析

净化前			净化后		
测量项目	CITC	项目删除后的 Cronbach α 系数	测量项目	CITC	项目删除后的 Cronbach α 系数
D1	.620	.721	D1	.721	.825
D2	.596	.726	D2	.631	.840
D3	.456	.749	D3	.496	.868
D4	.648	.717	D4	.674	.833
D5	.696	.709	D5	.761	.818
D6	.149	.860	D6	.149	.860
D7	.671	.704	D7	.671	.834
Cronbach α		0.825	Cronbach α		0.865

其次，对自我效能感问卷进行因子分析适宜性检验。在对问卷的6个测量项目进行样本充分性检验和样本分布检验后发现，工作自我效能感问卷的KMO测试值为0.844，大于0.70，Bartlett球形检验的卡方统计值的显著性概率为0.000，说明数据适合进行因子分析。通过主成分分析法进行因子分析，提取特征根大于1的一个因子，累计解释总体方差变异为59.817%，因子提取了较多的信息量，6个测量项目收敛于同一维度，基本达到本研究60%的标准（表3.11）。因子负荷都符合大于0.5的标准，且无交叉负载，说明量表结构效度良好。

表3.11 自我效能感问卷探索性因子分析

因子	测量项目	因子荷重	Cronbach α
自我效能感	D5	.839	0.865
	D1	.815	
	D7	.813	
	D4	.766	
	D2	.727	
	D3	.667	
累计解释总体方差变异			59.817%
KMO			0.844
χ^2			439.287
Df			15
Sig			0.000

（五）应对策略问卷质量检验

首先，用CITC法和Cronbach α信度系数法净化量表的测量项目。从表3.12可以看出，压力应对策略问卷的11个测量项目经过两次净化后，删除E4、E7、E8、E9、E10、E11，其余5个测量项目CITC值为0.609~0.704，远大于0.4的标准。同时量表整体的Cronbach α信度系数为0.855，大于0.70，说明应对策略问卷内部一致性信度良好。

其次，对应对策略问卷进行因子分析适宜性检验。在对问卷的5个测量项目进行样本充分性检验和样本分布检验后发现，压力应对策略问卷的KMO测试值为0.777，大于0.70，Bartlett球形检验的卡方统计值的显著性概率为0.000，说明数据适合进行因子分析。通过主成分分析法进行因子分析，提取特征根大于1的一个因子，累计解释总体方差变异为63.438%，达到本研究

60％的标准（表3.13）。因子负荷都符合大于0.5的标准，且无交叉负载，说明量表结构效度良好。这5项主要是积极面对和问题聚焦式的压力应对措施，命名为积极应对策略；消极逃避和情绪聚焦式的压力应对措施的项目全部被净化掉，说明大学教师倾向采用积极应对策略。这与应对策略量表在其它群体中测试效果完全不同。

表3.12　应对策略问卷 CITC 与信度分析

净化前			净化后					
测量项目	CITC	项目删除后的 Cronbach α 系数	测量项目	CITC	项目删除后的 Cronbach α 系数	测量项目	CITC	项目删除后的 Cronbach α 系数
E1	.471	.738	E1	.556	.706	E1	.704	.813
E2	.477	.737	E2	.571	.702	E2	.653	.827
E3	.518	.734	E3	.571	.706	E3	.609	.837
E4	.342	.753	E4	.342	.753	E4	.342	.753
E5	.527	.734	E5	.656	.691	E5	.702	.815
E6	.472	.737	E6	.579	.700	E6	.669	.823
E7	.407	.745	E7	.221	.789	E7	.221	.789
E8	.385	.748	E8	.385	.748	E8	.385	.748
E9	.282	.761	E9	.282	.761	E9	.282	.761
E10	.321	.755	E10	.321	.755	E10	.321	.755
E11	.439	.740	E11	.318	.764	E11	.318	.764
Cronbach α	0.777		Cronbach α	0.781		Cronbach α	0.855	

表3.13　应对策略问卷探索性因子分析

因子	测量项目	因子荷重	Cronbach α
积极应对策略	E1	.832	0.855
	E6	.810	
	E2	.801	
	E5	.798	
	E3	.727	
累计解释总体方差变异			63.438%
KMO			0.777
χ^2			408.477
Df			10
Sig			0.000

（六）工作满意度问卷质量检验

首先，用 CITC 法和 Cronbach α 信度系数法净化量表的测量项目。从表

3.14 可以看出，工作满意度问卷的 7 个测量项目的初始 CITC 值为 0.574 ~ 0.739，均大于 0.40，同时问卷的 Cronbach α 信度系数为 0.883，大于 0.70，说明工作满意度问卷内部一致性信度良好。

表 3.14　工作满意度问卷 CITC 与信度分析

测量项目	CITC	项目删除后的 Cronbach α 系数	Cronbach α
G1	.656	.866	
G2	.698	.860	
G3	.679	.863	
G4	.574	.876	0.883
G5	.721	.858	
G6	.739	.855	
G7	.620	.870	

其次，对工作满意度问卷进行因子分析适宜性检验。在对问卷的 7 个测量项目进行样本充分性检验和样本分布检验后发现，工作满意度问卷的 KMO 测试值为 0.866，大于 0.70，Bartlett 球形检验的卡方统计值的显著性概率为 0.000，说明数据适合进行因子分析。通过主成分分析法进行因子分析，提取特征根大于 1 的一个因子，7 个测量项目属于单一维度，累计解释总体方差变异为 58.519%，基本达到本研究 60% 的标准（表 3.15）。因子负荷都符合大于 0.5 的标准，且无交叉负载，说明量表结构效度良好。

表 3.15　工作满意度问卷探索性因子分析

因子	测量项目	因子荷重	Cronbach α
工作满意度	G6	.769	
	G5	.808	
	G3	.977	
	G1	.964	0.883
	G7	.796	
	G2	.805	
	G4	.951	
累计解释总体方差变异			58.519%
KMO			0.866
χ^2			614.725
Df			21
Sig			0.000

（七）预测问卷小结

经过以上对预测问卷信度和效度检验分析，删除不适当的项目，最后得到大学教师工作压力源对工作压力反应影响机制的六个分问卷。工作压力源问卷23 测量项目、压力反应问卷 11 个测量项目、组织支持感问卷 6 个测量项目、自我效能感问卷 6 个测量项目、应对策略问卷 5 个测量项目、工作满意度问卷7 个测量项目，共 58 个测量项目。探索性因子分析结果表明，各问卷结构效度良好（表 3.16）。

表 3.16　预测问卷项目净化和探索性因子分析结果

测量项目净化	Cronbach α	KMO	sig	因子分析适宜度	因子名称	测量变量
工作压力源问卷测量项目全部保留（23）	0.927	0.884	0.000	很适合	STR1 绩效考核	A1 A2 A3 A4 A5 A6 A7 A8
					STR2 组织管理	A9 A10 A11 A12
					STR3 职业发展	A13 A14 A15
					STR4 工作保障	A16 A17 A18
					STR5 角色职责	A19 A20 A21 A22
组织支持感问卷测量项目全部保留（6）	0.894	0.866	0.000	很适合	POS 组织支持	C1 C2 C3 C4 C5 C6
自我效能问卷测量项目由 7 个减少到 6 个	0.865	0.844	0.000	很适合	JSE 自我效能	D1 D2 D3 D4 D5 D7
应对策略问卷测量项目由 11 个减少到 5 个	0.855	0.777	0.000	适合	COP 积极应对策略	E1 E2 E3 E5 E6
工作满意度问卷测量项目全部保留（7）	0.883	0.866	0.000	很适合	SAT 工作满意度	G1 G2 G3 G4 G5 G6 G7
压力反应问卷测量项目全部保留（11）	0.885	0.857	0.000	很适合	REA1 生理反应	B1 B2 B3
					REA2 心理反应	B4 B5 B6 B7 B8
					REA3 行为反应	B9 B10 B11

四、正式问卷质量检验

（一）正式问卷信度效度检验

对 483 份有效的正式问卷进行信度和效度检验，结果表明六个分问卷及其包括的各因子均符合统计学要求，量表的内部一致性信度 α 系数从 0.749 到 0.926，效度 KMO 从 0.841 到 0.915，P 值在 0.001 水平上达到显著相关。因子分析表明量表具有较好区分效度，说明问卷适合进行大学教师工作压力源对压力反应影响机制的相关分析（表3.17）。

表3.17 正式问卷质量检验

分问卷	因子	Cronbach α	KMO	Sig
工作压力源	STR1			
	STR2			
	STR3	0.926	0.915	0.000
	STR4			
	STR5			
组织支持感	POS	0.901	0.889	0.000
自我效能感	JSE	0.849	0.864	0.000
应对策略	COP	0.871	0.841	0.000
工作满意度	SAT	0.869	0.878	0.000
压力反应	REA1			
	REA2	0.892	0.896	0.000
	REA3			

注: STR1 0.838, STR2 0.824, STR3 0.758, STR4 0.821, STR5 0.749, REA1 0.798, REA2 0.843, REA3 0.761

（二）数据描述

首先，对研究变量进行描述性统计分析，以了解样本分布的情形（表3.18）。其次，为了后续统计分析工作得出较为科学的统计结论，要对变量进行正态检验（表3.19）。

表3.18 研究变量描述性统计分析

	平均值	中位数	标准差	最小值	最大值
工作压力源	3.282	3.260	0.702	1.61	5.00
STR1 绩效考核	3.350	3.375	0.779	1.13	5.00
STR2 组织管理	3.201	3.250	0.939	1.00	5.00
STR3 职业发展	3.049	3.000	0.961	1.00	5.00
STR4 工作保障	3.369	3.333	0.976	1.00	5.00
STR5 角色职责	3.273	3.250	0.823	1.00	5.00
POS 组织支持感	2.937	3.000	0.843	1.00	5.00
JSE 工作自我效能	3.889	4.00	0.644	1.00	5.00
COP 积极应对策略	3.934	4.000	0.665	1.40	5.00
SAT 工作满意度	3.066	3.140	0.690	1.00	5.00

	平均值	中位数	标准差	最小值	最大值
压力反应	2.606	2.640	0.702	1.00	5.00
REA1 生理反应	2.744	2.667	0.914	1.00	5.00
REA2 心理反应	2.808	2.800	0.798	1.00	5.00
REA3 行为反应	2.133	2.000	0.752	1.00	5.00

注：N = 483

表 3.19 人口统计学变量、工作压力源、压力反应及中间变量正态分布检验

变量	样本数	偏度		峰度	
	统计值	统计值	标准差	统计值	标准差
R1 性别	483	0.044	0.111	− 1.879	0.222
R2 年龄	483	0.217	0.111	− 0.461	0.222
R3 婚姻	483	− 0.828	0.111	2.321	0.222
R4 教龄	483	0.623	0.111	− 0.551	0.222
R5 教育程度	483	− 0.537	0.111	− 0.872	0.222
R6 职称	483	0.069	0.111	− 0.549	0.222
R7 学校类型	483	0.056	0.111	− 1.004	0.222
R8 学科领域	483	0.071	0.111	− 2.003	0.222
STR1	483	− 0.094	0.111	− 0.430	0.222
STR2	483	0.087	0.111	− 0.504	0.222
STR3	483	0.042	0.111	− 0.637	0.222
STR4	483	− 0.143	0.111	− 0.687	0.222
STR5	483	0.169	0.111	− 0.452	0.222
POS	483	− 0.423	0.111	− 0.303	0.222
SAT	483	− 0.587	0.111	0.547	0.222
JSE	483	− 0.938	0.111	1.694	0.222
COP	483	− 0.680	0.111	0.882	0.222
REA1	483	0.206	0.111	− 0.381	0.222
REA2	483	0.218	0.111	− 0.109	0.222
REA3	483	0.789	0.111	− 0.894	0.222

从表 3.19 中可以看出，所有测量变量，数据分布的偏度绝对值最大为

0.938，低于参考值3.0；峰度的绝对值最大为2.003，远低于参考值10.0。因此，可以认为20个变量数据，符合正态分布，能够用于后续的统计分析。

第四节　假设验证

一、工作压力源对压力反应的直接作用检验

（一）相关分析

关于大学教师工作压力源与压力反应变量的研究架构和假设均基于文献基础，且少有直接相关的实证研究结果作为借鉴。因此本研究首先需要验证相关变量之间是否存在相关关系，为下一步确定研究变量之间的因果关系奠定基础。

表3.20　工作压力源与压力反应及各维度相关分析

变量	1	2	3	4	5	6	7	8	9	10
1 绩效考核	1									
2 组织结构	.607***	1								
3 职业发展	.576***	.432***	1							
4 工作保障	.579***	.589***	.520***	1						
5 角色职责	.648***	.525***	.496***	.454***	1					
6 生理反应	.370***	.378***	.255***	.280***	.390***	1				
7 心理反应	.428***	.395***	.309***	.309***	.431***	.698***	1			
8 行为反应	.188***	.190***	.159***	.160***	.220***	.505***	.536***	1		
9 总压力源	.906***	.786***	.724***	.757***	.780***	.432***	.481***	.228***	1	
10 总压力反应	.407***	.394***	.296***	.306***	.425***	.863***	.920***	.748***	.468***	1

表3.20显示，整体工作压力源与整体压力反应呈显著正相关关系（$r = 0.468$，$p < 0.001$），压力源五个维度与压力反应三个维度均呈显著正相关（$r = 0.159 \sim 0.431$，$p < 0.001$），即感到压力程度越大的教师，其消极压力反应也就越强烈，越容易导致身体上的不适、负性情绪反应和消极的行为反应，损害身心健康。本研究结果基本上支持了前人的研究结论。

（二）回归分析

通过相关分析确定了各变量之间是否相关、相关的方向以及线性关系的强弱程度，但相关关系并没有区别自变量和因变量，若要进一步确定其因果关

系，则需要通过回归分析来确定。回归分析是通过规定因变量和自变量来确定变量之间的因果关系，建立回归模型，并根据实测数据来求解模型的各个参数，然后评价回归模型是否能够很好地拟合实测数据。回归预测模型的建立必须满足以下三个条件：①因变量与自变量之间存在线性统计关系。②自变量是确定性的，多元线性回归模型中要求自变量之间不存在线性关系，否则出现多重共线性问题。③随机误差互不相关，反之则存在序列相关。只有符合上述三个假定条件时，预测模型才是有效的①。对于序列相关问题，本研究采用 D-W 值进行检验。D-W 值是为了鉴定误差项是否独立，介于 0 与 4 之间（0≤D-W≤4）D-W 愈靠近 0，代表正向序列相关或自我相关愈严重；D-W 愈靠近 4，代表负向序列相关或自我相关愈严重。一般认为，D-W 值在 2 附近时，表明变量的残差之间相互独立。

对于多重共线性问题，本研究采用容忍度（Tolerance）和方差膨胀因子（VIF）（Variance Inflation Factor）共同检验。陈希孺等根据经验得出，如果某个自变量的容忍度小于 0.1，则共线性问题可能比较严重。VIF 实际上就是容忍度的倒数，VIF 越大说明共线性可能越严重，一般认为 VIF 小于 10，表示变量之间不存在多重共线性。

根据相关分析结果，工作压力源的五个维度与压力反应存在显著相关关系。因此，首先以工作压力源五个维度为自变量，以压力反应总体和各维度为因变量，进行多元回归分析，检验压力反应对压力源的回归分析结果，从而找到对压力反应最有预测力的压力源因素。

表 3.21 数据结果显示，总体压力反应对各个自变量的多元回归分析模型的解释力达到 23.1%。绩效考核压力与压力反应回归显著（$p < 0.05$），标准化 Beta 系数为 0.130；组织管理压力源与压力反应回归显著（$p < 0.01$），标准化 Beta 系数为 0.178；角色职责压力源与压力反应回归最显著（$p < 0.001$），标准化 Beta 系数为 0.231。绩效考核、组织管理和角色职责压力源对总体压力反应具有显著的正向影响。

生理反应对各个自变量的多元回归分析模型的解释力达到 20%。组织管理压力源与压力反应回归显著（$p < 0.01$），标准化 Beta 系数为 0.197；角色职责压力源与生理反应回归显著（$p < 0.001$），标准化 Beta 系数为 0.215。组织管理和角色职责压力源对生理反应最具有预测力。

---

① 王业英：《序列相关检验简介》，《中国卫生统计》1993 年第 10 期，第 42-43 页。

表 3. 21　工作压力源各维度对压力反应及各维度的多元回归分析

因变量	自变量	R^2	未标准化系数		标准化系数	t	Sig.
			B	Std. Error	Beta		
压力反应	STR1	.231	.117	.056	.130	2.084	.038
	STR2		.133	.041	.178	3.227	.001
	STR3		.019	.038	.026	.496	.620
	STR4		.005	.039	.007	.121	.904
	STR5		.197	.047	.231	4.217	.000
生理反应	STR1	.200	.129	.075	.110	1.726	.085
	STR2		.192	.055	.197	3.495	.001
	STR3		− .003	.050	− .003	− .050	.960
	STR4		.004	.052	.004	.072	.943
	STR5		.239	.062	.215	3.839	.000
心理反应	STR1	.242	.172	.064	.168	2.704	.007
	STR2		.140	.047	.165	3.002	.003
	STR3		.027	.043	.032	.627	.531
	STR4		− .002	.044	− .003	− .047	.962
	STR5		.215	.053	.221	4.060	.000
行为反应	STR1	.058	.017	.067	.017	.248	.804
	STR2		.062	.049	.077	1.263	.207
	STR3		.027	.045	.034	.595	.552
	STR4		.018	.047	.023	.387	.699
	STR5		.128	.056	.140	2.313	.021

　　心理反应对各个自变量的多元回归分析模型的解释力达到 24. 2% 。绩效考核压力与压力反应回归显著（p < 0.01），标准化 Beta 系数为 0.168；组织管理压力源与压力反应回归显著（p < 0.01），标准化 Beta 系数为 0.165。绩效考核与组织管理压力源对心理反应最具有预测力。

　　行为反应对各个自变量的多元回归分析模型的解释力仅 5.8% 。角色职责压力源与行为反应回归显著（p < 0.05），标准化 Beta 系数为 0.140。角色职责压力源对行为反应最具有预测力。

　　假设 3-1 检验结果：工作压力源及各维度与压力反应及各维度均呈显著正相关。假设 3-1 完全通过检验。

二、工作压力源与压力反应关系的中间变量作用检验

　　对于中介作用的检验，采用巴伦和肯尼（Baron & Kenny，1986）的观点，他们认为是否存在中介作用应满足以下四个条件：第一，自变量和中介变量之间显著

相关；第二，中介变量和因变量之间显著相关；第三，自变量和因变量之间显著相关；第四，当中介变量引入方程后，自变量和因变量之间的相关性显著降低①。

调节变量的作用可分为两类，一是缓冲效应，二是交互效应。在缓冲作用的统计检验上，巴伦和肯尼认为可以通过层次回归分析进行检验。步骤是：第一，做因变量对自变量的缓冲变量回归，得到决定系数 R^2；第二，做因变量对自变量、缓冲变量和自变量与缓冲变量乘积项的回归得 R^2，若显著，则缓冲效应显著②。值得注意的是，在检验缓冲效应是否存在时，需要创造一个变量，即"预测变量×调节变量"，所创造的变量不是一个实体概念，它只是检验调节效应的工具，它的显著性系数并不代表对因变量的影响强度和大小，它只是表明调节变量对自变量与因变量关系的调节效应。在做缓冲效应分析时，通常要将自变量和调节变量做中心化变换（即变量减去其均值）。

交互效应检验主要有三种方法。一是方差分析，当两个自变量 $x1$、$x2$ 都是类别变量时，通常采用双因素方差分析，也可以用线性模型的参数估计方法估计交互效应的值。二是回归分析，当两个自变量 $x1$、$x2$ 都是连续变量时（在实际应用中许多定序变量都可以合理地当作连续变量），为了分析交互效应，可以使用带 $x1x2$ 乘积项的回归模型。三是分组回归，当自变量 $x1$ 是连续变量、$x2$ 是类别变量时，可以按 $x2$ 的取值对样本分组，在每组内作 Y 对 $x1$ 的线性回归分析，然后检验这些回归系数是否相等，如果不全相等，则交互效应显著；当两个变量都是连续变量时也可以使用本方法，只须将其中一个变量重新编码为类别变量③。本研究采用双因素方差分析和分组回归分析方法，进行交互效应检验。

（一）工作满意度的中介作用检验

本研究采用三步回归法进行分析，首先进行工作满意度对工作压力源各维度的回归（方程1），接着分析压力反应对工作满意度的回归（方程2），最后，先以工作压力源为自变量，以压力反应为因变量进行回归，再以工作压力源和工作满意度为自变量，以压力反应为因变量进行回归，若方程 3 中，第二步自变量与因变量的 β 值比方程 3 第一步的 β 值低，但仍显著，说明中介变量具有部

---

① Baron R. M. , Kenny D. A. , "The moderator-mediator variable distinction in social psychological research: conceptual, strategic, and statistical considerations," *Journal of Personality and Social Psychology* , Vol51 No. 6, 1986, pp. 1173-1182.

② 同上刊。

③ 温忠麟，侯杰泰，马什赫伯特：《潜变量交互效应分析方法》，《心理科学进展》2003 年第 5 期，第 593-599 页。

分中介效果，若对因变量没有显著影响，则说明中介变量具有完全中介效果。

1. 工作满意度对压力源与生理反应关系的作用检验

以压力源各维度为自变量、工作满意度为中介变量、生理反应为因变量，进行三步回归分析。表 3.22 显示，回归模型不存在多重共线性和序列相关问题。从表（1）~（5）可以看出，工作满意度、生理反应对压力源各维度的回归方程系数均达到显著水平，第三步加入压力源、工作满意度后，压力源的回归系数减小并达到显著水平，同时回归方程的决定系数显著增加，说明工作满意度在压力源各维度对生理反应的作用过程中，均起到部分中介作用。也就是说，提高工作满意度，能减弱压力源对生理反应的消极影响，有利于大学教师的身体健康；如果破坏了工作满意度系统，压力源对教师身体健康的危害会增加。

表 3.22 工作满意度对压力源与生理反应关系的中介作用检验

（1）		方程 1	方程 2 生理反应	方程 3 第一步	生理反应 第二步	中介作用 检验
自变量	绩效考核	-.316***	——	.370***	.308***	
中间变量	工作满意度	——	-.294***		-.196***	
	方程 F 值	53.324***	45.399***	76.245***	49.700***	
	R²	.098	.084	.135	.172	
	△R²				3.7	部分 中介
	D - W	1.499	1.563	1.653	1.647	
	容忍度（TOL）				.900	
	方差膨胀 因子（VIF）				1.111	
（2）		方程 1	方程 2 生理反应	方程 3 第一步	生理反应 第二步	中介作用 检验
自变量	组织管理	-.299***	——	.378***	.319***	
中间变量	工作满意度	——	-.294***		-.198***	
	方程 F 值	47.259***	45.399***	80.170***	52.217***	
	R²		.084	.141	.179	
	△R²	.088			.038	部分 中介
	D - W	1.448	1.563	1.582	1.598	
	容忍度（TOL）				.911	
	方差膨胀 因子（VIF）				1.098	

(3)		方程1	方程2	方程3	生理反应	中介作用检验
		生理反应	第一步	第二步		
自变量	职业发展	-.234***	———		.255***	.197***	
中间变量	工作满意度	———	-.294***		-.248***	
	方程F值	27.774***	45.399***	33.314***	33.597***	部分中介
	R²	.053	.084	.063	.123	
	△R²				.060	
	D-W	1.457	1.563	1.588	1.600	
	容忍度（TOL）				.945	
	方差膨胀因子（VIF）				1.058	
(4)		方程1	方程2	方程3	生理反应	中介作用检验
		生理反应	第一步	第二步		
自变量	工作保障	-.414***	———		.280***	.191***	
中间变量	工作满意度	———	-.294***		-.215***	
	方程F值	99.256***	45.399***	40.952***	31.680***	部分中介
	R²	.169	.084	.077	.117	
	△R²				.040	
	D-W	1.457	1.563	1.601	1.599	
	容忍度（TOL）				.829	
	方差膨胀因子（VIF）				1.206	
(5)		方程1	方程2	方程3	生理反应	中介作用检验
		生理反应	第一步	第二步		
自变量	角色职责	-.233***	———		.390***	.340***	
中间变量	工作满意度	———	-.294***		-.215***	
	方程F值	27.496***	45.399***	86.401***	58.438***	部分中介
	R²	.052	.084	.152	.196	
	△R²				.044	
	D-W	1.496	1.563	1.668	1.668	
	容忍度（TOL）				.946	
	方差膨胀因子（VIF）				1.057	

2. 工作满意度对压力源与心理反应关系的中介作用检验

以压力源各维度为自变量、工作满意度为中介变量、心理反应为因变量，进行三步回归分析。表 3.23 显示，回归模型不存在多重共线性和序列相关问题。从表（1）~（5）可以看出，工作满意度、心理反应对压力源各维度的回归方程系数均达到显著水平，第三步加入压力源、工作满意度后，压力源的回归系数减小并达到显著水平，同时回归方程的决定系数显著增加，说明工作满意度在压力源各维度对心理反应的作用过程中，均起到部分中介作用。也就是说，提高工作满意度，能减弱压力源对心理反应的消极影响、促进大学教师的心理健康、减少工作压力导致的身心疾病发生；如果降低工作满意度，压力源对心理健康的破坏程度会增加。

表 3.23　工作满意度对压力源与心理反应关系的中介作用检验

（1）		方程 1	方程 2	方程 3	心理反应	中介作用
			生理反应	第一步	第二步	检验
自变量	绩效考核	-.316 ***	——	.428 ***	.351 ***	
中间变量	工作满意度	——	-.355 ***	——	-.244 ***	
	方程 F 值	53.324 ***	69.522 ***	108.154 ***	74.691 ***	
	R^2	.098	.124	.182	.237	
	$\triangle R^2$				.055	部分中介
	D - W	1.499	1.530	1.579	1.592	
	容忍度（TOL）				.900	
	方差膨胀因子（VIF）				1.111	
（2）		方程 1	方程 2	方程 3	心理反应	中介作用
			生理反应	第一步	第二步	检验
自变量	组织管理	-.299 ***	——	.395 ***	.317 ***	
中间变量	工作满意度	——	-.355 ***	——	-.260 ***	
	方程 F 值	47.259 ***	69.522 ***	89.051 ***	66.898 ***	
	R^2	.088	.124	.154	.218	
	$\triangle R^2$				6.4	部分中介
	D - W	1.448	1.530	1.565	1.595	
	容忍度（TOL）				.911	
	方差膨胀因子（VIF）				1.098	

（3）		方程 1	方程 2	方程 3	心理反应	中介作用检验
			生理反应	第一步	第二步	
自变量	职业发展	-.234 ***	——	.309 ***	.239 ***	
中间变量	工作满意度	——	-.355 ***	——	-.300 ***	
	方程 F 值	27.774 ***	69.522 ***	50.601 ***	52.707 ***	
	R^2	.053	.124	.093	.180	部分中介
	$\triangle R^2$				.087	
	D - W	1.457	1.530	1.536	1.571	
	容忍度（TOL）				.945	
	方差膨胀因子（VIF）				1.058	
（4）		方程 1	方程 2	方程 3	心理反应	中介作用检验
			生理反应	第一步	第二步	
自变量	工作保障	-.414 ***	——	.309 ***	.195 ***	
中间变量	工作满意度	——	-.355 ***	——	-.275 ***	
	方程 F 值	99.256 ***	69.522 ***	50.772 ***	45.019 ***	
	R^2	.169	.124	.094	.158	部分中介
	$\triangle R^2$				.064	
	D - W	1.457	1.530	1.543	1.558	
	容忍度（TOL）				.829	
	方差膨胀因子（VIF）				1.206	
（5）		方程 1	方程 2	方程 3	心理反应	中介作用检验
			生理反应	第一步	第二步	
自变量	角色职责	-.233 ***	——	.431 ***	.369 ***	
中间变量	工作满意度	——	-.355 ***	——	-.270 ***	
	方程 F 值	27.496 ***	69.522 ***	109.968 ***	82.084 ***	
	R^2	.052	.124	.184	.255	部分中介
	$\triangle R^2$				.071	
	D - W	1.496	1.530	1.672	1.686	
	容忍度（TOL）				.946	
	方差膨胀因子（VIF）				1.057	

3. 工作满意度对压力源与行为反应关系的中介作用检验

以压力源各维度为自变量、工作满意度为中介变量、行为反应为因变量，进行三步回归分析。表3.24显示，回归模型不存在多重共线性和序列相关问题。从表（1）（2）（3）（5）可以看出，工作满意度、行为反应对压力源各维度的回归方程系数均达到显著水平，第三步加入压力源、工作满意度后，压力源的回归系数减小并达到显著水平，同时回归方程的决定系数显著增加，说明工作满意度在压力源各维度对行为反应的作用过程中，均起到部分中介作用。

从表（4）显示的结果来看，工作满意度、行为反应分别对工作保障压力源的回归方程系数都达到显著水平，第三步加入工作保障、工作满意度后，工作保障压力源的回归系数由0.160减小到0.076，没有达到显著水平；回归方程的决定系数增加了3.6%，说明工作满意度在工作保障压力源对行为反应的作用过程中，起到完全中介作用。

表3.24 工作满意度对压力源与行为反应关系的中介作用检验

（1）		方程1	方程2	方程3	行为反应	中介作用检验
			行为反应	第一步	第二步	
自变量	绩效考核	-.316 ***	——	.188 ***	.126 **	
中间变量	工作满意度	——	-.236 ***	——	-.196 ***	
	方程F值	53.324 ***	28.370 ***	17.702 ***	18.091 ***	
	R²	.098	.054	.033	.070	部分中介
	△R²				.037	
	D-W	1.499	1.677	1.626	1.678	
	容忍度（TOL）				.900	
	方差膨胀因子（VIF）				1.111	
（2）		方程1	方程2	方程3	心理反应	中介作用检验
			行为反应	第一步	第二步	
自变量	组织管理	-.299 ***	——	.190 ***	.131 ***	
中间变量	工作满意度	——	-.236 ***	——	-.197 ***	
	方程F值	47.259 ***	28.370 ***	18.007 ***	18.438 ***	
	R²	.088	.054	.034	.071	部分中介
	△R²				.037	
	D-W	1.448	1.677	1.611	1.672	
	容忍度（TOL）				.911	
	方差膨胀因子（VIF）				1.098	

（3）		方程 1	方程 2	方程 3	心理反应	中介作用
		行为反应	第一步	第二步	检验	
自变量	职业发展	-.234 ***	———	.159 ***	.110 *	
中间变量	工作满意度	———	-.236 ***	———	-.210 ***	
	方程 F 值	27.774 ***	28.370 ***	12.521 ***	17.281 ***	部分中介
	R^2	.053	.054	.023	.067	
	$\triangle R^2$				.044	
	D - W	1.457	1.677	1.599	1.667	
	容忍度（TOL）				.945	
	方差膨胀因子（VIF）				1.058	
（4）		方程 1	方程 2	方程 3	行为反应	中介作用
		行为反应	第一步	第二步	检验	
自变量	工作保障	-.414 ***	———	.160 ***	.076（119）	
中间变量	工作满意度	———	-.236 ***	———	-.205 ***	
	方程 F 值	99.256 ***	28.370 ***	12.708 ***	15.444 ***	部分中介
	R^2	.169	.054	.024	.060	
	$\triangle R^2$				.036	
	D - W	1.457	1.677	1.625	1.678	
	容忍度（TOL）				.829	
	方差膨胀因子（VIF）				1.206	
（5）		方程 1	方程 2	方程 3	行为反应	中介作用
		行为反应	第一步	第二步	检验	
自变量	角色职责	-.233 ***	———	.220 ***	.174 ***	
中间变量	工作满意度	———	-.236 ***	———	-.195 ***	
	方程 F 值	27.496 ***	28.370 ***	24.396 ***	22.128 ***	部分中介
	R^2	.052	.054	.046	.084	
	$\triangle R^2$				.038	
	D - W	1.496	1.677	1.679	1.726	
	容忍度（TOL）				.946	
	方差膨胀因子（VIF）				1.057	

总之，工作压力源各维度通过工作满意度的中介作用，减弱了对行为反应的影响。也就是说，工作满意度的提高，能减少消极的行为发生；如果降低工作满意度，压力源对消极行为反应影响就更大。其中工作满意度对工作保障压力源与行为反应的关系具有完全中介作用，只有对工作保障满意，才能减少消极行为发生。

假设 3-2 检验结果：工作压力源各维度通过工作满意度的中介作用，减弱了消极的生理、心理和行为反应的强度。假设 3-2，完全通过了验证。

4. 工作满意度对组织支持感与压力反应关系的中介作用检验

以组织支持感为自变量，工作满意度为中介变量、压力反应各维度为因变量，通过三步回归，检验组织支持感通过工作满意度的中介作用对压力反应的影响。

表 3.25 显示，回归模型不存在多重共线性和序列相关问题。组织支持感通过工作满意度的中介作用，减弱了对生理反应的消极影响。从数据显示的结果来看，工作满意度、生理反应分别对组织支持感的回归方程系数都达到显著水平，第三步加入组织支持感和工作满意度后，组织支持感的回归系数绝对值 0.227 减小到 0.101，并达到显著水平；同时回归方程的决定系数增加了 4.4%，说明组织支持感通过工作满意度的中介作用，减弱了生理反应的强度。

表 3.25　工作满意度对组织支持感与压力反应关系的中介作用检验

| | | 方程 1 | 方程 2 | 方程 3 | 生理反应 | 中介作用 |
			生理反应	第一步	第二步	检验
自变量	组织支持感	.525 ***	——	-.227 ***	-.101 *	
中间变量	工作满意度	——	-.294 ***		-.241 ***	
	方程 F 值	182.605 ***	45.399 ***	26.112 ***	24.775 ***	
	R^2	.275	.084	.050	.094	部分中介
	$\triangle R^2$				.044	
	D - W	1.560	1.563	1.544	1.258	
	容忍度（TOL）				.725	
	方差膨胀因子（VIF）				1.380	

假设 3-3 检验结果：工作满意度对组织支持感与生理反应的关系具有部分中介作用、对组织支持感与心理和行为反应的关系不存在中介作用。假设 3-3 部分通过验证。

（二）组织支持感的调节作用检验

本研究采用双因素方差分析和分组回归分析的方法检验组织支持感的调节作用。将研究对象依组织支持感均值分为高低两组进行比较；组织支持感总分得分高于样本平均值者列为高分组（N = 202，41.8%），此组教师对组织支持的认同度较高，组织支持感总分得分低于样本平均值者列为低分组（N = 287，58.2%），此组教师相对地对组织支持的认同度低，分别进行两组工作压力源与压力反应回归分析，对结果进行比较，以了解不同组织支持感是否对压力过程具有调节作用。

1. 组织支持感对压力源与生理反应关系的调节作用检验

第一步进行双因素方差分析，检验组织支持感高分组和低分组的压力感是否具有显著差异；第二步将检验显著的压力源维度与生理反应做分组回归分析，检验不同组别压力源对生理反应的预测作用，从而分析组织支持感的调节作用。

表 3.26 显示，在绩效考核、工作保障和角色职责压力源对生理反应影响过程中，组织支持感高分组和低分组方程回归系数都达到显著水平，说明两组的压力源与生理反应都呈显著正相关，都对身体健康有损害。但是两组具有显著差异，高分组的教师，压力感和生理反应的均值低，而低分组的教师与此相反，并且高分组压力源对生理反应的预测力高于低分组，说明组织支持感在绩效考核、工作保障和角色职责压力源与生理反应关系中调节作用显著。

表 3.26　组织支持感对压力源与生理反应关系的调节作用检验

压力源※组织支持感		F（p）	均值		生理反应			
			压力源	生理反应	R^2	Beta	T	Sig.
绩效考核	高组织支持感	4.483	3.26	2.62	.151	.389	7.045	.000
	低组织支持感	（.012）	3.48	2.92	.092	.304	4.509	.000
工作保障	高组织支持感	5.012	3.20	2.62	.110	.331	5.859	.000
	低组织支持感	（.007）	3.61	2.92	.020	.142	2.023	.044
角色职责	高组织支持感	10.021	3.24	2.62	.197	.444	8.270	.000
	低组织支持感	（.000）	3.32	2.92	.097	.311	4.632	.000

注：※代表压力源与中间变量的交互作用，下同。

2. 组织支持感对压力源与心理反应关系的调节作用检验

第一步进行双因素方差分析，检验组织支持感高分组和低分组的压力感是否具有显著差异；第二步将检验显著的压力源维度与心理反应做分组回归分析，检验不同组别压力源对心理反应的预测作用，从而分析组织支持感的调节作用。

表3.27显示，在绩效考核、职业发展、工作保障和角色职责压力源对心理反应影响过程中，组织支持感高分组和低分组方程回归系数都达到显著水平，说明两组的压力源与心理反应都呈显著正相关，都对心理健康有损害。但是两组具有显著差异，高分组的教师，压力感和心理反应的均值低，而低分组的教师与此相反，并且高分组压力源对心理反应的预测力高于低分组，说明组织支持感在绩效考核、职业发展、工作保障和角色职责压力源与心理反应关系中具有显著调节作用。

3. 组织支持感对压力源与行为反应关系的调节作用检验

第一步进行双因素方差分析，检验组织支持感高分组和低分组的压力感是否具有显著差异；第二步将检验显著的压力源维度与行为反应做分组回归分析，检验不同组别压力源对行为反应的预测作用，从而分析组织支持感的调节作用。

表3.27　组织支持感对压力源与心理反应关系的调节作用检验

压力源※组织支持感		F（P）	均值		心理反应			
			压力源	心理反应	R^2	Beta	T	Sig.
绩效考核	高组织支持感	7.964	3.26	2.72	.213	.462	8.689	.000
	低组织支持感	（.000）	3.48	2.93	.120	.347	5.229	.000
职业发展	高组织支持感	5.116	3.00	2.72	.164	.404	7.385	.000
	低组织支持感	（.006）	3.11	2.93	.026	.161	2.307	.022
工作保障	高组织支持感	5.889	3.20	2.72	.124	.352	6.278	.000
	低组织支持感	（.003）	3.61	2.93	.020	.142	2.023	.044
角色职责	高组织支持感	20.510	3.24	2.72	.255	.505	9.775	.000
	低组织支持感	（.000）	3.32	2.93	.104	.322	4.806	.000

表3.28显示，在压力源各维度对行为反应影响过程中，组织支持感高分组方程回归系数都达到显著水平，而在低分组都没有达到显著水平。组织支持感高分组的教师，压力感和压力反应的均值低，而低分组的教师与此相反，并且高分组压力源对生理反应的预测力高于低分组，说明组织支持感对压力源各维度与行为反应的关系具有显著的调节作用。

表 3.28　组织支持感对压力源与行为反应关系的调节作用检验

压力源※组织支持感		F（p）	均值		行为反应			
			压力源	行为反应	R^2	Beta	T	Sig.
绩效考核	高组织支持感	4.527	3.26	2.04	.085	.291	5.086	.000
	低组织支持感	（.011）	3.48	2.26	.000	-.007	-.093	.926
组织管理	高组织支持感	3.824	3.09	2.04	.069	.263	4.544	.000
	低组织支持感	（.023）	3.36	2.26	.004	.060	.851	.396
职业发展	高组织支持感	8.074	3.00	2.04	.089	.298	5.220	.000
	低组织支持感	（.000）	3.11	2.26	.002	-.039	-.550	.583
工作保障	高组织支持感	6.619	3.20	2.04	.064	.253	4.364	.000
	低组织支持感	（.001）	3.61	2.26	.001	-.033	-.467	.641
角色职责	高组织支持感	6.885	3.24	2.04	.096	.310	5.444	.000
	低组织支持感	（.001）	3.32	2.26	.008	.091	1.293	.198

假设 3-4 检验结果：组织支持感在绩效考核、工作保障和角色职责压力源与生理反应的关系中具有调节作用，对组织管理和职业发展压力源与生理反应的关系不存在调节作用；对绩效考核、职业发展、工作保障和角色职责压力源与心理反应的关系具有显著调节作用，对组织管理压力源与心理反应的关系不存在调节作用；对压力源各维度与行为反应关系都具有显著的调节作用。假设3-4 部分通过验证。

（三）自我效能感的调节作用检验

将研究对象按自我效能感均值分为高低两组进行比较。自我效能感得分高于样本平均值者列为高分组（N＝224，46.4%），此组教师对完成工作的能力和信心较高，自我效能感得分低于样本平均值者列为低分组（N＝259，53.6%），此组教师相对地自我效能感低，对自己的工作能力信心不足。分别进行两组工作压力源与压力反应回归分析，对结果进行比较，以了解不同自我效能感是否对压力过程具有调节作用。

1. 自我效能感对压力源与生理反应关系的调节作用检验

第一步进行双因素方差分析，检验自我效能感高分组和低分组的压力感是否具有显著差异；第二步将检验显著的压力源维度与生理反应做分组回归分析，检验不同组别压力源对生理反应的预测作用，从而分析自我效能感的调节作用。

表 3.29 显示，自我效能感高分组的教师，面对职业发展压力源时，压力

感和生理反应均值要低，而低分组的教师与此相反。分组回归分析显示，职业发展压力源对生理反应影响具有显著差异，自我效能感高分组和低分组的判别系数 R^2 和标准化回归系数 Beta 分别为 0.084，0.289，$p < 0.001$；0.040，0.200，$p < 0.01$，说明两组职业发展压力源对生理反应影响都达到显著水平，职业发展压力源有损身体健康，但在自我效能感高分组，职业发展压力源对生理反应的作用具有更高的预测力，说明自我效能感对职业发展压力源与生理反应关系具有显著的调节作用。

表 3.29　自我效能感对压力源与生理反应关系的调节作用检验

压力源※自我效能感		F（p）	均值		生理反应			
			压力源	生理反应	R^2	Beta	T	Sig.
职业发展	高自我效能感	5.979	3.00	2.73	.084	.289	4.843	.000
	低自我效能感	(.003)	3.11	2.76	.040	.200	3.039	.003

2. 自我效能感对压力源与心理反应关系的调节作用检验

第一步进行双因素方差分析，检验自我效能感高分组和低分组的压力感是否具有显著差异；第二步将检验显著的压力源维度与心理反应做分组回归分析，检验不同组别压力源对心理反应的预测作用，从而分析自我效能感的调节作用。

表 3.30 显示，在绩效考核和职业发展压力源对心理反应影响过程中，自我效能感高分组和低分组方程回归系数都达到显著水平，两组的压力源与心理反应都呈显著正相关，都对心理健康有损害。但是两组具有显著差异，高分组的教师，面对绩效考核和职业发展压力源时，压力感和心理反应均值要低，而低分组教师与此相反，并且高分组压力源对心理反应的预测力高于低分组，说明自我效能感对绩效考核和职业发展压力源与心理反应关系具有显著的调节作用。

表 3.30　自我效能感对压力源与心理反应关系的调节作用检验

压力源※自我效能		F（p）	均值		心理反应			
			压力源	心理反应	R^2	Beta	T	Sig.
绩效考核	高自我效能感	12.931	3.35	2.77	.206	.454	8.173	.000
	低自我效能感	(.000)	3.36	2.85	.155	.394	6.383	.000
职业发展	高自我效能感	7.466	3.00	2.77	.136	.368	6.352	.000
	低自我效能感	(.001)	3.11	2.85	049	.221	3.378	.001

3. 自我效能感对压力源与行为反应关系的调节作用检验

第一步进行双因素方差分析，检验组织支持感高分组和低分组的压力感是否具有显著差异；第二步将检验显著的压力源维度与行为反应做分组回归分析，检验不同组别压力源对行为反应的预测作用，从而分析组织支持感的调节作用。

表 3.31 显示，自我效能感高分组的教师，面对职业发展压力源时，压力感和行为反应均值要低，而低分组教师与此相反。分组回归分析显示，职业发展压力源对行为反应影响具有显著差异，组织支持感高分组和低分组的判别系数 R^2 和标准化回归系数 Beta 分别为 0.089，0.299，$p < 0.001$；-0.024，0.200，$p > 0.05$，由此可见，在自我效能感高分组，职业发展压力源对行为反应影响达到显著水平，而低分组职业发展压力源对行为反应影响不显著，说明自我效能感对职业发展压力源与行为反应关系具有显著的调节作用，自我效能感高分组职业发展压力源对行为反应的作用具有更高的预测力。

假设 3-5 检验结果：自我效能感对职业发展压力源与生理反应关系具有显著的调节作用，对绩效考核、组织管理、工作保障和角色职责压力源与生理反应关系不存在显著的调节作用；对绩效考核、职业发展压力源与心理反应关系具有显著的调节作用，对组织管理、工作保障和角色职责压力源与心理反应关系不存在显著的调节作用；对职业发展压力源与行为反应关系具有显著的调节作用，对绩效考核、组织管理、工作保障和角色职责压力源与行为反应关系不存在显著的调节作用。假设 3-5，部分通过了验证。

表 3.31　自我效能感对压力源与行为反应关系的调节作用检验

压力源※自我效能感		F（p）	均值		行为反应			
			压力源	行为反应	R^2	Beta	T	Sig.
职业发展	高自我效能感	15.733	3.00	2.00	.089	.299	5.018	.000
	低自我效能感	（.000）	3.11	2.29	.001	-.024	-.362	.718

（四）应对策略的调节作用检验

将研究对象依其使用积极应对策略的程度分为高低两组进行比较。应对策略得分高于样本平均值者列为高分组（N = 213，44.1%），此组教师较广泛使用积极的应对策略，应对策略得分低于样本平均值者列为低分组（N = 270，55.9%），此组教师相对较少使用积极的应对策略，分别进行两组工作压力源与压力反应的回归分析，对结果进行比较，以了解采取不同应对策略是否对压力过程具有调节作用。

1. 应对策略对压力源与生理反应关系的调节作用检验

第一步进行双因素方差分析，检验积极应对策略高分组和低分组的压力感是否具有显著差异；第二步将检验显著的压力源维度与生理反应做分组回归分析，检验不同组别压力源对生理反应的预测作用，从而分析积极应对策略的调节作用。

表3.32显示，在绩效考核、组织管理压力源对生理反应影响过程中，应对策略高分组和低分组方程回归系数都达到显著水平，两组的压力源与生理反应都呈显著正相关，说明都对身体健康有损害。但是两组具有显著差异，较多使用积极应对策略的教师，面对绩效考核、组织管理压力源时，压力感与较少使用积极应对策略的教师没有显著差异，但是生理反应均值低，并且低分组压力源对生理反应影响的预测力高于高分组，表明应对策略对绩效考核、组织管理压力源与生理反应的关系具有调节作用，调节作用机制是：对压力感的调适作用不明显，但能减弱生理反应的强度。

表3.32 应对策略对压力源与生理反应关系的调节作用检验

压力源※应对策略		F（p）	均值		生理反应			
			压力源	生理反应	R^2	Beta	T	Sig.
绩效考核	高积极应对策略	5.186	3.35	2.64	.094	.306	5.286	.000
	低积极应对策略	（.006）	3.35	2.88	.216	.464	7.583	.000
组织管理	高积极应对策略	3.370	3.21	2.64	.088	.297	5.113	.000
	低积极应对策略	（.035）	3.19	2.88	.250	.500	8.356	.000

2. 应对策略在压力源与心理反应关系中的调节作用检验

第一步进行双因素方差分析，检验积极应对策略高分组和低分组的压力感是否具有显著差异；第二步将检验显著的压力源维度与心理反应做分组回归分析，检验不同组别压力源对心理反应的预测作用，从而分析积极应对策略的调节作用。

表3.33显示，在绩效考核、组织管理压力源对心理反应影响过程中，应对策略高分组和低分组方程回归系数都达到显著水平，两组的压力源与心理反应都呈显著正相关，说明都对心理健康有损害。但是两组具有显著差异，较多使用积极应对策略的教师，面对绩效考核、组织管理压力源时，压力感与较少使用积极应对策略的教师没有显著差异，但是心理反应均值低，并且低分组压

力源对心理反应影响的预测力高于高分组，表明应对策略对绩效考核、组织管理压力源与心理反应的关系具有调节作用，调节作用机制是：对压力感的调适作用不明显，但能减弱心理反应的强度。

表 3.33　应对策略对压力源与心理反应关系的调节作用检验

压力源※应对策略		F（p）	均值		心理反应			
			压力源	心理反应	R^2	Beta	T	Sig.
绩效考核	高积极应对策略	4.418	3.35	2.71	.154	.392	6.997	.000
	低积极应对策略	(.016)	3.35	2.94	.242	.492	8.178	.000
组织管理	高积极应对策略	6.569	3.21	2.71	.084	.289	4.965	.000
	低积极应对策略	(.002)	3.19	2.94	.316	.562	9.824	.000

3. 应对策略在压力源与行为反应关系中的调节作用

第一步进行双因素方差分析，检验积极应对策略高分组和低分组的压力感是否具有显著差异；第二步将检验显著的压力源维度与行为反应做分组回归分析，检验不同组别压力源对行为反应的预测作用，从而分析积极应对策略的调节作用。

表 3.34 显示，在绩效考核、角色职责压力源对行为反应影响过程中，应对策略高分组方程回归系数达到显著水平，而低分组没有达到显著水平，两组具有显著差异。较多使用积极应对策略的教师，面对绩效考核、角色职责压力源时，压力感与较少使用积极应对策略的教师没有显著差异，但是行为反应均值低，并且高分组压力源对行为反应影响的预测力高于低分组，表明应对策略对绩效考核、角色职责压力源与行为反应的关系具有调节作用，调节作用机制是：对压力感的调适作用不明显，但能减弱行为反应强度。

表 3.34　应对策略对压力源与行为反应关系的调节作用检验

压力源※应对策略		F（p）	均值		行为反应			
			压力源	行为反应	R^2	Beta	T	Sig.
绩效考核	高积极应对策略	10.747	3.35	1.98	.061	.247	4.189	.000
	低积极应对策略	(.000)	3.35	2.33	.016	.127	1.844	.067
角色职责	高积极应对策略	4.387	3.28	1.98	.100	.316	5.480	.000
	低积极应对策略	(.013)	3.26	2.33	.014	.118	1.722	.087

假设 3-7 检验结果：应对策略对绩效考核和组织管理压力源与生理反应关系具有显著的调节作用、对职业发展、工作保障和角色职责压力源与生理反应

关系不存在显著的调节作用；对绩效考核和组织管理压力源与心理反应关系具有显著的调节作用、对职业发展、工作保障和角色职责压力源与心理反应关系不存在显著的调节作用；对绩效考核、角色职责压力源与行为反应关系具有显著的调节作用，对组织管理、职业发展和工作保障压力源与行为反应关系不存在显著的调节作用。假设3-7部分通过验证。

4. 应对策略对自我效能感与压力反应关系的中介作用检验

以自我效能感为自变量、应对策略为中介变量、压力反应为因变量，进行三步回归分析，检验应对策略在自我效能感和压力反应关系中的中介作用。

表3.35显示，回归模型不存在多重共线性和序列相关问题。自我效能感通过应对策略的中介作用，减弱了对消极行为反应的影响，也就是说，自我效能感高的教师采用较多的积极应对策略，有利于减少消极行为发生。应对策略、行为反应分别对自我效能感的回归方程系数都达到显著水平，第三步加入自我效能感和应对策略后，自我效能感的回归系数绝对值0.579减小到0.116，并达到显著水平；同时回归方程的决定系数增加了4.1%，说明应对策略在自我效能感与行为反应的关系中，起到部分中介作用。

表3.35　应对策略对自我效能感与压力反应关系的中介作用检验

| | | 方程1 | 方程2 | 方程3 | 行为反应 | 中介作用 |
			行为反应	第一步	第二步	检验
自变量	自我效能感	.579 ***	——	-.260 ***	-.116 *	
中间变量	应对策略	——	-.316 ***		-.248 ***	
	方程F值	243.090 ***	53.185 ***	34.798 ***	29.200 ***	
	R²	.336	.100	.067	.108	
	△R²				.041	部分
	D-W	1.845	1.632	1.607	1.620	中介
	容忍度（TOL）				.664	
	方差膨胀因子（VIF）				1.505	

假设3-6检验结果：应对策略在自我效能感和行为反应关系中起到中介作用，自我效能感通过积极应对策略的中介作用，减弱了消极行为反应的强度。假设4-6，部分通过验证。

三、人口统计学变量对工作压力源与压力反应关系的调节作用检验

为了全面验证人口统计学变量在压力源与压力反应关系中的调节作用，采用层级回归分析方法进行数据分析。回归分析分三步进行：第一步，将人口统

计学变量作为控制变量，打包进入回归模型；第二步，将压力源五个维度打包进入回归模型；第三步，将五维压力源与人口统计学变量的乘积项（去中心化处理），打包进入回归模型，这也是压力研究中通用的做法。由于要检验的变量较多，这里只汇报显著性高的数据。首先进行人口统计学变量与压力源变量的相关分析，检验它们是否具有相关性，这是层级回归分析的前提条件。表3.36 数据显示，部分人口统计学变量与部分压力源维度存在显著的相关性，但相关的程度和方向不一致。将人口统计学变量和五维压力源分别打包进入回归方程，以便检验各自的贡献。

表 3.36　人口统计学变量与工作压力源各维度相关分析

变量	R1	R2	R3	R4	R5	R6	R7	R8	STR1	STR2	STR3	STR4	STR5
R1	1												
R2	−.034	1											
R3	.123 **	.264 ***	01										
R4	.004	.705 ***	.234 ***	1									
R5	−.125 **	−.025	.033	−.153 **	1								
R6	−.061	.638 ***	.303 ***	.599 ***	.246 ***	1							
R7	.079	−.055	−.051	.015	−.364 ***	−.164 ***	1						
R8	.147 **	−.068	−.040	.052	−.240 ***	−.141 **	.258 ***	1					
STR1	−.033	−.050	−.024	−.063	.235 ***	−.049	−.152 **	−.027	1				
STR2	−.118 **	.169 ***	−.032	.120 **	.202 ***	.130 ***	−.163 ***	.066	.607 ***	1			
STR3	.044	.012	−.029	.046	−.141 **	−.109 *	.057	.092 *	.576 ***	.432 ***	1		
STR4	−.072	.090 *	−.002	.130 **	.104 *	.084	−.063	.030	.579 ***	.589 ***	.520 ***	1	
STR5	−.050	.069	−.035	.025	.124 **	−.003	−.109 *	.027	.648 ***	.525 ***	.496 ***	.454 ***	1

（一）人口统计学变量对压力源与生理反应关系的调节作用检验

第一步以人口统计学变量为自变量，生理反应为因变量，进行回归分析；第二步以人口统计学变量和五维压力源为自变量，生理反应为因变量，进行回归分析；第三步再加入人口统计学变量与压力源各维度乘积显著的新变量进行回归分析。

由表 3.37 第二步的结果可知绩效考核、组织管理、角色职责压力源都与生理反应（β = 0.163，p < 0.05；β = 0.181，p < 0.05；β = 0.206，p < 0.001）呈显著的正相关。表明大学教师的绩效考核、组织管理以及角色职责压力源，已经成为生理反应的主要预测变量。由第三步（1）结果可知，教育

程度变量在绩效考核压力与生理反应关系中调节作用显著；第三步（2）结果可知，学科变量在职业发展压力源与生理反应的关系中调节作用显著。通过分组回归分析，进一步检验教育程度变量对绩效考核压力源与生理反应、学科变量对职业发展压力源与生理反应关系的调节作用。

表 3.38 显示，不同教育程度组绩效考核压力源对生理反应的影响具有显著差异。本科及以下组、硕士组和博士组的判别系数 R^2 和回归系数 Beta 分别是 0.093，0.304，$p < 0.05$；0.108，0.329，$p < 0.001$；0.187，0.432，$p < 0.001$，说明三个组绩效考核压力对生理反应的影响都达到显著水平，绩效考核压力源对教师的身体健康都有损害，但博士组的绩效考核压力源对生理反应更具有预测力。

表 3.37 人口统计学变量对压力源与生理反应关系的调节作用检验

自变量		标准回归系数			
生理反应		第一步	第二步	第三步（1）	第三步（2）
第一步	R1	.040	.067	.063	.066
	R2	.159 *	.093	.093	.094
	R3	.035	.057	.057	.061
	R4	.040	.009	.023	.009
	R5	.062	−.057	−.035	−.045
	R6	−.102	−.035	−.037	−.040
	R7	−.101 *	−.045	−.037	−.027
	R8	.137 **	.088 *	.085	.085
第二步	STR1		.163 *	.185 **	.158 *
	STR2		.181 *	.177 **	.184 **
	STR3		−.044	−.040	−.049
	STR4		.007	.010	.025
	STR5		.206 ***	.186 **	.188 **
第三步（1）	STR1 × R5			.139 *	
	STR2 × R5			.020	
	STR3 × R5			−.076	
	STR4 × R5			−.003	
	STR5 × R5			−.099	
第三步（2）	STR1 × R8				−.063
	STR2 × R8				−.058

自变量		标准回归系数			
生理反应		第一步	第二步	第三步（1）	第三步（2）
	STR3 × R8				.140**
	STR4 × R8				− .063
	STR5 × R8				− .046
Adjusted R^2		.031***	.208***	.212***	.222***
ΔR^2			.177***	.004	.014

注：第三步（1）（2）是两次回归结果，下同。

不同学科组职业发展压力源对生理反应的影响具有显著差异。理科组和文科组的判别系数 R^2 和回归系数 Beta 分别是 0.051，0.226，p < 0.001；0.073，0.271，p < 0.001，说明两组职业发展压力源对生理反应的影响都达到显著水平，职业发展压力源对教师的身体健康都有损害，但文科组的职业发展压力源对生理反应更具有预测力。

表 3.38　人口统计学变量对压力源与生理反应关系分组检验

压力源※人口统计学变量		生理反应			
		R^2	Beta	T	Sig.
绩效考核※教育程度	本科及以下	.093	.304	2.596	.012
	硕士	.108	.329	4.833	.000
	博士	.187	.432	7.089	.000
职业发展※学科	理科	.051	.226	3.660	.000
	文科	.073	.271	4.273	.000

（二）人口统计学变量对压力源与心理反应关系的调节作用

第一步以人口统计学变量为自变量，心理反应为因变量，进行回归分析；第二步以人口统计学变量和五维压力源为自变量，心理反应为因变量，进行回归分析；第三步再加入人口统计学变量与压力源各维度乘积显著的新变量进行回归分析。

由表 3.39 第二步的结果可知绩效考核、组织管理、角色职责压力源都与心理反应（β = 0.197，p < 0.01；β = 0.173，p < 0.01；β = 0.227，p < 0.001）呈显著的正相关，表明这些压力源对心理反应有正向影响，对心理健康具有危害性。由第三步（1）结果可知，教育程度变量对绩效考核、角色职责压力源与心理反应关系具有显著调节作用；由第三步（2）结果可知，学校变量对绩效考

核、角色职责压力源与心理反应关系具有显著的调节作用；第三步（3）结果可知，学科变量对职业发展压力源与心理反应关系具有显著调节作用。

表 3.39　人口统计学变量对压力源与心理反应关系的调节作用检验

自变量		标准回归系数				
心理反应		第一步	第二步	第三步（1）	第三步（2）	第三步（3）
第一步	R1	−.027	−.002	−.006	−.003	−.004
	R2	.023	−.048	−.055	−.062	−.049
	R3	.022	.044	.051	.044	.051
	R4	−.032	−.069	−.054	−.056	−.061
	R5	.035	−.090	−.064	−.088	−.078
	R6	.008	.091	.097	.093	.086
	R7	−.062	−.002	.012	−.012	.022
	R8	.145 **	.093 *	.088	.102 *	.088 *
第二步	STR1		.197 **	.219 **	.192 **	.199 **
	STR2		.173 **	.181 **	.180 **	.174 **
	STR3		.001	.006	−.002	.004
	STR4		.002	−.002	−.009	.005
	STR5		.227 ***	.207 ***	.235 ***	.206 ***
第三步（1）	STR1 × R5			.193 **		
	STR2 × R5			−.018		
	STR3 × R5			−.069		
	STR4 × R5			−.028		
	STR5 × R5			−.156 **		
第三步（2）	STR1 × R7				−.153 *	
	STR2 × R7				−.031	
	STR3 × R7				.048	
	STR4 × R7				.009	
	STR5 × R7				.143 *	
第三步（3）	STR1 × R8					−.107
	STR2 × R8					−.011
	STR3 × R8					.133 *
	STR4 × R8					.017

续表

自变量		标准回归系数				
心理反应		第一步	第二步	第三步（1）	第三步（2）	第三步（3）
	STR5 × R8					− .077
Adjusted R²		.004	.240 ***	.256 ***	.247 ***	.251 ***
ΔR²			.236 ***	.016	.007	.011

通过分组回归分析，进一步检验教育程度对绩效考核、角色职责压力源与心理反应关系、学校变量对绩效考核、角色职责压力源与心理反应关系、学科变量对职业发展压力与心理反应关系的调节作用。

表 3.40 分组回归结果显示，不同教育程度组绩效考核压力源对心理反应的影响作用具有显著差异。本科及以下组、硕士组和博士组的判别系数 R^2 和回归系数 Beta 分别是 0.156，0.395，$p < 0.01$；0.150，0.388，$p < 0.001$；0.229，0.478，$p < 0.001$，说明三个组绩效考核压力源对心理反应的影响都达到显著水平，绩效考核压力对教师的心理健康有损害，但博士组的绩效考核压力源对心理反应影响更显著。

表 3.40 人口统计学变量对压力源与心理反应关系分组检验

压力源※人口统计学变量		心理反应			
		R²	Beta	T	Sig.
绩效考核※教育程度	本科及以下	.156	.395	3.493	.001
	硕士	.150	.388	5.844	.000
	博士	.229	.478	8.061	.000
角色职责※教育程度	本科及以下	.286	.535	5.148	.000
	硕士	.177	.421	6.452	.000
	博士	.150	.387	6.209	.000
绩效考核※学校	研究型	.326	.571	7.907	.000
	研教教研型	.126	.355	5.865	.000
	教学型	.152	.390	4.444	.000
角色职责※学校	研究型	.212	.460	5.888	.000
	研教教研型	.143	.378	6.293	.000
	教学型	.249	.499	6.034	.000
职业发展※学科	理科	.073	.270	4.412	.000
	文科	.110	.337	5.436	.000

不同教育程度组角色职责压力源对心理反应的影响具有显著差异。本科及以下组、硕士组和博士组的判别系数 R^2 和回归系数 Beta 分别是 0.286，0.535，$p < 0.001$；0.177，0.421，$p < 0.001$；0.150，0.387，$p < 0.001$，说明三个组角色职责压力源对心理反应的影响都达到显著水平，角色职责压力源对教师心理健康有损害。本科及以下组判别系数和回归系数明显高于另外两组，说明本科组教师角色职责压力源对心理反应影响更显著。

不同学校组绩效考核压力源对心理反应的影响具有显著差异。研究型、研究教学和教学研究型、教学型的判别系数 R^2 和回归系数 Beta 分别是 0.326，0.571，$p < 0.001$；0.126，0.355，$p < 0.001$；0.152，0.390，$p < 0.001$，研究型大学的判别系数和回归系数明显高于另外两组，说明研究型大学的绩效考核压力源对心理反应影响更显著，绩效考核压力源对研究型大学教师心理健康更具有预测力。

不同学校组角色职责压力源对心理反应的影响具有显著差异。研究型、研究教学和教学研究型、教学型的判别系数 R^2 和回归系数 Beta 分别是 0.212，0.460，$p < 0.001$；0.173，0.378，$p < 0.001$；0.249，0.499，$p < 0.001$，教学型本科院校的判别系数和回归系数明显高于另外两组，说明教学型本科院校的教师角色职责压力源对心理反应影响更显著，角色职责压力源对心理健康更具有预测力。

不同学科组职业发展压力源对心理反应的影响具有显著差异。理科组和文科组的判别系数 R^2 和回归系数 Beta 分别是 0.073，0.270，$p < 0.001$；0.110，0.337，$p < 0.001$，文科组的判别系数和回归系数明显高于理科组，说明文科教师职业发展压力源对心理反应影响更具有预测力。

（三）人口统计学变量对压力源与行为反应关系的调节作用

第一步以人口统计学变量为自变量，行为反应为因变量，进行回归分析；第二步以人口统计学变量和五维压力源为自变量，行为反应为因变量，进行回归分析；第三步再加入人口统计学变量与压力源各维度乘积显著的新变量进行回归分析。

由表 3.41 第二步的结果可知，角色职责压力源与行为反应（$\beta = 0.154$，$p < 0.05$）呈显著正相关。表明角色职责压力源对行为反应具有正向影响，对大学教师的消极行为反应具有预测力。由第三步（1）结果可知，教育程度对角色职责压力源与行为反应的关系具有显著的调节作用；由第三步（2）结果可知，学校变量对工作保障压力源与行为反应关系具有显著的调节作用。通

过分组回归分析，进一步检验教育程度对角色职责压力源与行为反应关系、学校变量对工作保障压力源与行为反应关系的调节作用。

表 3.41　人口统计学变量对压力源与行为反应关系的调节作用检验

自变量		标准回归系数			
行为反应		第一步	第二步	第三步（1）	第三步（2）
第一步	R1	-.061	-.046	-.043	-.049
	R2	-.084	-.128	-.137*	-.142*
	R3	.165**	.179***	.184***	.177***
	R4	.051	.031	.026	.041
	R5	.007	-.043	-.038	-.037
	R6	-.003	.037	.052	.027
	R7	-.037	-.009	-.009	-.021
	R8	.075	.045	.048	.051
第二步	STR1		.017	.023	.007
	STR2		.097	.116	.118
	STR3		.026	.026	.028
	STR4		.014	.002	-.007
	STR5		.154*	.148*	.149*
第三步（1）	STR1 × R5			.100	
	STR2 × R5			-.028	
	STR3 × R5			.063	
	STR4 × R5			-.062	
	STR5 × R5			-.131*	
第三步（2）	STR1 × R7				-.090
	STR2 × R7				-.047
	STR3 × R7				-.035
	STR4 × R7				.140*
	STR5 × R7				.032
Adjusted R^2		.017*	.069***	.109***	.106***
ΔR^2			.052*	.040*	.037*

表 3.42 分组回归结果显示，不同教育程度组角色职责压力源对行为反应的影响作用具有显著差异，本科及以下组、硕士组和博士组的判别系数 R^2 和回归系数 Beta 分别 0.075，0.273，$p < 0.05$；0.084，0.290，$p < 0.001$；0.027，0.164，$p < 0.05$，说明三个组角色职责压力源对行为反应的影响都达到显著水平，角色职责压力源对教师的消极行为反应具有显著影响。硕士组的判别系数和回归系数明显高于另外两组，说明硕士组教师角色职责压力源对行为反应影响更具有预测力。

不同学校工作保障压力源对行为反应的影响具有显著差异，研究型、研究教学和教学研究型、教学型的判别系数 R^2 和回归系数 Beta 分别是 0.052，0.228，$p < 0.01$；0.001，0.031，$p > 0.05$；0.113，0.337，$p < 0.001$，教学型本科院校的判别系数和回归系数明显高于另外两组，说明教学型本科院校工作保障压力源对行为反应影响更具有预测力。

表 3.42　人口统计学变量对压力源与行为反应关系分组检验

压力源※人口统计学变量		行为反应			
		R^2	Beta	T	Sig.
角色职责※教育程度	本科及以下	.075	.273	2.306	.024
	硕士	.084	.290	4.206	.000
	博士	.027	.164	2.462	.015
工作保障※学校	研究型	.052	.228	2.657	.009
	研教教研型	.001	.031	.476	.634
	教学型	.113	.337	3.749	.000

假设 3-8 检验结果：部分人口统计学变量对工作压力源与压力反应关系具有调节作用。假设 3-8，部分通过验证。

四、工作压力源与压力反应关系假设验证结果

通过上述分析，对假设进行了一系列的验证，检验结果汇总，见表 3.43。

表 3.43　第四章假设检验结果一览表

假设	假设内容	验证结果
H3-1	工作压力源各维度与生理、心理和行为反应呈显著正相关	通过验证
H3-2	工作满意度对工作压力源与压力反应的关系具有中介作用	通过验证
H3-3	组织支持感对不同维度工作压力源与压力反应的关系具有调节作用	部分通过验证

假设	假设内容	验证结果
H3-4	组织支持感通过工作满意度，对压力反应产生积极影响	部分通过验证
H3-5	自我效能感对工作压力源与压力反应的关系具有调节作用	部分通过验证
H3-6	自我效能感通过应对策略的中介作用，对压力反应产生积极影响	部分通过验证
H3-7	应对策略对工作压力源与压力反应的关系具有调节作用	部分通过验证
H3-8	人口统计学变量在压力源与压力反应关系中具有调节作用	部分通过验证

综合以上分析，大学教师工作压力源对压力反应具有直接的正向影响；通过组织支持感、工作满意度、自我效能感和应对策略的中介或调节作用，间接影响压力源与压力反应的关系。工作压力源对压力反应的作用关系路径图，见图 3.7~3.9。

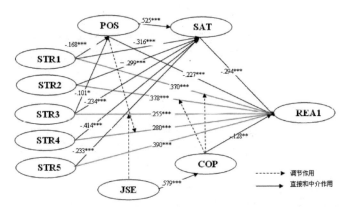

图 3.7　中间变量对工作压力源与生理反应关系的作用路径图

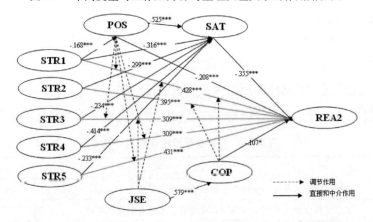

图 3.8　中间变量对工作压力源与心理反应关系的作用路径图

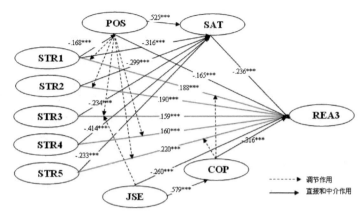

图 3.9   中间变量对工作压力源与行为反应关系的作用路径图

第五节   研究结果的分析与讨论

一、本章研究结果

在上一章研究中，大学教师工作压力源和压力反应的组成结构得到验证并开发了有效的研究工具，在此基础上，本章继续深入研究工作压力现状及工作压力源对压力反应的作用机制。通过对 939 份工作压力现状问卷以及 483 份工作压力源对压力反应影响机制问卷的统计分析，研究结论如下：

1. 大学教师压力源和压力感强度

从总体情况来看大学教师的压力感程度中等偏高，其中工作保障压力感最大，其后依次是绩效考核、角色职责、组织管理和职业发展。工作保障和绩效考核压力感与大学目前人事分配制度改革密切相关。不同性别、年龄、教龄、教育程度、职称、学校类型和学科领域的教师，在压力源不同维度上，压力感程度具有显著差异。

2. 大学教师压力反应强度

大学教师压力反应强度中等偏低，其中得分最高的是心理反应，其次是生理反应，行为反应最轻。说明大学教师压力反应的特点是心理反应重于生理和行为反应，与中小学教师和其它样本研究结论不同。不同年龄、教龄、职称和学校类型教师，在不同压力反应维度上，压力反应程度具有显著差异。

3. 大学教师工作压力类型

大学教师工作压力类型分为四种：低压力感低压力反应型、高压力感低压力反应型、高压力感高压力反应型、低压力感高压力反应型，其中高压力感高压力反应型教师面对压力源，身心健康受危害最重。

4. 大学教师工作压力源对压力反应的作用机制

在工作压力现状探索基础上，深入研究工作压力源对压力反应的影响机制。从直接作用来看，工作压力源与消极压力反应及各维度均呈显著正相关。从中间变量作用来看，组织支持感和工作满意度在压力源（全体或部分维度）与压力反应关系中存在中介或调节作用；自我效能感和应对策略在压力源部分维度与压力反应关系中存在调节作用；组织支持感通过工作满意度、自我效能感通过应对策略对压力反应部分维度产生积极影响。降低压力感或者提高组织支持感、工作满意度、自我效能感和积极应对策略的程度，都会减弱消极压力反应强度、促进教师的身心健康，对高教事业长远发展有益。

二、研究讨论

1. 大学教师工作压力源与压力反应的关系分析

研究表明，工作压力源与压力反应之间存在显著的正相关关系，压力源五个维度与压力反应三个维度均呈显著正相关，这与国内外研究结果基本一致。说明无论是良性还是劣性的压力源，对于大学教师来说，都会产生消极的压力反应，对身心健康和工作行为造成危害。从结果看，压力反应程度较轻，这与压力源的特点有关，大学教师面对的主要是长期和慢性压力源，急性压力源较少，长期和慢性压力源产生的压力反应容易被忽略，但具有累积效应，同样能破坏心身功能的整体平衡，引发一些功能性疾病，对身心健康产生危害。

2. 工作满意度的中介作用分析

研究表明，工作满意度对工作压力源各维度和压力反应各维度关系均存在中介作用。这与已有研究结论"工作压力的增加将导致工作满意度的下降，两者之间的关系一般表现为负相关关系"基本一致。本研究的工作满意度属于中等，随着工作满意度增加，压力源对压力反应的影响程度会减弱，如果破坏了工作满意度系统，压力源对教师的身心健康和工作行为危害会更大。对于大学教师来说，如果把这种具有压力的制度安排，看作是组织对自己的一种职业生涯管理策略，这些工作压力会给自己带来好的回报，他们对工作的满意度就会增加，消极压力反应强度会减弱。从学校管理的角度看，如果能增加工作满意度，将有利于维护教师的身心健康、促进积极组织行为的产生。

3. 组织支持感异常结果原因探讨

研究发现，在组织支持感高分组，压力源与压力反应的相关系数较高，而低分组相关系数较低，也就是说，高分组压力源对压力反应具有更强的解释力，压力源直接对压力反应的影响更大。这与目前的研究结论"社会支持程度高，压力源对压力反应的影响变弱或不显著"完全相反。可能的原因是：感到较多组织支持的大学教师，影响他们的压力反应因素主要是工作压力源；感到组织支持较少的教师，可能是客观上组织给予的支持确实少外，也可能是主观上感觉组织支持少或不适当。大学教师搞研究需要组织提供更好的科研条件、宽松的人际氛围和给予充足的时间，这些条件如果感到缺乏，让教师感到压力感大，压力反应重。还有可能是组织支持感低的教师认知观念偏向消极、应对压力的能力和资源缺乏，会产生消极的情绪，对工作和组织不满，所以压力感和压力反应程度都高，但压力源对压力反应的预测力不高，说明这部分教师的压力可能还有非工作压力源以及本研究没有关注到的其它工作压力源。

4. 自我效能感的调节作用分析

自我效能感对职业发展压力源与压力反应三个维度之间的关系都具有显著的调节作用，对绩效考核压力源与心理反应的关系也具有调节作用，表现为对结果变量的缓解效应，这就说明自我效能感可以有效降低职业发展压力感对教师身心健康的损害，减少消极行为的发生。自我效能感高的教师在完成任务的时候，由于相信自己能够并有信心完成，即使面临高压力情境（高职业发展要求、绩效考核高标准），也不会产生过度的紧张，同时，也不会有严重的工作挫折感，从而维持较高的积极情绪，压力反应程度要减弱。根据弗鲁姆的期望理论，人们采取某项行动的动力或激励力取决于其对行动结果的价值评价和预期达成该结果可能性的估计。高自我效能感的教师更可能把压力作为职业生涯的挑战，而不是阻碍作用。相反，自我效能感低的教师在面临同样的情境时，会产生自我怀疑。由于不相信自己能够完成任务，因而就会焦虑不安，导致身心紧张，并对工作产生不满。此外，本研究也发现，自我效能感高的个体倾向于使用更多的积极应对策略，从而缓解压力对自己造成的消极影响。

5. 应对策略的调节作用分析

按均值将积极应对策略分组之后，在应对策略低分组，绩效考核和组织管理压力源与生理和心理压力反应间的相关依然显著，而在高分组压力感与压力反应相关性却减弱了，即相对较少使用积极应对策略的教师，当感受的工作压力越大时，其身心健康状况越受影响；而较广泛使用积极应对策略的教师，其工作压力感受与身心健康状况相关却减弱。同时将压力源按均值分为高低两组，应对策略分值接近，即工作压力感大小与使用应对策略相关不显著，说明使用较多积极的应对策略对压力过程的调节机制在于缓和压力结果的呈现，并未降低对工作压力感受的调适。可能的原因是，面对大学管理方式和目前制度改革以及竞争的压力，面对大学教师角色的高要求，无论怎样的认识，无论怎样应对，都会有压力感，所以应对策略对压力感缓解作用不明显。但采用较多积极的策略应对压力，会减弱压力感对身心健康的冲击，减少消极行为发生。

第四章

工作压力源对工作绩效的影响机制

良好的组织绩效，是组织管理者追求的终极目标，也是人力资源管理和组织行为学研究的重心。目前，多数研究者认为工作压力源对于工作绩效存在显著影响，但以大学教师为样本的研究还比较少见。本章主要内容有三个方面：第一，探讨工作压力源对工作绩效的直接预测作用；第二，检验中间变量和人口统计学变量对工作压力源与工作绩效关系的调节作用；第三，比较工作压力源与组织行为学及个体特质相关变量对工作绩效的预测作用差异。

第一节　工作绩效相关理论

一、工作绩效概念

尽管对于工作绩效的研究由来已久，但是，不同学者对于工作绩效的概念界定仍然存在较大分歧。这种分歧主要集中在工作绩效是结果还是行为方面。传统观念中的工作绩效是一个单维的概念，指在岗位说明书中规定的职责和作业范围内的工作任务完成情况，其内涵更多偏重于一种直接行为结果。20 世纪 90 年代之后的一些研究逐渐将工作绩效视为一个多维的概念，认为绩效也是行为过程，但它应该只包括那些与组织目标有关的行为。以下是关于工作绩效的几种具有代表性的界定：

伯纳丁和比蒂（Bernardin & Beatty，1984）将绩效定义为"在特定时间范围，由特定工作职能或活动产生的产出记录"，比如用产出、指标、任务、目标等词表示①。

墨菲（Murphy，1990）指出，"绩效被定义为一套与组织或组织单位的目

---

① Bernardin H. J., Beatty R. W., *Performance appraisal: Assessing human behavior at work*, Boston: Kent Publishing Company, 1984.

标相互关联的行为，而组织或组织单位则构成了个人工作的环境"①。

坎贝尔（Campbell）等（1990）认为，工作绩效不同于效果或生产率，工作绩效涉及个体所表现的行为，效果涉及对绩效结果的评估，生产率则意味着个体或组织的表现如何②。

伯曼和莫托维洛（Borman & Motowidlo，1997）认为，工作绩效是可评估的、多维度、连续的与组织目标相关联的行为结构体③。

杨杰，方俐洛，凌文铨（2000）认为，工作绩效是某个个体或组织在某个特定时间内以某种方式实现的某种结果④。

从以上观点可知，工作绩效具有以下几个基本特征：工作绩效是某种行为结果，是有助于导致某种结果的行为及其表现，体现在数量和质量等不同层面，它是可观测和评估的，它与组织绩效、组织目标密切相关。在日常实践中，绩效既包括结果也包括行为，工作绩效既是指向组织目标的行为，也是完成任务的结果。本研究将大学教师工作绩效定义为，教师在工作过程中以某种方式所实现的与组织目标密切相关的活动结果或行为表现，是对教师实际工作表现和产出的反馈。

二、工作绩效结构

现有的研究已经表明，工作绩效是一个多维的结构或者至少是一个二维的结构。由于组织的特征以及任务的特征呈现出多元化的特点，因此，与之关联的工作绩效也呈现出多样性和多元化的特点。组织公民行为结构模型，任务绩效和关系绩效结构模型，是具有代表性的两种理论模型。

（一）组织公民行为结构模型

卡茨和卡恩（Katz & Kahn）早在 1964 年就提出组织公民（Organizational Citizenship）的概念，他们指出，一个运行良好的组织要求有三种类型的行为：人们必须加入组织并留在组织中，他们必须可靠地履行具体角色和完成工作任

① Murphy K. R., *Dimensions of job performance*, In R. Dillon & J. Pelligrino（Eds.），Testing：Theoretical and Applied Perspectives，New York，NY，England：Praeger Publishers，1988，pp. 218-247.

② Campbell J. P., Modeling the performance prediction problem in industrial and organizational psychology，In M. D. Dunnette & L. M. Hough（Eds.），*Handbook of industrial and organizational psychology*，Palo Alto，CA，US：Consulting Psychologists Press，1990，pp. 687-732.

③ Borman W. C., Motowidlo S. J., "Task performance and contextual performance：The meaning for personnel selection research," *Human Performance*，Vol10，No.2，1997，pp. 99-109.

④ 杨杰，方俐洛，凌文铨：《关于绩效评价若干基本问题的思考》，《自然辩证法通讯》2001 年第 2 期，第 40-51 页。

务，主动或自发地进行组织对员工规定之外的活动。他们认为，如果一个组织仅仅依赖于规定的组织行为，将是一个非常脆弱的社会系统。以此为基础，1978年他们提出了工作绩效的最基本理论框架①。贝特曼和奥根（Bateman & Organ，1983）认为，组织公民行为是一种有利于组织的角色外行为和姿态，既非正式角色所强调的，也不是劳动合同所引出的，而是由一系列非正式的合作行为所构成。组织公民行为与员工的主动性有关，与组织规定、奖励和报酬无任何联系，但从总体上能够提高组织绩效②。其后，许多学者对组织公民行为进行了理论和实证研究，提出了各种各样的结构模式。

（二）任务绩效和关系绩效结构模型

伯曼和莫托维洛（1993）在对组织公民行为、亲社会行为等研究进行归纳的基础上，将工作绩效分为任务绩效（Task Performance）和关系绩效（Contextual Performance），关系绩效也称为周边绩效或情境绩效，并依此构建了绩效二元结构模型③。他们认为，任务绩效是指与组织的技术核心有着直接关系的那些行为，如技术加工、对技术需求的维护和服务等。而关系绩效则是对技术核心起支持作用的那些行为，如组织公民性、亲社会组织行为，以及非正式任务活动的自愿行为等，它为任务绩效提供组织、社会和心理的情境。任务绩效和关系绩效之间的差别在于，任务绩效通过技术核心为组织目标做出贡献，而关系绩效通过对所处社会、组织以及心理背景的支持为组织目标做出贡献。任务绩效强调更多的角色规定性，而关系绩效则包括更多角色外成份或者随意性。关系绩效和任务绩效同等重要，都是工作绩效必不可少的组成部分。一些经验性的研究支持关系绩效对组织的重要性。

最近，一些学者对关系绩效中反生产性非任务绩效进行了研究。罗坦多和萨基特（Rotundo & Sackett，2002）提出了包含任务绩效、组织公民行为以及反生产性绩效（Counter-productive Performance）的三维绩效概念模型，其中反生产性绩效是指诸如怠工、破坏性行为、攻击性和不遵守规则等对组织有害的

① Katz D. , KahnR. L. , *The social psychology of organization*, New York：Wiley, 1978.

② Bateman T. S. , Organ D. W. , "Job satisfaction and the good soldier: the relationship between affect and employee "Citizenship"," *Academy of Management Journal*, Vol26, No. 4, 1983, pp. 587-595.

③ Borman W. C. , Motowidlo S. J. , "Task performance and contextual performance：The meaning for personnel selection research," *Human Performance*, Vol 10, No. 2, 1997, pp. 99-109.

自发行为①。罗坦多和萨基特的绩效模型开创了负绩效行为研究的先例。范戴恩、卡明斯和帕克斯（Van Dyne, Cummings & Parks, 1995）提出了一个包括归属—挑战和增进—禁止两维度的角色动态模型②。一方面继承了莫托维洛和伯曼的绩效是一个多维结构体的观点，另一方面也拓展罗坦多和萨基特非任务绩效中不利于组织目标和利于组织目标实现的双重行为，并将个人绩效导入到动态的环境之中。

三、工作压力与工作绩效的关系

关于工作压力与工作绩效关系，研究者们还没有普遍接受的统一理论，归纳起来，主要有四种观点。

（一）工作压力—绩效适度理论

耶基斯和多德森（1908）最早提出了著名的压力与绩效之间存在倒"U"型关系的法则。这一法则强调人们在面对太小或太大压力时，工作绩效都不是很理想，只有在受到适度压力驱动时，才能使工作效率达到颠峰状态。由于其并未也很难指出究竟如何在不同情景条件下确定最适度压力点，也缺乏具有较高生态效度的实证研究支持，这一理论假说只停留在理论模型层面，在实际组织及个人压力管理策略运用中缺乏可操作性。

（二）工作压力—绩效抑制理论

该理论认为，工作压力对工作绩效起到抑制作用。一些实证研究表明，过度压力会引起信息超负荷，增加员工犯错误的概率，持续的高压，会使员工无法区分工作的轻重缓急，导致工作效率的下降和错误频繁产生，而屡次失败又会导致对成功的失望以及行为努力的习得无望，最终导致对工作的放弃。这些结论都是在一些特定样本中获得的，其概化效度还有待进一步验证。抑制理论忽视了工作压力的积极作用，因而存在以偏概全之嫌。

（三）工作压力—绩效激发理论

斯科特（1966）提出的激励理论认为，工作压力作为一种能够唤醒人的心理、生理警觉的外在动力，可以激起人类更高的需求和动机，从而使人们以

---

① Rotundo M., Sackett P. R., "The relative importance of task, citizenship, and counterproductive performance: A policy-capturing approach," *Journal of Applied Psychology*, Vol 87, No. 1, 2002, pp. 66-80.

② Van Dyne L., Cummings L. L., Marks J., Extra-role behaviors: In pursuit of construct and definitional clarity (A bridge over muddied waters). In B. M. Staw & L. L. Cummings (Eds.). *Research in Organizational Behavior*. Greenwich CT: JAI PRESS LTD, 1995, pp. 215-285.

更激昂的情绪进入到工作之中，为人的行动提供巨大的动力，诱发人们创造更多更好的业绩①。洛克（1968）提出的目标设置理论认为，越有挑战性的目标越能够导致更好的工作绩效②；苏里文（Sullivan）等（1992）指出，在低水平和一般水平的压力条件下，个体感觉没有挑战性而不愿提高工作绩效；而高水平的压力条件使得挑战性和工作绩效都达到最佳水平③。在管理的实践领域，这种观点得到广泛支持，许多管理者将提高工作压力视为促进员工努力工作的重要措施。实际上，工作压力的积极作用存在一个"度"的问题。

（四）工作压力—绩效无关理论

该理论假设个体是绝对理性的，他们只关心工作绩效，因为他们认为只有工作绩效才直接决定了自己的薪酬和晋升。因此，工作压力不会成为影响工作绩效的因素。在实证研究中，较少有支持该观点的研究结论。

有部分学者对工作压力与绩效关系的理论分歧进行了解释。阿布拉米斯（Abramis，1994）从工作压力源的角度对工作压力与绩效的关系进行研究，认为不同工作压力源对绩效有不同影响④；卡拉塞克（1983）研究指出，压力源与工作绩效不同维度的关系不同，很容易导致不同的研究结论⑤。另外，有研究者认为，工作压力与绩效之间的关系会受不同缓冲变量的影响。

第二节　研究假设

本章深入考察四个中间变量和人口统计学变量在工作压力源与工作绩效关系中的作用，深化工作压力作用机理的研究，为组织压力管理和提高工作绩效提供依据。

一、工作压力源对工作绩效的直接作用假设

前面对工作压力与工作绩效的关系进行了详细的阐述。我国以往对工作压力与工作绩效关系的研究，大多是以组织普通员工、知识员工或管理人员为研

---

① 转引：许小东，孟晓斌：《工作压力应对与管理》，航空工业出版社 2004 年，第 135 页。

② Locke E. A. , *The nature and causes of job satisfaction*. In M. D. Dunnette（Ed.），Handbook of Industrial and Organizational Psychology，Chicago：Rand McNally，1976，pp. 1319-1328.

③ 许小东，孟晓斌：《工作压力应对与管理》，航空工业出版社 2004 年，第 137 页。

④ 同上书。

⑤ Barnes V. , Potter E. H. , Fielder F. E. , "Effect of interpersonal stress on the prediction of academic performance," *Journal of Applied Psychology*, Vol68, No. 4, 1983, pp. 686-697.

究样本。沈捷（2003）对知识型员工工作压力、工作满意度及工作绩效的关系研究发现，整体的工作压力与工作绩效在 0.048（p < 0.05）的水平上显著相关，相关度为 0.194。不同的工作压力源对工作绩效的影响并不相同，有良劣之分①；许小东和孟晓斌（2004）、纪晓丽和陈逢文（2009）研究发现，外源工作压力对工作绩效有显著的负向影响，而内源压力对工作绩效有显著的正向影响②③；王丽娟（2008）调查发现企业的职业女性工作压力与工作绩效之间存在显著的相关关系④；刘英爽（2006）实证研究发现，高校教师工作压力与绩效之间存在着显著的负相关关系。除了整体的工作压力对工作绩效有影响之外，工作压力的不同因子对工作绩效的影响也不同，有良性劣性之分，其中"组织结构"与工作绩效呈显著正相关⑤；胡青等（2009）研究发现，目前高校教师的工作压力较为严重，其中来自评价体制方面的压力最为突出。工作压力与工作绩效呈负相关，是工作绩效的重要预测变量⑥。

总的看来，工作压力源的不同属性和维度对工作绩效影响程度不同、影响的方向也不同。根据以上分析，推测大学教师的工作压力源对工作绩效具有直接的影响，而且不同压力源维度对工作绩效影响的程度和方向有所不同，因此，提出研究假设 4-1。

假设 4-1：工作压力源对工作绩效具有直接影响，压力源各维度对工作绩效所起作用不同。

二、工作压力源与工作绩效关系的中间变量作用假设

（一）工作满意度的调节作用假设

工作压力是影响工作满意度的重要变量。已有研究普遍认为，工作压力的增加将导致工作满意度的下降，两者之间的关系一般表现为负相关关系。也有

---

① 沈捷：《知识员工工作压力及其与工作满意度、工作绩效的关系》，2003 浙江大学学位硕士学位论文.

② 许小东，孟晓斌：《工作压力应对与管理》，航空工业出版社 2004 年。

③ 纪晓丽，陈逢文：《工作压力对高校教师工作绩效的作用机制研究》，《统计与决策》2009 年第 16 期，第 81-83 页。

④ 王丽娟：《公司职业女性工作压力与 . 工作绩效的关系研究》，2008 年浙江工商大学硕士学位论文。

⑤ 刘英爽：《高校教师工作压力、控制点及其与工作绩效的关系研究》，2006 年大连理工大学硕士学位论文。

⑥ 胡青，李笃武，孙宏伟等：《高校教师工作压力与工作绩效的关系：组织承诺的调节作用》，《中国健康心理学杂志》2009 年第 12 期，第 1488-1491 页。

学者认为，使用笼统的测量，难以发现两者的相关，而只有对工作压力的各个维度与工作满意度的各个维度进行典型相关分析才能证明两者的显著关系。有学者研究发现，知识型员工工作内源压力与工作满意感之间有着正相关关系，工作外源压力与工作满意感之间呈负相关。

目前，关于工作满意度与工作绩效关系，学者们提出了不同的看法，可以归纳为"因果论"、"非因果论"、"重新定义概念论"等三种观点，表明工作满意度与工作绩效之间复杂的关系。尽管证实工作满意度与个体绩效之间的关系非常困难，但对于工作满意度与组织绩效之间的关系却得到了实证研究的支持，拥有满意员工的公司比那些拥有不满意员工的公司有更好的业绩。以教师为样本的实证研究表明，工作满意度与工作绩效呈正相关关系，与缺勤、离职呈负相关关系。以科研人员为样本的实证研究也显示工作满意度对工作绩效具有显著影响。

根据以上分析，推测工作满意度高的大学教师，压力感低而工作绩效高，而工作满意度低的教师与此相反，并且两组压力源与工作绩效的相关性有所不同。本研究倾向于把工作满意度看作是大学教师压力源与工作绩效关系的调节变量，因此，提出假设4-2。

假设4-2：工作满意度对工作压力源与工作绩效的关系具有调节作用。

（二）组织支持感的调节作用假设

组织支持感对工作绩效的影响，一直是组织行为学和人力资源管理理论和实践工作中倍受关注的重要问题。乔治和布里夫认为，组织支持感有助于角色外行为的出现，包括帮助组织避免风险，提出建设性意见，获得有益于组织的知识和技能[1]。许多学者研究也支持了"组织支持感能使员工产生积极的角色外行为或对工作绩效有正向影响"的结论，组织支持感不但直接影响工作绩效，还通过工作满意度的间接作用对工作绩效产生影响。克罗潘扎诺等研究表明，工作支持和工作满意度呈显著正相关关系，工作满意度对工作绩效起促进作用[2]。国内有实证研究表明，组织支持感对工作绩效影响直接效应大于通过工作满意度等作用下的间接效应。

---

[1]　George J. M., Brief A. P., "Feeling good-doing good: A conceptual analysis of the mood at work-organizational spontaneity relationship," *Psychological Bulletin*, Vol 112, No. 2, 1992, pp. 310-329.

[2]　Cropanzano R., Howes J. C., Grandey A. A., "The relationship of organizational politics and support to work behaviors, attitudes, and stress," *Journal of Organizational Behavior*, Vol18, No. 2, 1997, pp. 159-180.

关于大学教师组织支持感对工作压力、工作绩效的影响，有研究表明组织支持感能降低教师工作压力感，组织支持感对教师工作绩效有积极影响，组织支持感与组织承诺呈显著正相关。许多研究表明，组织承诺与工作绩效呈正相关关系。在当今的大科学时代，大学教师从事科学研究，除了依赖于自身的智力投入外，对社会和组织支持的依赖越来越强，组织支持对工作绩效的作用越来越重要。

综合以上分析，推测组织支持感高的大学教师，压力感低而工作绩效高，而组织支持感低的教师与此相反，并且两组压力源与工作绩效的相关性有所不同。本研究倾向于把组织支持感看作是大学教师压力源与工作绩效关系的调节变量，并且组织支持感还通过工作满意度的中介作用对工作绩效产生积极影响，因此提出假设4-3和4-4。

假设4-3：组织支持感对工作压力源与工作绩效关系具有调节作用。

假设4-4：组织支持感通过工作满意度的中介作用，提高工作绩效。

（三）自我效能感的调节作用假设

近年来，自我效能感在压力源与压力结果之间所起中介作用或调节作用研究，越来越受到研究者的关注。许多研究表明，自我效能感与工作绩效呈正相关关系。利特（Litt, 1988）指出，自我效能感之所以重要是因为它会影响个体执行控制的能力和意愿。有实证研究也发现，卡拉塞克的经典工作需求-控制模型也必须结合考虑自我效能感的中介作用，才能提高其预测效度。巴哈特和阿莉（1992）的研究支持了当个体具有较积极的自我信念时，压力对工作带来的负面影响相对较小的假设[1]。国内以教师为样本的研究表明，自我效能感能直接或间接影响工作绩效。

自我效能感除了直接在压力源与工作绩效关系中起作用外，还通过采用积极应对策略而提高工作绩效。杰克斯等（2001）指出，具有高自我效能感水平的个体可能在压力产生之前就会采取积极措施加以应对[2]。许小东等（2004）在总结了前人对工作压力与自我效能感的研究后指出，自我效能感对

[1]　Bhagat R. S., Allie S., Ford D, L., "Organizational stress, personal life stress and symptoms of life strains: An inquiry into the moderating role of styles of coping," *Journal of Social Behavior & Personality*, Vol6, No. 7, 1991, pp. 163-184.

[2]　Jex S. M., Bliese P. D., Buzzell S., "The impact of Self-efficacy on stressor-strain relations coping style as an explanatory mechanism," *Journal of Applied Psychology*, Vol86, No. 3, 2001, pp. 401-409.

于工作压力的影响机制可能主要体现在工作控制意愿和应对策略选择这两个方面①。大学教师劳动的复杂性和特殊性，以及高成就需求的特征，决定需要高的自我效能感才能应对压力、完成工作任务。

根据以上分析，推测自我效能感在压力源与工作绩效关系中具有调节作用，具有高自我效能感的大学教师可能更倾向采取积极的应对策略，提高工作绩效，而低自我效能感的教师可能更倾向采取逃避型的应对策略，降低工作绩效，因此提出假设4-5和4-6。

假设4-5：自我效能感对工作压力源与工作绩效之间的关系具有调节作用。

假设4-6：自我效能感通过应对策略的中介作用，对工作绩效产生积极作用。

（四）应对策略的调节作用假设

应对策略是影响压力结果的关键因素，是调节压力源与压力结果之间关系的缓冲变量。许多研究发现，较多使用积极应对策略，如积极认知、直面挑战、改善压力源、寻求社会支持等策略，有助于缓和与工作相关的压力，减弱压力反应的强度，提高工作绩效；而逃避型（消极）的应对策略，会使压力反应加重，减少工作投入，降低工作绩效。

根据以上分析，推测较多使用积极应对策略的大学教师，工作绩效也高，而较少使用积极应对策略的教师与此相反，应对策略是压力源与工作绩效关系的调节变量，因此提出假设4-7。

假设4-7：应对策略对工作压力源与工作绩效之间的关系具有调节作用。

三、人口统计学变量对工作压力源与工作绩效关系的调节作用假设

许多学者研究表明人口统计学变量对工作压力与工作绩效关系具有影响作用，个性特征在压力源与工作绩效关系中是重要的缓冲变量。我国学者研究发现，目前高校教师的工作压力较为严重，年龄、职称、学历等变量对工作压力与工作绩效的关系具有调节作用。人口统计学变量在高校教师工作压力和工作倦怠的各维度上存在不同程度的差异性。根据以上分析，推测部分人口统计学变量对大学教师压力源与工作绩效的关系具有调节作用，因此提出假设4-8。

假设4-8：人口统计学变量对工作压力源与工作绩效的关系具有调节

---

① 许小东，孟晓斌：《工作压力应对与管理》，航空工业出版社2004年。

作用。

综上所述，将中间变量和人口统计学变量，在大学教师压力源与工作绩效关系中的作用假设进行汇总（图4.1）。

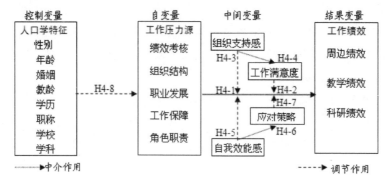

图 4.1　工作压力源对工作绩效的影响关系假设汇总

第三节　研究测量

研究样本见附录 1.5、附录 1.6。

一、研究工具

1. 大学教师工作压力源问卷、组织支持感问卷、工作满意度问卷、自我效能感问卷、应对策略问卷和压力反应问卷，在前面的研究中已经检验合格，可以直接作为本章的测量工具。

2. 大学教师工作绩效问卷

大学教师工作绩效主要包括任务绩效和周边绩效两个方面。本研究主体采用华中科技大学周治金教授（2009）编制的高校教师工作绩效问卷[①]。因为此问卷的任务绩效只涉及了教学任务，又参考胡坚的高校教师任务绩效问卷[②]，补充了科研和社会服务绩效部分，编制了包含 19 个项目的工作绩效问卷，进行利克特五点式量表评价，从"完全不符合"到"完全符合"，得分越高表示工作绩效越高。

---

　　① 周治金，朱新秤，王伊兰等：《高校教师工作绩效及其影响因素的调查与分析》，《高等工程教育研究》2009 年第 2 期，第 111-115 页。

　　② 胡坚，莫燕：《高校教师工作价值观与任务绩效关系的实证分析》，《科学学与科学技术管理》2004 年第 12 期，第 114-117 页。

二、问卷质量检验

(一) 工作绩效预测问卷信度效度检验

在正式数据分析之前，为了提高研究的信度与效度，需要对量表的质量进行分析。本研究将采用项目-总体相关法（CITC）、Cronbach α 信度系数检验以及因子分析（包括因子分析适宜性检验）三个方面，来检验测量问卷的质量，所要满足的最低条件是：所有测量项目的 CITC 值大于 0.4，Cronbach α 系数在 0.7 以上，KMO 值大于 0.7，因子荷重要求 0.5 以上。

首先，用 CITC 法和 Cronbach α 信度系数法净化量表的测量项目。从表 4.1 可以看出，工作绩效问卷的 19 个测量项目的初始 CITC 值为 0.444 ~ 0.677，均大于 0.40，同时问卷整体的 Cronbach α 信度系数为 0.907，大于 0.70，说明工作绩效问卷内部一致性信度良好。

表 4.1　工作绩效问卷 CITC 与信度分析

测量项目	CITC	项目删除后的 Cronbach α 系数	测量项目	CITC	项目删除后的 Cronbach α 系数	Cronbach α
F1	.450	.902	F11	.549	.900	
F2	.537	.900	F12	.485	.902	
F3	.677	.896	F13	.408	.903	
F4	.667	.896	F14	.444	.903	
F5	.582	.900	F15	.580	.899	
F6	.593	.898	F16	.622	.898	0.907
F7	.581	.899	F17	.664	.896	
F8	.555	.899	F18	.556	.899	
F9	.477	.901	F19	.525	.900	
F10	.547	.900				

注：N = 183

其次，对工作绩效问卷进行因子分析适宜性检验。在对问卷的 19 个测量项目进行样本充分性检验和样本分布检验后发现，工作绩效问卷的 KMO 测试值为 0.867，大于 0.70，Bartlett 球形检验的卡方统计值的显著性概率为 0.000，说明数据适合进行因子分析。通过主成分分析法进行因子分析，提取特征根大于 1 的 3 个因子，累计解释总体方差变异为 68.270%，达到本研究 60% 的标准（表 4.2）。因子负荷都符合大于 0.5 的标准，且无交叉负载，说明量表结构效度良好。因子Ⅰ是除了指定的教学、科研工作量以外的，有益于学生成长与学校发展的行为及结果，主要反映了工作中的人际协同以及工作奉献，可以命名为周边绩效。因子Ⅱ属于教学绩效、因子Ⅲ属于科研绩效，因子Ⅱ、因子Ⅲ主要反映了工作任务的完成情况和效果，属于任务绩效，为了重点了解工作压力对大学教师科研和教学绩效的影响状况，因子Ⅱ和因子Ⅲ不再合并为任务绩效。这三个公共因子包含的三方面内容，与工作绩效的构想维度基本吻合。

表4.2　工作绩效结构探索性因子分析

因子	测量项目	因子荷重	Cronbach α
Ⅰ周边绩效	F2	.804	0.895
	F1	.796	
	F16	.734	
	F3	.719	
	F4	.649	
	F5	.612	
	F7	.539	
	F18	.529	
Ⅱ教学绩效	F6	.776	0.791
	F8	.774	
	F9	.732	
	F19	.601	
Ⅲ科研绩效	F11	.827	0.876
	F12	.822	
	F10	.649	
	F17	.605	
	F14	.788	
	F15	.708	
	F13	.696	
累计解释总体方差变异			68.270%
KMO			0.867
χ^2			2126.529
Df			171
Sig			0.000

（二）正式问卷信度效度和样本正态检验

对 483 份有效的正式问卷进行信度和效度检验，结果表明，工作绩效各因子均符合心理测量学要求，量表的内部一致性信度 α 系数为 0.749 ~ 0.868，效度 KMO 为 0.894，P 值在 0.001 水平上达到显著相关。因子分析表明量表具有较好的区分效度，问卷符合研究要求（表 4.3）。

表 4.3　工作绩效正式问卷质量检验

分问卷	因子	Cronbach α		KMO	Sig
	PER1	0.866			
工作绩效	PER2	0.749	0.894	0.894	0.000
	PER3	0.868			

在绝大多数的研究中，为后续统计分析工作得出较为科学的统计结论，首先要对样本的分布类型进行检验。第三章和第四章已经对压力源、中间变量和人口统计学变量进行过正态检验，本章只对工作绩效各维度进行检验。

从表 4.4 中可以看出，各维度数据分布的偏度绝对值最大为 0.877，低于参考值 3.0；峰度的绝对值最大为 1.734，远低于参考值 10.0。因此，可以认为三个变量数据符合正态分布，能够用于方差分析。

表 4.4　工作绩效各维度正态分布检验

变量	样本数	偏度		峰度	
	统计值	统计值	标准差	统计值	标准差
PER1	483	− 0.636	0.111	0.662	0.222
PER2	483	− 0.877	0.111	1.734	0.222
PER3	483	− 0.177	0.111	− 0.348	0.222

第四节　大学教师工作绩效现状

一、工作绩效总体状况

首先对工作绩效变量进行描述性统计分析，以了解样本分布的情形（表 4.5）。将根据此结果对大学教师的工作绩效状况进行分析。

大学教师工作绩效问卷的理论分数范围是 19 ~ 95 分，分数越高表明工作绩效越高。以理论中值 57 来划分工作绩效的高低，得分高于 57 分被认为高工作绩效，反之为低工作绩效。由表 5.5 可见，工作绩效均值 69.863 分，高于理论中值 57 分，介于中等绩效和较大绩效之间。从工作绩效结构上看，周边绩效高出理论中值 8.432 分、教学绩效高出理论中值 3.568 分、科研绩效高出理论中值 0.861 分，说明大学教师工作绩效总体较高。其中，周边绩效最高，居第二位的是教学绩效，科研绩效最低。

表 4.5　大学教师工作绩效总体状况

	题目数	均值	标准差	理论中值	实际分数范围	理论分数范围
工作绩效总体	19	69.863	10.488	57	59.375~80.351	19~95
PER1 周边绩效	8	32.432	4.632	24	27.800~37.064	8~40
PER2 教学绩效	4	15.568	2.680	12	12.888~18.248	4~20
PER3 科研绩效	7	21.861	4.690	21	17.171~26.551	7~35

二、不同人口统计学变量教师工作绩效差异

前面对数据的峰度和偏度检验说明，数据符合正态分布，能够用于方差分析。为了探究不同人口统计学变量工作绩效差异，进行独立样本 T 检验和单因素方差分析（ANOVA），结果表明八个人口统计学变量在部分压力源维度上存在显著差异（表 4.6）。

表 4.6　人口统计学变量与工作绩效单因素方差分析

人口统计学变量	平均值（标准差）			
	总绩效	周边绩效	教学绩效	科研绩效
（1）性别				
1. 男	3.717（0.553）	4.028（0.552）	3.814（0.712）	3.277（0.743）
2. 女	3.635（0.549）	4.082（0.608）	3.975（0.612）	2.959（0.894）
t 值	1.628	-1.014	-2.662 *	4.257 **
Sig	0.982	0.060	0.039	0.008
组间比较	1>2	2>1	2>1	1>2
（2）年龄				
1. 30 岁以下	3.505（0.656）	3.958（0.636）	3.723（0.732）	2.862（1.000）
2. 31-40 岁	3.659（0.508）	4.010（0.553）	3.852（0.639）	3.150（0.754）
3. 41-50 岁	3.787（0.526）	4.154（0.583）	4.0184（0.655）	3.238（0.804）
4. 50 岁以上	3.933（0.424）	4.327（0.414）	4.2738（0.518）	3.293（0.804）
F 值	6.770 ***	4.305 **	6.340 ***	4.516 **
Sig	0.000	0.005	0.000	0.004
组间比较	4>3>2>1	4>3>2>1	4>3>2>1	4>3>2>1

续表

人口统计学变量	平均值（标准差）			
	总绩效	周边绩效	教学绩效	科研绩效
（3）婚姻				
1. 未婚	3.684（0.568）	4.136（0.563）	3.923（0.609）	3.032（0.944）
2. 已婚	3.699（0.521）	4.066（0.558）	3.924（0.61572）	3.152（0.810）
3. 其它	3.092（0.863）	3.414（0.800）	2.953（1.324）	2.804（0.873）
F 值	9.644 ***	10.935 ***	17.361 ***	1.828
Sig	0.000	0.000	0.000	0.162
组间比较	2＞1＞3	1＞2＞3	1≈2＞3	2＞1＞3
（4）教龄				
1. 5 年以下	3.601（0.597）	3.970（0.592）	3.743（0.672）	3.098（0.899）
2. 6-15 年	3.652（0.490）	4.058（0.521）	3.935（0.623）	3.026（0.799）
3. 16-25 年	3.769（0.533）	4.119（0.639）	3.982（0.727）	3.247（0.719）
4. 25 年以上	4.008（0.509）	4.353（0.514）	4.302（0.455）	3.448（0.859）
F 值	5.847 **	4.396 **	7.838 ***	3.040 **
Sig	0.001	0.005	0.000	0.029
组间比较	4＞3＞2＞1	4＞3＞2＞1	4＞3＞2＞1	4＞3＞1＞2
（5）教育程度				
1. 本科及以下	3.701（0.564）	4.215（0.600）	4.007（0.639）	2.939（0.943）
2. 硕士	3.558（0.603）	3.986（0.643）	3.814（0.744）	2.923（0.833）
3. 博士及以上	3.773（0.478）	4.064（0.502）	3.924（0.602）	3.356（0.737）
F 值	8.185 ***	4.047 *	2.583	16.846 ***
Sig	0.000	0.018	0.077	0.000
组间比较	3＞1＞2	1＞3＞2	1＞3＞2	3＞1＞2
（6）职称				
1. 助教	3.529（0.758）	3.953（0.776）	3.785（0.742）	2.900（1.078）
2. 讲师	3.618（0.484）	4.051（0.497）	3.806（0.554）	3.017（0.827）
3. 副教授	3.692（0.539）	4.036（0.614）	3.946（0.746）	3.156（0.754）
4. 教授	3.965（0.507）	4.209（0.520）	4.121（0.662）	3.597（0.671）
F 值	7.351 ***	1.927	4.161 **	8.797 ***
Sig	0.000	0.124	0.006	0.000
组间比较	4＞3＞2＞1	4＞2＞3＞1	4＞3＞2＞1	4＞3＞2＞1
（7）学校				
1. 研究型大学	3.776（0.465）	4.051（0.454）	3.889（0.588）	3.398（0.721）
2. 研教教研型大学	3.712（0.569）	4.137（0.606）	3.918（0.749）	3.112（0.816）
3. 教学型本科院校	3.483（0.563）	3.881（0.618）	3.839（0.575）	2.827（0.892）

续表

人口统计学变量	平均值（标准差）			
	总绩效	周边绩效	教学绩效	科研绩效
F 值	9.854 ***	7.643 **	0.524	15.059 ***
Sig.	0.000	0.001	0.593	0.000
组间比较	1 > 2 > 3	2 > 3 > 1	2 > 1 > 3	1 > 2 > 3
(8) 学科				
1. 理科	3.706 (0.529)	4.028 (0.552)	3.814 (0.712)	3.277 (0.743)
2. 文科	3.645 (0.574)	4.082 (0.608)	3.975 (0.612)	2.959 (0.894)
t 值	1.203	-1.014	-2.662 *	4.257 **
Sig.	0.078	.060	0.039	0.008
组间比较	1 > 2	2 > 1	2 > 1	1 > 2

（一）数据统计结果

表（1）数据显示，不同性别教师总体工作绩效没有显著差异。在教学绩效方面，女教师高于男教师；在科研绩效方面，男教师高于女教师。

表（2）数据显示，不同年龄教师总体工作绩效和三个维度绩效差异都显著。图4.2显示工作绩效与年龄呈正相关，都是50岁以上教师绩效最高，30岁以下教师绩效最低。

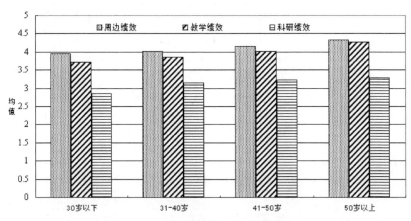

图4.2 不同年龄段教师工作绩效差异

表（3）数据显示，不同婚姻状态教师总体工作绩效、周边绩效和教学绩效都差异显著。已婚教师和未婚教师的绩效明显高于离婚教师。

表（4）数据显示，不同教龄组教师总体工作绩效和三个维度绩效差异都显著。图4.3显示工作绩效与教龄呈正相关，都是教龄25年以上教师工作绩效最高，5 年以下教龄教师工作绩效最低。

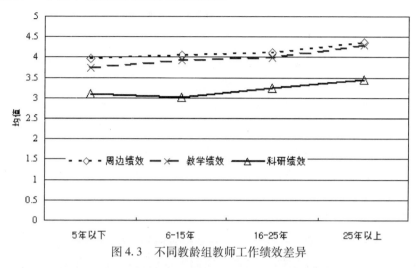

图 4.3   不同教龄组教师工作绩效差异

表（5）数据显示，不同教育程度教师总体工作绩效、周边绩效和科研绩效差异显著。总体工作绩效是博士学历教师最高，周边绩效是本科及以下学历教师最高，科研绩效是博士学历教师最高，都是硕士学历教师最低。

表（6）数据显示，不同职称教师总体工作绩效、周边绩效和科研绩效差异显著。工作绩效与职称呈正相关，职称越高，工作绩效越高，教授工作绩效最高，助教工作绩效最低。

表（7）数据显示，不同学校教师总体工作绩效、周边绩效和科研绩效差异显著。总体工作绩效和科研绩效都是研究型大学最高，教学型本科院校最低；周边绩效是研究教学、教学研究型大学最高，研究型大学最低。

表（8）数据显示，不同学科教师教学绩效和科研绩效差异显著。文科教师教学绩效高于理科教师，理科教师的科研绩效高于文科教师。

从数据显示的结果可知，总体工作绩效高教师群体：50 岁以上、25 以上教龄、教授；总体工作绩效低教师群体：30 岁以下、5 年以下教龄、助教、离婚。周边绩效高教师群体：研究教学、教学研究型大学、女教师、未婚、本科学历；教学绩效高教师群体：女教师、文科；科研绩效高教师群体：男教师、博士、研究型大学、理科。

总体上看，大学教师工作绩效与年龄、教龄及职称具有正向相关性，学术地位和职称越高，工作绩效也相对较高，青年教师工作绩效相对较低，与已有研究结论基本一致。青年教师由于工作时间不长，教学和研究经验积累不足；

教龄短、职称低、学术地位较低，科研项目难以取得，影响职称评定，内在激励不足；薪酬较低，外在激励不足，影响了工作绩效。

（二）高绩效原因分析

总体工作绩效高教师群体原因分析：50 岁以上、25 年以上教龄、教授，这三类群体总体工作绩效和各维度绩效都是最高，说明大学教师的高绩效与年龄、教龄和职称有很高的相关性。可能原因是：第一，能力素质高、对工作控制感强。卡拉塞克的工作要求－控制－支持模式（简称 JDCS 模式）认为，当工作要求和工作控制均处于高水平时，工作动机增强，有利于提高员工的工作绩效和工作满意感。在这种情况下，高工作要求非但不是压力源，反而是对员工的激励因素，产生所谓"有益的压力"（good stress）。教龄长、职称高的教师在教学和科研等方面都具有较好的积累，对工作控制感强，应对压力资源丰富，所以工作绩效也高。第二，成就需要得到满足。职称代表着大学教师的学术水平和学术地位，高职称的教师，他们的成就会更多受到组织和社会的承认，有较高的成就感和荣誉感，满足了尊重和自我实现的需要，获得"内在激励"，这更可能让他们增加工作投入，取得更大的成就。

周边绩效高教师群体可能原因分析：周边绩效理论研究表明，组织文化、价值观等对周边绩效具有导向作用；对个人来说，与周边绩效关系最为密切的不是能力指标，而是个性因素，大学教师周边绩效一般不被纳入绩效考核体系，不受直接物质激励，而是由教师个人性格、职业道德感驱动的。女教师和青年教师周边绩效高可能的原因是：女教师耐心细致、随和、友善、责任意识强等性格特征，利于周边绩效提高；青年教师处于职业生涯初期希望在群体中确立自己的位置和影响力，加上热情、主动、积极等特点，愿意为组织发展做出贡献；本科学历教师周边绩效高可能的原因是：从人口统计学特征上看，目前大学本科学历教师多是年长教师，他们一般职称比较高，责任意识强，更乐于对组织做出贡献。研究教学、教学研究型大学周边绩效高可能的原因是：相对宽松的组织氛围，较好的学生质量，更容易让教师心态稳定，产生有利组织的行为。

女教师和文科教师教学绩效高可能原因是：一是工作与职业兴趣匹配度高。有学者根据霍兰德职业兴趣调查表明，女教师和文科教师社会型比例较大，社会型教师特点是，对人热忱和友善、对事务细致和耐心，思维敏捷、对别人的心理和反应有较强烈的判断能力、亲和能力、广博的见识和语言表达的感染力，群体意识强，善于影响他人。职业兴趣与工作匹配度高，对师生关系和谐、教学绩效提高具有重大作用；二是学科特点，一般文科的课程比理科容易理解，更能引起学生兴趣，教学绩效容易提高。

科研绩效高可能原因是：男教师科研绩效高，和中国文化的角色期待有关，男性需要承担更多责任、具有更强的竞争意识。博士和研究型大学教师科研绩效高可能原因是：一是他们相对文化素质和能力较高、对工作胜任力强。根据 P-E 匹配模型，当个人能力不适应环境要求时，职业压力感就会增加。当个人能力与任务环境要求相匹配时，可以称之为胜任。持续的胜任感会增强工作者的价值成就感和竞争力，并促进工作生活质量提高；二是研究型大学特征决定激励政策更倾向科研，对教师激励作用明显。

三、不同工作压力类型教师工作绩效差异

（一）不同工作压力类型教师工作绩效现状

为了分析不同工作压力类型教师工作绩效差异，进行单因素方差分析（ANOVA）。表 4.7 和图 4.4 数据显示，不同压力类型教师在工作绩效三个维度上都存在显著差异，在周边绩效和教学绩效方面，都是高压力感低压力反应型教师最高，低压力感高压力反应型教师最低，其它两种类型教师居中；在科研绩效方面，高压力感高压力反应型教师最高，其次是低压力感低压力反应型教师，再次是高压力感低压力反应型教师，最低的仍是低压力感高压力反应型教师。传统上研究工作压力与工作绩效的关系，笼统认为高压力感造成了工作绩效降低，压力感与工作绩效呈负相关。本研究发现两个高压力感组教师的工作绩效较高，高压力感低压力反应型教师周边绩效和教学绩效都最高，高压力感高压力反应型教师科研绩效最高，低压力感高压力反应型教师总体工作绩效和各维度都最低。这说明高压力感不一定能降低工作绩效。

表 4.7　不同工作压力类型教师工作绩效差异

不同工作压力类型	周边绩效		教学绩效		科研绩效	
	均值	标准差	均值	标准差	均值	标准差
1. 低压力感低压力反应型（157）	4.107	.502	3.929	.592	3.205	.812
2. 高压力感低压力反应型（80）	4.208	.441	4.084	.501	3.166	.780
3. 高压力感高压力反应型（153）	4.139	.571	3.928	.621	3.273	.874
4. 低压力感高压力反应型（93）	3.6922	.679	3.602	.885	2.704	.715
F 值	17.011 ***		8.724 ***		10.668 ***	
Sig	.000		.000		.000	
组间比较	2 > 3 > 1 > 4		2 > 1 ≈ 3 > 4		3 > 1 > 2 > 4	

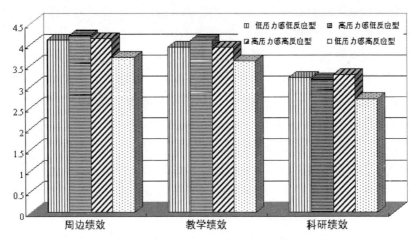

图4.4　不同工作压力类型教师工作绩效比较

（二）不同工作压力类型教师工作绩效差异原因探讨

1. 对压力源的认知观念不同

近期一些学者提出不同工作压力源对绩效具有不同影响，压力源与工作绩效不同维度的关系不同，很容易导致不同的研究结论。卡瓦诺（Cavanaugh）等人（2000）依据工作压力源性质，将其划分为挑战性压力和阻断性压力。挑战性压力会提高个体的工作满意度，降低其谋求其他职位的次数，而阻断性压力刚好相反①。这一观点得到后来实证研究的支持。波达萨科夫（Podsa-koff）等人（2007）的元分析研究发现，虽然两类性质的压力都会导致员工身心紧张水平的上升，但是与工作态度、工作相关行为的关系却存在着明显差异②。挑战性－阻断性压力的分类可以有效解释压力研究中的诸多分歧，特别是压力与工作态度、工作相关行为之间的关系。高压力感两组教师工作绩效相对较高，推测他们更可能把工作压力看作是挑战性压力，从而增强工作动机，增加工作投入，提高工作绩效；而低压力感高压力反应组教师更可能把工作压力看作是阻断性压力，是阻碍自己事业发展的障碍，从而降低了工作满意度和工作绩效。

① Cavanaugh M. A. Boswell W. R. "Roehling M. V. An empirical examination of self reported work stress among U. S," *managersJournal of Applied Psychology*, Vol85, No. 1, 2000, pp. 65-74.

② Podsakoff N. P. LePine J. A. LePine M. A. "Differential challenge stressor hindrance stressor relationships with job attitude, turnover intentions, turnover, and withdraw all behavior: A meta analysis," *Journal of Applied Psychology*, Vol92, No. 2, 2007, pp. 438 - 454.

2. 自我效能感和应对策略不同

自我效能感和应对策略是个体应对压力水平的反映，进一步将四种工作压力类型教师的自我效能感和应对策略进行比较，以发现不同自我效能感和压力应对水平对工作绩效的影响。

从表4.8看出，四种工作压力类型教师自我效能感和应对策略具有显著差异。低压力感高压力反应型教师自我效能感最低，最少使用积极应对策略；高压力感低压力反应型教师自我效能感最高，最多使用积极应对策略。多数学者认为，高自我效能的员工一般不会把压力看作是威胁，倾向于对压力做出积极的应对和反应；自我效能感低的员工，对完成工作任务感到能力不足，把压力看作是威胁，倾向于采用消极的应对策略，消极反应重。大学的科研任务相对教学任务而言，具有高要求和高挑战性的特点，根据卡拉塞克的工作要求-控制理论模型，如果个体对工作的控制能力高，有信心有能力应对挑战，将会带来积极的结果。两个高压力感组自我效能感高，较多使用积极应对策略，更可能带来高工作绩效，低压力感高压力反应型与此相反，更可能产生消极的态度和行为。

表4.8　不同工作压力类型教师自我效能感和应对策略差异

不同压力类型	自我效能		应对策略	
	均值	标准差	均值	标准差
1. 低压力感低压力反应型（157）	3.989	.599	4.059	.603
2. 高压力感低压力反应型（80）	4.002	.583	4.158	.579
3. 高压力感高压力反应型（153）	3.872	.609	3.860	.653
4. 低压力感高压力反应型（93）	3.652	.757	3.652	.739
F 值	6.539 ***		11.857 ***	
Sig	.000		.000	
组间比较	2 > 1 > 3 > 4		2 > 1 > 3 > 4	

高压力感高压力反应型教师虽然科研绩效最高，但上一章的研究发现，他们的身心紧张程度也最高，面对高挑战性压力时，虽然认为这有利于自身的职业发展，但完成这些挑战性工作需要自己投入更多的资源，在一定程度上付出了更大的身心健康代价。

第五节　假设验证

一、工作压力源对工作绩效的直接作用检验

(一) 相关分析

关于大学教师工作压力与工作绩效的研究架构和假设均基于文献基础，且少有直接相关的实证研究结果作为借鉴。因此，本研究需要通过相关分析验证各变量之间是否存在相关关系，为下一步研究变量之间的确定关系奠定基础。

从表4.9看出，工作压力源对工作绩效影响达到显著水平（$p < 0.01$），然而，二者之间的相关系数并不是很高，这说明有些压力源维度可能并未对工作绩效产生大的影响，因此有必要进一步分析不同压力源维度所带来的绩效变化，工作压力源与工作绩效各维度相关分析结果见表4.10。

表4.9　工作压力源与工作绩效和中间变量相关分析

	1	2	3	4	5	6
1. 工作压力源	1					
2. 组织支持感	-.251***					
3. 工作满意度	-.374***	.520***				
4. 自我效能	.045	.072	.173***			
5. 应对策略	.015	.140**	.234***	.579**		
6. 工作绩效	.155**	.164***	.237***	.528***	.488***	1

注：$*P < 0.05$，$**P < 0.01$，$***P < 0.001$，下同

表4.10　工作压力源与工作绩效各维度相关分析

	1	2	3	4	5	6	7	8	9	10	11	12
1绩效考核	1											
2组织管理	.607***											
3职业发展	.576***	.432***										
4工作保障	.579***	.589***	.520***									
5角色职责	.648***	.525***	.496***	.454***								
6组织支持感	-.168***	-.204***	-.101*	-.277***	-.116*							
7工作满意度	-.316***	-.299***	-.234***	-.414***	-.233***	.525***						
8自我效能	-.016	.110*	-.014	.058	.068	.130**	.173***					

	1	2	3	4	5	6	7	8	9	10	11	12
9 应对策略	.006	.025	−.019	.001	.054	.191***	.234***	.579***				
10 周边绩效	.104*	.170***	.134**	.134**	.111*	.147**	.140**	.509***	.475***			
11 教学绩效	.050	.206***	.100*	.161***	.108*	.041	.121**	.572***	.511***	.630***		
12 科研绩效	.058	.131**	−.017	.079	.128**	.224**	.258***	.281***	.266***	.372***	.364***	1

工作压力源不同维度与工作绩效的相关分析表明，绩效考核压力源与周边绩效存在显著相关关系、与教学绩效和科研绩效不存在显著相关关系；组织管理和角色职责压力源对周边绩效、教学绩效和科研绩效都存在显著相关关系；职业发展和工作保障压力源对周边绩效和教学绩效都具有显著影响，但对科研绩效影响不显著。

（二）回归分析

根据相关分析结果，工作压力源与工作绩效存在显著相关关系。因此，首先以工作压力源五个维度为自变量，以总体工作绩效和各维度为因变量，进行多元回归分析，检验工作绩效对压力源的回归分析结果，从而找到直接影响工作绩效的压力源因素。

表4.11显示，总体工作绩效对各个自变量的多元回归分析模型的解释力仅5.1%，组织管理压力源与总体工作绩效回归显著（$p < 0.01$），标准化 Beta 系数为0.187。

表4.11　工作压力源各维度对工作绩效及各维度多元回归分析

因变量	自变量	R^2	未标准化系数		标准化系数	T	Sig.
			B	Std. Error	Beta		
工作绩效	STR1	.051	−.082	.049	−.116	−1.673	.095
	STR2		.110	.036	.187	3.041	.002
	STR3		−.015	.033	−.026	−.450	.653
	STR4		.037	.034	.066	1.086	.278
	STR5		.073	.041	.108	1.775	.077
周边绩效	STR1	.035	−.048	.052	−.064	−.914	.361
	STR2		.087	.038	.140	2.267	.024
	STR3		.048	.035	.080	1.381	.168
	STR4		.022	.036	.037	.598	.550
	STR5		.016	.043	.023	.369	.712

续表

因变量	自变量	R^2	未标准化系数		标准化系数	T	Sig.
			B	Std. Error	Beta		
教学绩效	STR1	.062	−.176	.059	−.205	−2.970	.003
	STR2		.159	.044	.223	3.660	.000
	STR3		.028	.040	.040	.702	.483
	STR4		.069	.041	.101	1.672	.095
	STR5		.047	.049	.058	.957	.339
科研绩效	STR1	.037	−.068	.075	−.064	−.911	.363
	STR2		.108	.055	.121	1.958	.051
	STR3		−.112	.050	−.129	−2.226	.027
	STR4		.038	.052	.044	.722	.471
	STR5		.152	.062	.150	2.438	.015

周边绩效对各个自变量的多元回归分析模型的解释力仅 3.5%，组织管理压力源与周边绩效回归显著（p<0.001），标准化 Beta 系数为 0.170。

教学绩效对各个自变量的多元回归分析模型的解释力达到 6.2%，是三个维度中解释力最高的模型。绩效考核与组织管理压力源与教学绩效回归显著（p<0.05），绩效考核压力源标准化 Beta 系数为−0.205，组织管理压力源标准化 Beta 系数为 0.223（p<0.001）。绩效考核与教学绩效呈显著负相关，组织管理压力源与教学绩效呈正相关。

科研绩效对各个自变量的多元回归分析模型的解释力仅 3.7%，职业发展压力源与科研绩效回归显著（p<0.05），标准化 Beta 系数为−0.129；角色职责压力源与科研绩效回归显著（p<0.05），标准化 Beta 系数为 0.150。职业发展压力源与科研绩效呈负相关，角色职责压力源与科研绩效呈正相关。

从回归系数看，对整体工作绩效和周边绩效最具有预测作用的变量是组织管理压力源；绩效考核和组织管理压力源对教学绩效预测作用显著；对科研绩效预测显著的是职业发展和角色职责压力源。绩效考核压力源对整体绩效和三个维度绩效都是负向作用，对教学绩效影响达到统计学上的显著水平。职业发展压力源对科研绩效也是负向影响。这支持了工作压力与工作绩效研究领域近期的研究结论"不同维度的压力源对工作绩效影响方向和强度都不一致"。

假设 4-1 检验结果：整体工作压力源与工作绩效呈显著正相关，但压力源各维度对工作绩效各维度的影响强度和方向不一致。假设 5-1 通过验证。

二、工作压力源与工作绩效关系的中间变量作用检验

（一）工作满意度的调节作用检验

1. 工作满意度对压力源与周边绩效关系的调节作用检验

第一步进行双因素方差分析，检验工作满意度高分组和低分组的压力感是否具有显著差异；第二步将检验显著的压力源维度与周边绩效做分组回归分析，检验不同组别压力源对周边绩效的预测作用，从而分析工作满意度的调节作用。

表 4.12 显示，在绩效考核、工作保障压力源对周边绩效影响过程中，工作满意度低分组方程回归系和数达到显著水平，而高分组影响不显著，两组具有显著差异。工作满意度高分组的教师面对绩效考核和工作保障压力源时，压力感低而周边绩效高，低分组教师与此相反，并且在低分组压力源对周边绩效的预测力高于高分组，说明工作满意度对绩效考核和工作保障压力源与周边绩效关系具有显著的调节作用。

表 4.12 工作满意度对压力源与周边绩效关系的调节作用检验

压力源※工作满意度		F（p）	均值		周边绩效			
			压力源	周边绩效	R^2	Beta	T	Sig.
绩效考核	高工作满意度	1.675	3.160	4.139	.001	.038	.394	.553
	低工作满意度	(.000)	3.549	3.965	.057	.238	3.747	.000
工作保障	高工作满意度	1.923	3.065	4.139	.007	.082	1.295	.196
	低工作满意度	(.000)	3.688	3.965	.087	.294	4.709	.000

2. 工作满意度在压力源与教学绩效关系中的调节作用检验

第一步进行双因素方差分析，检验工作满意度高分组和低分组的压力感是否具有显著差异；第二步将检验显著的压力源维度与教学绩效做分组回归分析，检验不同组别压力源对教学绩效的预测作用，从而分析工作满意度的调节作用。

表 4.13 显示，在绩效考核、职业发展、工作保障和角色职责压力源对教学绩效影响过程中，工作满意度低分组方程回归系数达到显著水平，而高分组影响不显著，两组具有显著差异。工作满意度高分组的教师面对压力源时，压力感低而教学绩效高，低分组教师与此相反，并且低分组压力源对教学绩效的预测力高于高分组，说明工作满意度对绩效考核、职业发展、工作保障和角色职责压力源与教学绩效关系具有显著的调节作用。

表 4.13　工作满意度对压力源与教学绩效关系的调节作用检验

压力源※工作满意度		F（p）	均值		教学绩效			
			压力源	教学绩效	R²	Beta	T	Sig.
绩效考核	高工作满意度	1.574	3.160	3.992	.000	.008	.130	.896
	低工作满意度	（.000）	3.549	3.787	.026	.162	2.508	.013
职业发展	高工作满意度	1.889	2.873	3.992	.008	.088	1.383	.168
	低工作满意度	（.000）	3.233	3.787	.028	.167	2.585	.010
工作保障	高工作满意度	2.011	3.065	3.992	.027	.165	2.618	.009
	低工作满意度	（.000）	3.688	3.787	.079	.281	4.482	.000
角色职责	高工作满意度	1.185	3.136	3.992	.006	.079	1.241	.216
	低工作满意度	（.000）	3.417	3.787	.033	.182	2.828	.005

3. 工作满意度对压力源与科研绩效关系的调节作用检验

第一步进行双因素方差分析，检验工作满意度高分组和低分组的压力感是否具有显著差异；第二步将检验显著的压力源维度与科研绩效做分组回归分析，检验不同组别压力源对科研绩效的预测作用，从而分析工作满意度的调节作用。

表 4.14 显示，工作满意度高分组的教师面对组织管理压力源时，压力感低而科研绩效高，低分组教师与此相反，并且在低分组，压力源对科研绩效的预测力高于高分组，说明工作满意度对组织管理压力源与科研绩效关系具有显著的调节作用。工作满意度高分组和低分组的判别系数 R^2 和标准化回归系数 Beta 分别为 0.020，0.140，$p < 0.05$；0.068，0.260，$p < 0.001$，在工作满意度高分组，组织管理压力源对科研绩效影响不显著，而工作满意度低分组，组织管理压力源对科研绩效影响更具有预测力。

表 4.14　工作满意度对压力源与科研绩效关系的调节作用检验

压力源※工作满意度		F（p）	均值		科研绩效			
			压力源	科研绩效	R²	Beta	T	Sig.
组织管理	高工作满意度	2.192	3.005	3.355	.020	.140	2.212	.028
	低工作满意度	（.000）	3.406	2.881	.068	.260	4.124	.000

假设 4-2 检验结果：工作满意度对绩效考核和工作保障压力源与周边绩效

关系具有显著调节作用、对组织管理、职业发展和角色职责压力源与周边绩效关系不存在显著调节作用；对绩效考核、职业发展、工作保障和角色职责压力源与教学绩效关系具有显著调节作用、对组织管理压力源与教学绩效关系不存在显著调节作用；对组织管理压力源与科研绩效关系具有显著调节作用，对绩效考核、职业发展、工作保障和角色职责压力源与科研绩效关系不存在显著调节作用。假设4-2部分通过验证。

4. 工作满意度对组织支持感与工作绩效关系的中介作用检验

以组织支持感为自变量，工作满意度为中介变量、工作绩效为因变量，通过三步回归分析法，检验组织支持感通过工作满意度的中介作用，对工作绩效产生的影响。

表4.15显示，回归模型不存在多重共线性和序列相关问题。组织支持感通过工作满意度的中介作用，提高了科研绩效。从数据显示的结果来看，工作满意度、科研绩效分别对组织支持感的回归方程系数都达到显著水平，第三步加入组织支持感和工作满意度后，组织支持感的回归系数由0.224减小到0.122，并达到显著水平；同时回归方程的决定系数增加了3.0%，说明组织支持感对科研绩效的作用过程中，工作满意度起到部分中介作用。

假设4-3检验结果：工作满意度对组织支持感与科研绩效关系具有中介作用，对组织支持感与周边绩效和科研绩效关系不存在中介作用。假设5-3部分通过验证。

表4.15 工作满意度对组织支持感与工作绩效关系的中介作用检验

| | | 方程1 | 方程2 | 方程3 | 科研绩效 | 中介作用 |
			科研绩效	第一步	第二步	检验
自变量	组织支持感	.525***	——	.224***	.122**	
中间变量	工作满意度	——	.258***		.194***	
	方程F值	182.605***	34.428***	25.449***	20.197***	
	R^2	.274	.067	.048	.078	部分中介
	$\triangle R^2$				.030	
	D-W	1.758	1.759	1.738	1.750	
	容忍度（TOL）				.725	
	方差膨胀因子（VIF）				1.380	

（二）组织支持感的调节作用检验

将研究对象依其感知组织支持的程度分为高低两组，分别进行两组工作压力源与工作绩效的回归分析，以了解不同组织支持感对压力源与工作绩效关系的调节作用。

1. 组织支持感对压力源与周边绩效关系的调节作用检验

第一步进行双因素方差分析，检验组织支持感高分组和低分组的压力感是否具有显著差异；第二步将检验显著的压力源维度与周边绩效做分组回归分析，检验不同组别压力源对周边绩效的预测作用，从而分析组织支持感的调节作用。

表 4.16 显示，在压力源各维度对周边绩效影响过程中，组织支持感低分组方程回归系数达到显著水平，而高分组影响不显著，两组具有显著差异。组织支持感高分组的教师面对压力源时，压力感低而周边绩效高，低分组教师与此相反，并且低分组压力源对周边绩效的预测力高于高分组，说明组织支持感对压力源五个维度与周边绩效关系具有显著的调节作用。

表 4.16　组织支持感对压力源与周边绩效关系的调节作用检验

压力源※组织支持感		F (p)	均值		周边绩效			
			压力源	周边绩效	R^2	Beta	T	Sig.
绩效考核	高组织支持感	15.19 (.000)	3.26	4.13	.001	.036	.604	.546
	低组织支持感		3.48	3.94	.057	.239	3.475	.001
组织管理	高组织支持感	24.78 (.000)	3.09	4.13	.018	.133	2.240	.026
	低组织支持感		3.36	3.94	.068	.261	3.831	.000
职业发展	高组织支持感	16.81 (.000)	3.00	4.13	.006	.075	1.253	.211
	低组织支持感		3.11	3.94	.048	.218	3.165	.002
工作保障	高组织支持感	16.04 (.000)	3.20	4.13	.005	.068	1.135	.257
	低组织支持感		3.61	3.94	.086	.293	4.333	.000
角色职责	高组织支持感	8.752 (.000)	3.24	4.13	.004	.064	1.064	.288
	低组织支持感		3.32	3.94	.032	.179	2.574	.011

2. 组织支持感对压力源与教学绩效关系的调节作用检验

第一步进行双因素方差分析，检验高低组织支持感组压力感是否具有显著差异；第二步对第一步检验显著的压力源维度与教学绩效做分组回归分析，检验不同组别压力源对教学绩效的预测作用，从而分析组织支持感的调节作用。

表4.17显示，在压力源各维度对教学绩效影响过程中，组织支持感低分组方程回归系数达到显著水平，而高分组影响不显著，两组具有显著差异。组织支持感高分组的教师面对压力源时，压力感低而教学绩效高，低分组教师与此相反，并且低分组压力源对教学绩效的预测力高于高分组，说明组织支持感对压力源五个维度与教学绩效关系具有显著的调节作用。

表4.17　组织支持感对压力源与教学绩效关系的调节作用检验

压力源※组织支持感		F（p）	均值		教学绩效			
			压力源	教学绩效	R^2	Beta	T	Sig.
绩效考核	高组织支持感	5.698	3.26	3.91	.005	-.071	-1.192	.234
	低组织支持感	（.004）	3.48	3.87	.043	.207	2.993	.003
组织管理	高组织支持感	7.458	3.09	3.91	.022	.148	2.508	.013
	低组织支持感	（.001）	3.36	3.87	.079	.280	4.130	.000
职业发展	高组织支持感	3.674	3.00	3.91	.003	.054	.897	.371
	低组织支持感	（.026）	3.11	3.87	.024	.154	2.205	.029
工作保障	高组织支持感	7.333	3.20	3.91	.008	.091	1.532	.127
	低组织支持感	（.001）	3.61	3.87	.072	.268	3.935	.000
角色职责	高组织支持感	3.173	3.24	3.91	.000	.021	.351	.726
	低组织支持感	（.043）	3.32	3.87	.042	.204	2.945	.004

　　3. 组织支持感对压力源与科研绩效关系的调节作用检验

　　第一步进行双因素方差分析，检验组织支持感高分组和低分组的压力感是否具有显著差异；第二步将检验显著的压力源维度与科研绩效做分组回归分析，检验不同组别压力源对科研绩效的预测作用，从而分析组织支持感的调节作用。

　　表4.18显示，在绩效考核、组织管理、工作保障和角色职责压力源与科研绩效影响过程中，组织支持感低分组方程回归系数达到显著水平，而高分组影响不显著，两组具有显著差异。组织支持感高分组的教师面对压力源时，压力感低而科研绩效高，低分组教师与此相反，并且低分组压力源对科研绩效的预测力高于高分组，说明组织支持感在绩效考核、组织管理、工作保障和角色职责压力源与科研绩效关系中调节作用显著。

　　假设4-3检验结果：组织支持感显著地调节压力源各维度与周边绩效和教

学绩效的关系，显著地调节绩效考核、组织管理、工作保障和角色职责压力源与科研绩效的关系，在职业发展压力源与科研绩效关系中不存在显著的调节作用。假设4-3大部分通过验证。

表4.18　组织支持感对压力源与科研绩效关系的调节作用检验

压力源※组织支持感		F（p）	均值		科研绩效			
			压力源	科研绩效	R^2	Beta	T	Sig.
绩效考核	高组织支持感	9.479	3.26	3.27	.001	.031	.516	.606
	低组织支持感	（.000）	3.48	2.93	.029	.170	2.446	.015
组织管理	高组织支持感	15.56	3.09	3.27	.012	.111	1.865	.063
	低组织支持感	（.000）	3.36	2.93	.052	.229	3.321	.001
工作保障	高组织支持感	11.65	3.20	3.27	.006	.076	1.267	.206
	低组织支持感	（.000）	3.61	2.93	.038	.194	2.797	.006
角色职责	高组织支持感	16.28	3.24	3.27	.011	.104	1.745	.082
	低组织支持感	（.000）	3.32	2.93	.034	.185	2.665	.008

（三）自我效能感的调节作用检验

将研究对象依其自我效能感的程度分为高低两组，分别进行两组工作压力源与工作绩效的回归分析，以了解不同自我效能感对压力源与工作绩效关系的调节作用。

1. 自我效能感对压力源与周边绩效关系的调节作用

第一步进行双因素方差分析，检验自我效能感高分组和低分组的压力感是否具有显著差异；第二步将检验显著的压力源维度与周边绩效做分组回归分析，检验不同组别压力源对周边绩效的预测作用，分析自我效能感的调节作用。

表4.19显示，在绩效考核、组织管理压力源对周边绩效影响过程中，自我效能感高分组方程回归系数达到显著水平，而低分组影响不显著，两组具有显著差异。自我效能感高分组的教师，面对压力源时，周边绩效高，而低分组教师的周边绩效低，并且自我效能感高分组压力源对周边绩效的预测力高于低分组，说明自我效能感在绩效考核、组织管理压力源与周边绩效关系中调节作用显著。再将压力源维度按压力感均值分为高低两组后进行检验，发现两组自我效能感差异不大，说明自我效能感的调节机制是：对压力感调适作用不大，但是能促进周边绩效的增长。

表4.19　自我效能感对压力源与周边绩效关系的调节作用检验

压力源※自我效能感		F（p）	均值		周边绩效			
			压力源	周边绩效	R^2	Beta	T	Sig.
绩效考核	高自我效能感	34.10	3.35	4.26	.034	.184	3.001	.003
	低自我效能感	（.000）	3.36	3.82	.011	.106	1.590	.113
组织管理	高自我效能感	43.35	3.30	4.26	.034	.184	2.993	.003
	低自我效能感	（.000）	3.08	3.82	.008	.089	1.326	.186

2. 自我效能感对压力源与教学绩效关系的调节作用检验

第一步进行双因素方差分析，检验自我效能感高分组和低分组的压力感是否具有显著差异；第二步将检验显著的压力源维度与教学绩效做分组回归分析，检验不同组别压力源对教学绩效的预测作用，从而分析自我效能感的调节作用。

表4.20显示，在组织管理、职业发展和工作保障压力源对教学绩效影响过程中，自我效能感高分组方程回归系数达到显著水平，而低分组影响不显著，两组具有显著差异。自我效能感高分组教师，面对压力源，教学绩效高，而低分组教师教学绩效低，并且自我效能感高分组压力源对教学绩效的预测力高于低分组，说明自我效能感在组织管理、职业发展和工作保障压力源与教学绩效关系中调节作用显著。再将压力源维度按压力感均值分为高低两组后进行检验，发现两组自我效能感差异不大，说明自我效能感的调节机制是：对压力感调适作用不大，但是能促进教学绩效的增长。

表4.20　自我效能感对压力源与教学绩效关系的调节作用检验

压力源※自我效能感		F（p）	均值		教学绩效			
			压力源	教学绩效	R^2	Beta	T	Sig.
组织管理	高自我效能感	43.86	3.30	4.14	.050	.224	3.691	.000
	低自我效能感	（.000）	3.08	3.60	.016	.128	1.923	.056
职业发展	高自我效能感	43.35	3.00	4.14	.027	.163	2.652	.009
	低自我效能感	（.000）	3.11	3.60	.012	.110	1.646	.101
工作保障	高自我效能感	46.16	3.43	4.14	.039	.197	3.215	.001
	低自我效能感	（.000）	3.30	3.60	.010	.099	1.477	.141

3. 自我效能感对压力源与科研绩效关系的调节作用检验

第一步进行双因素方差分析，检验自我效能感高分组和低分组的压力感是否具有显著差异；第二步将检验显著的压力源维度与科研绩效做分组回归分析，检验不同组别压力源对科研绩效的预测作用，从而分析自我效能感的调节作用。

表4.21显示，在组织管理、角色职责压力源对科研绩效影响过程中，自我效能感高分组方程回归系数达到显著水平，而低分组影响不显著，两组具有显著差异。自我效能感高分组的教师面对压力源时，科研绩效高，而低分组与此相反，并且高分组压力源对科研绩效的预测力高于低分组，说明自我效能感在组织管理和角色职责压力源与科研绩效关系中调节作用显著。再将压力源维度按压力感均值分为高低两组后进行检验，发现两组自我效能感差异不大，说明自我效能感对压力感调适作用不大，但是能促进科研绩效的增长。

表4.21　自我效能感对压力源与科研绩效关系的调节作用检验

压力源※自我效能感		F（p）	均值		科研绩效			
			压力源	科研绩效	R^2	Beta	T	Sig.
组织管理	高自我效能感	24.21	3.30	3.37	.040	.200	3.274	.001
	低自我效能感	（.000）	3.08	2.84	.002	−.042	−.629	.530
角色职责	高自我效能感	26.08	3.32	3.37	.023	.150	2.436	.016
	低自我效能感	（.000）	3.22	2.84	.004	.067	.995	.321

假设4-5检验结果：自我效能感显著地调节绩效考核、组织管理压力源与周边绩效的关系，对职业发展、工作保障和角色职责压力源与周边绩效的关系不存在显著的调节作用；显著地调节组织管理、职业发展和工作保障压力源与教学绩效的关系，对绩效考核和角色职责压力源与教学绩效的关系不存在显著的调节作用；显著地调节组织管理和角色职责压力源与科研绩效的关系，对绩效考核、职业发展和工作保障压力源与科研绩效的关系不存在显著的调节作用。假设4-5部分通过验证。

（四）应对策略的调节作用检验

1. 应对策略对压力源与周边绩效关系的调节作用检验

第一步进行双因素方差分析，检验应对策略高分组和低分组的压力感是否具有显著差异；第二步将检验显著的压力源维度与周边绩效做分组回归分析，检验不同组别压力源对周边绩效的预测作用，从而分析应对策略的调节作用。

表4.22显示，在绩效考核和组织管理压力源对周边绩效影响过程中，应对策略高分组方程回归系数达到显著水平，而低分组影响不显著，两组具有显

著差异。较多采用积极应对策略的教师，周边绩效的均值要高于较少采用积极应对策略的教师，并且高分组压力源对周边绩效的预测力高于低分组，说明应对策略在绩效考核、组织管理压力源与周边绩效关系中调节作用显著。再将压力源维度按压力感均值分为高低两组后进行检验，发现两组应对策略值差异不大，说明应对策略对压力感调适作用不大，但是能促进周边绩效的增长。

表 4.22 应对策略对压力源与周边绩效关系的调节作用检验

压力源※应对策略		F（p）	均值		周边绩效			
			压力源	周边绩效	R^2	Beta	T	Sig.
绩效考核	高积极应对策略	34.107	3.35	4.26	.034	.184	3.001	.003
	低积极应对策略	（.000）	3.36	3.82	.011	.106	1.590	.113
组织管理	高积极应对策略	43.353	3.30	4.26	.034	.184	2.993	.003
	低积极应对策略	（.000）	3.08	3.82	.008	.089	1.326	.186

2. 应对策略对压力源与教学绩效关系的调节作用检验

第一步进行双因素方差分析，检验应对策略高分组和低分组的压力感是否具有显著差异；第二步将检验显著的压力源维度与教学绩效做分组回归分析，检验不同组别压力源对教学绩效的预测作用，从而分析应对策略的调节作用。

表 4.23 显示，应对策略高分组的教师，压力感均值和低分组的均值差异不大，但教学绩效的均值要高于低分组的教师，并且低分组压力源对教学绩效的预测力高于高分组，说明应对策略在角色职责压力源与教学绩效关系中调节作用显著。再将压力源维度按压力感均值分为高低两组后进行检验，发现两组应对策略值差异不大，说明应对策略对压力感调适作用不大，但是能促进教学绩效的增长。分组回归分析显示，不同应对策略组角色职责压力源对教学绩效影响具有显著差异，应对策略高分组和低分组的判别系数 R^2 和标准化回归系数 Beta 分别为 0.005，0.071，$p > 0.05$；0.023，0.153，$p < 0.05$，在应对策略高分组，角色职责压力源对教学绩效的影响已经不显著，而在低分组，角色职责压力源对教学绩效影响仍然显著。

表 4.23 应对策略对压力源与教学绩效关系的调节作用检验

压力源※积极应对策略		F（p）	均值		教学绩效			
			压力源	教学绩效	R^2	Beta	T	Sig.
角色职责	高积极应对策略	30.839	3.28	4.10	.005	.071	1.170	.243
	低积极应对策略	（.000）	3.26	3.62	.023	.153	2.236	.026

3. 应对策略对压力源与科研绩效关系的调节作用检验

第一步进行双因素方差分析，检验应对策略高分组和低分组的压力感是否具有显著差异；第二步将检验显著的压力源维度与科研绩效做分组回归分析，检验不同组别压力源对科研绩效的预测作用，从而分析应对策略的调节作用。

表4.24 显示，应对策略高分组的教师，压力感均值和低分组的均值差异不大，但科研绩效的均值要高于低分组的教师，并且高分组压力源对科研绩效的预测力高于低分组，说明积极应对策略在组织管理压力源与科研绩效关系中调节作用显著。再将压力源维度按压力感均值分为高低两组后进行检验，发现两组应对策略值差异不大，说明应对策略对压力源调适作用不大，但是能促进科研绩效的增长。分组回归分析显示，不同应对策略组的组织管理压力源对科研绩效影响具有显著差异，应对策略高分组和低分组的判别系数 R^2 和标准化回归系数 Beta 分别为 0.031，0.176，$p < 0.05$；0.006，0.111，$p > 0.05$，在应对策略高分组，组织管理压力源对科研绩效预测作用更显著。

表4.24　应对策略对压力源与科研绩效关系的调节作用检验

压力源※积极应对策略		F（p）	均值		科研绩效			
			压力源	科研绩效	R^2	Beta	T	Sig.
组织管理	高积极应对策略	17.131	3.21	3.29	.031	.176	2.940	.004
	低积极应对策略	（.000）	3.19	2.91	.006	.077	1.111	.268

假设4-6 检验结果：应对策略显著地调节绩效考核、组织管理压力源与周边绩效的关系，对职业发展、工作保障和角色职责压力源与周边绩效的关系不存在显著的调节作用；显著地调节角色职责压力源与教学绩效的关系，对绩效考核、组织管理、职业发展和工作保障压力源与教学绩效的关系不存在显著的调节作用；显著地调节组织管理压力源与科研绩效关系，对绩效考核、职业发展、工作保障和角色职责压力源与科研绩效的关系不存在显著的调节作用。假设4-6部分通过验证。

4. 应对策略在自我效能感与工作绩效关系中的中介作用检验

以自我效能感为自变量、应对策略为中介变量、工作绩效各维度为因变量，首先进行应对策略对自我效能感的回归分析，然后进行工作绩效对应对策略的回归分析，最后，进行工作绩效对应对策略和自我效能感的回归分析。

表4.25 显示，回归模型不存在多重共线性和序列相关问题。从表（1）

（2）可以看出，应对策略、周边和教学绩效分别对自我效能感的回归方程系数达到显著水平，第三步同时加入自我效能、应对策略后，自我效能感的回归系数降低，并达到显著水平；回归方程的决定系数显著增加，说明应对策略在自我效能感对周边和教学绩效的作用过程中，起到部分中介作用。

假设4-7检验结果：应对策略在自我效能感与周边绩效和教学绩效关系中起到中介作用，在自我效能感与科研绩效关系中不存在中介作用。自我效能感通过应对策略的中介作用，促进了周边绩效和教学绩效的增长。假设4-7部分通过验证。

表4.25　应对策略对自我效能感与工作绩效关系的中介作用检验

（1）周边绩效		方程1	方程2	方程3	周边绩效	中介作用检验
			周边绩效	第一步	第二步	
自变量	自我效能	.579 ***	——	.509 ***	.353 ***	
中间变量	应对策略	——	.475 ***	——	.270 ***	
	方程F值	243.090 ***	139.952 ***	168.553 ***	106.843 ***	
	R²	.336	.225	.259	.328	
	△R²				.067	部分中介
	D－W	1.845	1.810	1.781	1.802	
	容忍度（TOL）				.664	
	方差膨胀因子（VIF）				1.505	
（2）教学绩效		方程1	方程2	方程3	教学绩效	中介作用检验
			教学绩效	第一步	第二步	
自变量	自我效能	.579 ***	——	.572 ***	.415 ***	
中间变量	应对策略	——	.511 ***	——	.270 ***	
	方程F值	243.090 ***	169.671 ***	233.659 ***	144.228 ***	
	R²	.336	.261	.327	.385	
	△R²				.058	部分中介
	D－W	1.845	1.883	1.771	1.843	
	容忍度（TOL）				.664	
	方差膨胀因子（VIF）				1.505	

三、人口统计学变量对工作压力源与工作绩效关系的调节作用检验

为了全面验证人口统计学变量在压力源与工作绩效关系中的调节作用，采

用层级回归分析方法进行数据分析。回归分析分三步进行，第一步，将人口统计学变量作为控制变量，打包进入回归模型；第二步，将五维压力源打包进入回归模型；第三步，将五维压力源与人口统计学变量的乘积项（去中心化处理），打包进入回归模型，由于要检验的变量较多，这里只汇报显著性高的数据。

（一）人口统计学变量对压力源与周边绩效关系的调节作用检验

第一步以人口统计学变量为自变量，周边绩效为因变量，进行回归分析；第二步以人口统计学变量和五维压力源为自变量，周边绩效为因变量，进行回归分析；第三步再加入人口统计学变量与压力源各维度乘积显著的新变量进行回归分析。

由表4.26第三步（1）结果可知，性别变量在组织管理压力源与周边绩效关系中调节作用显著；由第三步（2）结果可知，教育程度变量在绩效考核压力源与周边绩效关系中调节作用显著；教育程度变量在职业发展压力源与周边绩效关系中调节作用显著；由第三步（3）结果可知，学校变量在职业发展压力源与周边绩效关系中调节作用显著；由第三步（4）结果可知，学科变量在绩效考核、职业发展压力源与周边绩效关系中调节作用显著。通过回归分析进一步检验交互项对压力源与周边绩效的调节作用。

表4.26　人口统计学变量对压力源与周边绩效关系的调节作用检验

自变量		标准回归系数					
周边绩效		第一步	第二步	第三步（1）	第三步（2）	第三步（3）	第三步（4）
第一步	R1	.006	.013	.014	.010	.026	.010
	R2	.135*	.118	.119	.121	.118	.111
	R3	−.202***	−.196***	−.195***	−.199***	−.200***	−.185***
	R4	.098	.080	.083	.106	.083	.089
	R5	−.053	−.072	−.070	−.040	−.079	−.063
	R6	.000	.021	.025	.007	.021	.020
	R7	−.137**	−.125*	−.127**	−.110*	−.115*	−.096*
	R8	.064	.047	.060	.044	.058	.041
第二步	STR1		.015	.041	.033	.012	.019
	STR2		.072	.080	.059	.085	.075
	STR3		.066	.040	.072	.065	.061

自变量		标准回归系数					
周边绩效		第一步	第二步	第三步（1）	第三步（2）	第三步（3）	第三步（4）
	STR4		.026	.033	.035	.038	.040
	STR5		−.003	−.017	−.023	−.014	−.028
第三步（1）	STR1 × R1			−.085			
	STR2 × R1			−.125*			
	STR3 × R1			.041			
	STR4 × R1			−.022			
	STR5 × R1			.151*			
第三步（2）	STR1 × R5				.144*		
	STR2 × R5				.007		
	STR3 × R5				−.139*		
	STR4 × R5				.009		
	STR5 × R5				−.009		
第三步（3）	STR1 × R7					−.097	
	STR2 × R7					.112	
	STR3 × R7					.149*	
	STR4 × R7					−.014	
	STR5 × R7					−.088	
第三步（4）	STR1 × R8						−.143*
	STR2 × R8						.030
	STR3 × R8						.162**
	STR4 × R8						−.070
	STR5 × R8						−.069
Adjusted R^2		.067***	.078***	.092***	.086***	.091***	.098***
ΔR^2			.011	.016	.008	.013	.020

表4.27显示，不同性别组的组织管理压力源对周边绩效的影响具有显著差异，男教师组和女教师组的判别系数 R^2 和回归系数 Beta 分别是 0.058，0.241，$p < 0.001$；0.010，0.102，$p > 0.05$，在男教师组，组织管理压力源对

周边绩效的影响显著，而在女教师组，组织管理压力源对周边绩效影响不显著。男教师组的判别系数和回归系数明显高于女教师组，说明男教师组的组织管理压力源对周边绩效更具有预测力。

表 4.27 人口统计学变量对压力源与周边绩效关系分组检验

压力源※人口统计学变量		周边绩效			
		R^2	Beta	T	Sig.
组织管理※性别	男	.058	.241	3.843	.000
	女	.010	.102	1.585	.114
绩效考核※教育程度	本科及以下	.014	.117	.955	.343
	硕士	.003	.051	.704	.482
	博士	.033	.181	2.728	.007
职业发展※教育程度	本科及以下	.031	.176	1.450	.152
	硕士	.036	.189	2.679	.008
	博士	.005	.071	1.061	.290
职业发展※学校	研究型	.003	−.057	−.650	.517
	研教教研型	.030	.172	2.696	.008
	教学型	.030	.174	1.853	.067
绩效考核※学科	理科	.060	.246	3.991	.000
	文科	.002	−.043	−.647	.518
职业发展※学科	理科	.013	.116	1.834	.068
	文科	.025	.146	2.249	.025

不同教育程度组的绩效考核压力源对周边绩效的影响具有显著差异，本科及以下组、硕士组和博士组的判别系数 R^2 和回归系数 Beta 分别是 0.014，0.117，$p > 0.05$；0.003，0.051，$p > 0.05$；0.033，0.181，$p < 0.01$，博士组的判别系数和回归系数明显高于另外两组，回归方程达到显著水平，说明博士组教师绩效考核压力源对周边绩效影响更显著。

不同教育程度组的职业发展压力源对周边绩效的影响具有显著差异，本科及以下组、硕士组和博士组的判别系数 R^2 和回归系数 Beta 分别是 0.031，0.176，$p > 0.05$；0.036，0.189，$p < 0.01$；0.005，0.071，$p > 0.05$，硕士组的判别系数和回归系数明显高于另外两组，回归方程达到显著水平，说明硕士组的职业发展压力源对周边绩效影响更显著。

不同学校组的职业发展压力源对周边绩效的影响具有显著差异，研究型、研究教学和教学研究型、教学型的判别系数 R^2 和回归系数 Beta 分别是 0.003，-0.057，$p > 0.05$；0.030，0.172，$p < 0.01$；0.030，0.174，$p > 0.05$，研究教学和教学研究型大学的判别系数和回归系数明显高于另外两组，回归方程达到显著水平，说明研究教学和教学研究型大学的职业发展压力源对周边绩效影响更显著。

不同学科组的绩效考核压力源对周边绩效的影响具有显著差异，理科组和文科组的判别系数 R^2 和回归系数 Beta 分别是 0.060，0.246，$p < 0.001$；0.002，-0.043，$p > 0.05$，理科组的判别系数和回归系数明显高于文科组，回归方程达到显著水平，说明理科教师绩效考核压力源对周边绩效影响更显著。

不同学科组职业发展压力源对周边绩效的影响具有显著差异，理科组和文科组的判别系数 R^2 和回归系数 Beta 分别是 0.013，0.116，$p > 0.05$；0.025，0.146，$p < 0.05$，文科组的判别系数和回归系数明显高于理科组，回归方程达到显著水平，说明文科组教师职业发展压力源对周边绩效影响更显著。

（二）人口统计学变量对压力源与教学绩效关系的调节作用检验

第一步以人口统计学变量为自变量，教学绩效为因变量，进行回归分析；第二步以人口统计学变量和五维压力源为自变量，教学绩效为因变量，进行回归分析；第三步再加入人口统计学变量与压力源各维度乘积显著的新变量进行回归分析。

由表 4.28 第二步结果可知，组织管理压力源对教学绩效影响达到显著水平；由第三步结果可知，性别变量在组织管理压力源与教学绩效关系中调节作用显著。通过回归分析进一步检验交互项对压力源与周边绩效的调节作用。

表 4.28　人口统计学变量对压力源与教学绩效关系的调节作用检验

自变量		标准回归系数		
教学绩效		第一步	第二步	第三步
第一步	R1	$-.001$	.016	.016
	R2	.126	.094	.094
	R3	$-.211^{***}$	$-.197^{***}$	$-.197^{***}$
	R4	.124	.102	.102
	R5	.027	.014	.007
	R6	.066	.072	.077

自变量		标准回归系数		
教学绩效		第一步	第二步	第三步
	R7	- . 046	- . 034	- . 043
	R8	. 142 **	. 114 *	. 126 **
第二步	STR1		- . 121	- . 104
	STR2		. 141 *	. 147 *
	STR3		. 040	. 022
	STR4		. 078	. 072
	STR5		. 034	. 034
第三步	STR1 × R1			- . 029
	STR2 × R1			- . 121 *
	STR3 × R1			- . 043
	STR4 × R1			. 028
	STR5 × R1			. 111
Adjusted R^2		. 091 ***	. 109 ***	. 114 ***
ΔR^2			. 018	. 005

表 4.29 显示，不同性别组的组织管理压力源对教学绩效的影响具有显著差异，男教师组和女教师组的判别系数 R^2 和回归系数 Beta 分别是 0.066，0.258，$p < 0.001$；0.023，0.153，$p < 0.05$，男教师组的判别系数和回归系数明显高于女教师组，说明男教师组的组织管理压力源对教学绩效影响更显著，更具有预测力。

表 4.29　人口统计学变量对压力源与教学绩效关系分组检验

压力源※人口统计学变量		教学绩效			
		R^2	Beta	T	Sig.
组织管理※性别	男	. 066	. 258	4. 130	. 000
	女	. 023	. 153	2. 397	. 017

（三）人口统计学变量对压力源与科研绩效关系的调节作用

第一步以人口统计学变量为自变量，科研绩效为因变量，进行回归分析；第二步以人口统计学变量和五维压力源为自变量，科研绩效为因变量，进行回归分析；第三步再加入人口统计学变量与压力源各维度乘积显著的新变量进行回归分析。

由表4.30第二步结果可知，角色职责压力源对科研绩效影响达到显著水平；由第三步结果可知，学校变量在工作保障压力源与科研绩效关系中调节作用显著。通过回归分析进一步检验交互项对压力源与周边绩效的调节作用。

表4.30　人口统计学变量对压力源与科研绩效关系的调节作用检验

自变量		标准回归系数		
科研绩效		第一步	第二步	第三步
第一步	R1	−.051	−.041	−.037
	R2	.073	.044	.053
	R3	−.056	−.047	−.047
	R4	.034	.030	.027
	R5	.127*	.122*	.118*
	R6	.086	.090	.101
	R7	−.152**	−.144**	−.152**
	R8	−.100*	−.116*	−.112*
第二步	STR1		−.119	−.129
	STR2		.052	.035
	STR3		−.004	−.013
	STR4		.022	.046
	STR5		.135*	.150*
第三步	STR1 × R7			−.044
	STR2 × R7			.083
	STR3 × R7			−.006
	STR4 × R7			−.151*
	STR5 × R7			.069
Adjusted R^2		.107***	.112***	.118***
ΔR^2			.005	.006

表4.31显示，不同类型学校工作保障压力源对科研绩效的影响具有显著差异，研究型、研究教学和教学研究型、教学型大学的判别系数 R^2 和回归系数 Beta 分别是 0.031，0.176，$p < 0.05$；0.011，0.103，$p > 0.05$；0.010，−0.102，$p > 0.05$，研究型大学的判别系数和回归系数明显高于另外两组，回归方程达到显著水平，说明研究型大学的工作保障压力源对科研绩效的影响更具有预测力。

假设 4-8 检验结果：部分人口统计学变量对工作压力源与工作绩效的关系具有调节作用。假设 4-8 部分通过验证。

表4.31 人口统计学变量对压力源与科研绩效关系分组检验

压力源※人口统计学变量		科研绩效			
		R^2	Beta	T	Sig.
工作保障※学校	研究型	.031	.176	2.031	.044
	研究教学、教学研究型	.011	.103	1.603	.110
	教学型	.010	-.102	-1.072	.286

四、工作压力源与工作绩效关系假设验证结果

通过上述的分析，对假设进行了一系列的验证，结果汇总（表4.32）。综合以上分析，大学教师工作压力源对工作绩效既有直接的正向影响，也通过组织支持感、工作满意度、自我效能感和应对策略间接影响工作绩效，工作压力源对工作绩效影响关系的路径图见4.5～4.7。

表4.32 第五章假设检验结果一览表

假设	假设内容	验证结果
H4-1	工作压力源及各维度对工作绩效具有直接影响	通过检验
H4-2	工作满意度对工作压力源与工作绩效的关系具有调节作用	部分通过检验
H4-3	组织支持感对工作压力源与工作绩效关系具有调节作用	大部分通过检验
H4-4	组织支持感通过工作满意度的中介作用，提高工作绩效	部分通过检验
H4-5	自我效能感对工作压力源与工作绩效的关系具有调节作用	部分通过检验
H4-6	自我效能感通过应对策略的中介作用，对工作绩效产生积极作用	部分通过检验
H4-7	应对策略对工作压力源与工作绩效的关系具有调节作用	部分通过检验
H4-8	人口统计学变量对压力源与工作绩效的关系具有调节作用	部分通过检验

第六节 工作压力源与相关变量对工作绩效的预测作用比较

一、工作压力源与组织行为学变量对工作绩效的预测作用比较

（一）工作压力源与组织支持感比较

为了就组织支持感与工作压力源对工作绩效的预测作用进行比较，以工作绩效三个维度分别作为因变量，以五维工作压力源和组织支持感作为自变量按照不同顺序进入回归方程，进行了新的分层多元回归分析。同样的因变量，在第一个回归方程中，自变量进入回归方程的顺序依次为控制变量、五维工作压

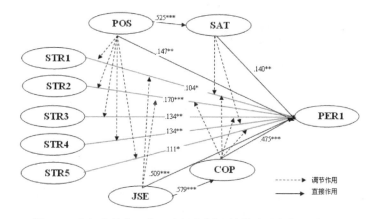

图4.5 中间变量在工作压力源与周边绩效关系中作用路径图

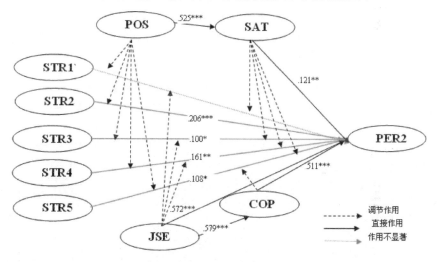

图4.6 中间变量在工作压力源与教学绩效关系中作用路径图

力源和组织支持感;第二个回归方程中,自变量进入回归方程的顺序依次为控制变量、组织支持感和五维工作压力源。

表4.33(1)(3)显示,五维工作压力源在组织支持感基础上,对周边绩效和科研绩效的解释率都增加了1.4%,而组织支持感在五维工作压力源基础上,对周边绩效和科研绩效的解释率增加了4.0%与6.5%,说明组织支持感相对工作压力源而言,对大学教师的周边绩效和科研绩效更具预测力。表(2)显示,五维工作压力源在组织支持感基础上,对教学绩效的解释率增加了2.5%;组织支持感在五维工作压力源基础上,对教学绩效的解释率增加

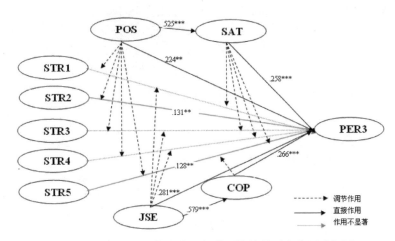

图 4.7 中间变量在工作压力源与科研绩效关系中作用路径图

1.2%，说明工作压力源相对组织支持感而言，对大学教师的教学绩效更具预测力。

表 4.33 工作压力源与组织支持感对工作绩效的预测作用比较

输入的变量	（1）周边绩效			（2）教学绩效			（3）科研绩效		
	Adj R²	△R²	F	Adj R²	△R²	F	Adj R²	△R²	F
第一步：控制变量	.067		5.357	.091		7.011	.107		8.241
第二步：加入五维压力源	.078	.011	4.137	.109	.018	5.551	.112	.005	5.695
第三步：加入组织支持感	.118	.040	5.600	.121	.012	5.749	.177	.065	8.393
第一步：控制变量	.067		5.357	.091		7.011	.107		8.241
第二步：加入组织支持感	.094	.027	6.540	.096	.005	6.659	.163	.056	11.392
第三步：加入五维压力源	.118	.014	5.600	.121	.025	5.749	.177	.014	8.393

注：F 值 P < 0.001，下同

（二）工作压力源与工作满意度比较

为了就工作压力源与工作满意度对工作绩效的预测作用进行比较，以工作绩效三个维度分别作为因变量，以五维工作压力源和工作满意度作为自变量，按照不同顺序进入回归方程，进行了新的分层多元回归分析。同样的因变量，在第一个回归方程中，自变量进入回归方程的顺序依次为控制变量、五维工作压力源和工作满意度；第二个回归方程中，自变量进入回归方程的顺序依次为控制变量、工作满意度和五维工作压力源。

表4.34（1）（2）显示，五维工作压力源在工作满意度基础上，对周边绩效和教学绩效的解释率分别增加了3.5%与4.1%；而工作满意度在五维工作压力源基础上，对周边绩效和教学绩效的解释率分别增加了4.2%和4.3%，说明工作满意度和工作压力源对大学教师的周边绩效和教学绩效预测力相当。表（3）显示，五维工作压力源在工作满意度基础上，对因变量变异的解释率增加了2.9%；工作满意度在五维工作压力源基础上，对因变量变异的解释率增加了8.1%，说明工作满意度相对工作压力源而言，对大学教师的科研绩效更具预测力。

表4.34　工作压力源与工作满意度对工作绩效的预测作用比较

输入的变量	（1）周边绩效			（2）教学绩效			（3）科研绩效		
	Adj R^2	$\triangle R^2$	F	Adj R^2	$\triangle R^2$	F	Adj R^2	$\triangle R^2$	F
第一步：控制变量	.067		5.357	.091		7.011	.107		8.241
第二步：加入五维压力源	.078	.011	4.137	.109	.018	5.551	.112	.005	5.695
第三步：加入工作满意度	.120	.042	5.750	.150	.041	7.089	.193	.081	9.215
第一步：控制变量	.067		5.357	.091		7.011	.107		8.241
第二步：加入工作满意度	.085	.018	5.961	.107	.016	7.421	.164	.057	11.489
第三步：加入五维压力源	.120	.035	5.750	.150	.043	7.089	.193	.029	9.215

二、工作压力源与个体特质变量对工作绩效的预测作用比较

（一）工作压力源与自我效能感比较

为了就工作压力源与自我效能感对工作绩效的预测作用进行比较，以工作绩效三个维度分别作为因变量，以五维工作压力源和自我效能感作为自变量按照不同顺序进入回归方程，进行了新的分层多元回归分析。同样的因变量，在第一个回归方程中，自变量进入回归方程的顺序依次为控制变量、五维工作压力源和自我效能感；第二个回归方程中，自变量进入回归方程的顺序依次为控制变量、自我效能感和五维工作压力源。

表4.35显示，五维工作压力源在自我效能感基础上，对周边绩效、教学绩效和科研绩效的解释率分别增加了1.5%、1.1%和0；而自我效能感在五维工作压力源基础上，对周边绩效、教学绩效和科研绩效的解释率分别增加了29.7%、26.8%和6.5%，说明自我效能感相对压力源而言，对大学教师的工

作绩效各维度预测力更显著。

表4.35　工作压力源与自我效能感对工作绩效的预测作用比较

输入的变量	(1) 周边绩效			(2) 教学绩效			(3) 科研绩效		
	Adj R^2	△R^2	F	Adj R^2	△R^2	F	Adj R^2	△R^2	F
第一步：控制变量	.067		5.357	.091		7.011	.107		8.241
第二步：加入五维压力源	.078	.011	4.137	.109	.018	5.551	.112	.005	5.695
第三步：加入自我效能感	.304	.297	16.012	.377	.268	21.871	.177	.065	12.492
第一步：控制变量	.067		5.357	.091		7.011	.107		8.241
第二步：加入自我效能感	.289	.222	22.806	.366	.275	31.885	.177	.070	12.492
第三步：加入五维压力源	.304	.015	16.012	.377	.011	21.871	.177	.000	12.492

（二）工作压力源与应对策略比较

为了就工作压力源和应对策略对工作绩效的预测作用进行比较，以工作绩效三个维度分别作为因变量，以五维工作压力源和应对策略作为自变量按照不同顺序进入回归方程，进行了新的分层多元回归分析。同样的因变量，在第一个回归方程中，自变量进入回归方程的顺序依次为控制变量、五维工作压力源和应对策略；第二个回归方程中，自变量进入回归方程的顺序依次为控制变量、应对策略和五维工作压力源。

表4.36显示，五维工作压力源在应对策略基础上，对周边绩效、教学绩效和科研绩效的解释率分别增加了1.5%、11.3%和0.4%；而应对策略在五维工作压力源基础上，对周边绩效、教学绩效和科研绩效的解释率分别增加了20.3%、24.2%和6.6%，说明应对策略相对压力源而言，对大学教师的工作绩效各维度预测力更显著。

表4.36　工作压力源与应对策略对工作绩效的预测作用比较

输入的变量	(1) 周边绩效			(2) 教学绩效			(3) 科研绩效		
	Adj R^2	△R^2	F	Adj R^2	△R^2	F	Adj R^2	△R^2	F
第一步：控制变量	.067		5.357	.091		7.011	.107		8.241
第二步：加入五维压力源	.078	.011	4.137	.109	.018	5.551	.112	.005	5.695
第三步：加入应对策略	.281	.203	14.461	.351	.242	19.630	.178	.066	8.437
第一步：控制变量	.067		5.357	.091		7.011	.107		8.241
第二步：加入应对策略	.266	.199	20.394	.329	.238	27.204	.174	.067	12.304
第三步：加入五维压力源	.281	.015	14.461	.351	.113	19.630	.178	.004	8.437

（三）工作压力源与压力反应比较

为了就工作压力源与压力反应对工作绩效的预测作用进行比较，以工作绩效三个维度分别作为因变量，以五维工作压力源和压力反应作为自变量按照不同顺序进入回归方程，进行了新的分层多元回归分析。同样的因变量，在第一个回归方程中，自变量进入回归方程的顺序依次为控制变量、五维工作压力源和压力反应；第二个回归方程中，自变量进入回归方程的顺序依次为控制变量、压力反应和五维工作压力源。

表 4.37 显示，五维工作压力源在压力反应基础上，对周边绩效、教学绩效和科研绩效的解释率分别增加了 1.8%、3.0% 和 0.8%；而压力反应在五维工作压力源基础上，对周边绩效、教学绩效和科研绩效的解释率分别增加了 10.6%、7.3% 和 10%，说明压力反应相对压力源而言，对大学教师的工作绩效各维度更有显著的预测力。

表 4.37 工作压力源与压力反应对工作绩效的预测作用比较

输入的变量	（1）周边绩效			（2）教学绩效			（3）科研绩效		
	Adj R^2	$\triangle R^2$	F	Adj R^2	$\triangle R^2$	F	Adj R^2	$\triangle R^2$	F
第一步：控制变量	.067		5.357	.091		7.011	.107		8.241
第二步：加入五维压力源	.078	.011	4.137	.109	.018	5.551	.112	.005	5.695
第三步：加入压力反应	.184	.106	7.780	.182	.073	7.711	.122	.010	5.191
第一步：控制变量	.067		5.357	.091		7.011	.107		8.241
第二步：加入压力反应	.166	.099	9.728	.152	.081	8.856	.114	.007	6.640
第三步：加入五维压力源	.184	.018	7.780	.182	.030	7.711	.122	.008	5.191

结论：组织支持感、自我效能感、应对策略和压力反应相对工作压力源而言，对工作绩效三个维度更具预测力；工作满意度与工作压力源相比，两者对周边绩效和教学绩效预测力相当，对大学教师的科研绩效则是工作满意度更具预测力。

第七节　研究结果的分析与讨论

一、本章研究结果

在工作压力结构与现状分析的基础上，本章主要探索工作压力源对工作绩效的影响机制。通过对 483 份问卷数据的统计分析，研究结论如下：

1. 大学教师工作绩效现状

大学教师工作绩效较高，其中周边绩效均值最高，居第二位的是教学绩效，科研绩效最低。总体上看，大学教师工作绩效与年龄、教龄和职称呈正相关，学术地位和职称越高，业绩和学术水平也相对较高，青年教师工作绩效相对较低。不同人口统计学变量的教师工作绩效存在显著差异。

2. 工作压力源对工作绩效的直接影响

整体工作压力源与整体工作绩效呈显著正相关，压力源各维度与工作绩效各维度关系强弱和方向都不一致，这支持了近期压力源与工作绩效的研究结论。对整体工作绩效和周边绩效最具有预测作用的变量是组织管理压力源；绩效考核和组织管理压力源对教学绩效预测作用显著，但绩效考核压力源与教学绩效呈负相关；对科研绩效预测显著的是职业发展和角色职责压力源，但职业发展压力源与科研绩效呈负相关。

3. 中间变量在压力源与工作绩效关系中的调节作用

组织支持感在部分压力源维度与工作绩效关系中具有调节作用，并通过工作满意度对科研绩效产生积极影响；工作满意度在压力源部分维度与工作绩效关系中具有调节作用；自我效能感对压力源部分维度与工作绩效关系具有调节作用，并通过积极应对策略的中介作用，提高了周边绩效和教学绩效；应对策略在压力源部分维度与工作绩效关系中具有调节作用。

4. 人口统计学变量在压力源与工作绩效关系中的调节作用

性别、教育程度、学校和学科变量在压力源部分维度与工作绩效关系中具有调节作用。性别变量对组织管理压力源与周边绩效和教学绩效关系具有调节作用；教育程度变量对绩效考核压力源与周边绩效关系具有调节作用；学校变量对职业发展压力源与周边绩效关系、工作保障压力源与科研绩效关系具有调节作用；学科变量对绩效考核、职业发展压力源与周边绩效关系具有调节作用。

5. 工作压力源与组织行为学和个体特质变量对工作绩效的预测作用比较

组织支持感、自我效能感、应对策略和压力反应相对工作压力源而言，对大学教师的工作绩效三个维度更具预测力；工作满意度与工作压力源相比，对大学教师的周边绩效和教学绩效预测力相当，但对大学教师的科研绩效更具预测力。

综合以上分析，大学教师压力源对工作绩效，既有直接影响，也通过组织支持感、工作满意度、自我效能感和应对策略间接影响工作绩效，部分人口统计学变量在压力源和工作绩效关系中具有调节作用。

二、研究讨论

1. 大学教师工作压力源绩效属性分析

工作压力源各维度与工作绩效各维度的关系强弱和方向都不一致。产生差异的原因可能与工作压力感的强度、工作压力源属性有关，不同强度和性质的压力源对大学教师的工作绩效产生了不同的影响。耶基斯和多德森著名的倒 U 型关系法则，强调人们在面对太小或太大压力时，工作绩效都不是很理想，只有在受到适度压力驱动时，才能使工作效率达到颠峰状态，而且这一法则也强调同样的压力对简单工作和复杂工作的绩效影响不同；塞利的良性压力和劣性压力划分、卡瓦诺挑战性压力和阻断性压力划分、许小东内源压力与外源压力划分，均得到本研究的支持。

（1）积极压力源

从回归分析结果看，本研究的组织管理压力源对周边绩效和教学绩效都是促进作用，属于良性压力源，说明教师对大学组织有很强的认同感和归属感。目前大学改革在不断"去行政化"，向"学术化"方向发展，将会对教师的绩效有更大的促进作用。

角色职责压力源对科研绩效影响是正向的，属于积极压力源。社会对大学教师的高期望、大学对教师的高要求、学生对教师的高期待，都使大学教师面临高"质"和高"量"的角色压力。角色要求与大学教师高成就动机的特点相结合，促进了工作绩效的提高。目前大学的考核标准主要以量化科研成果为主，角色压力源最明显的作用是促进了科研绩效的提高。与国内研究结论"内源压力对高校教师工作绩效有显著的正向影响"具有内在一致性。

（2）消极压力源

绩效考核压力源对工作绩效的影响是负向的，属于消极压力源。绩效考核压力对教学绩效的负面影响达到统计学上的显著水平。自从德国洪堡于 1810年确立"教学与科学研究相结合"的大学理念以来，面向学生主体的教学与面向教师主体的科研就一直成为高等学校的两大传统职能，左右了此后世界各国高等教育发展的价值取向。然而，从我国目前的评价体制来看，在各种面向教师的考核与评价活动中，无论是职称评审、任职考核、绩效评定、人才层次划分，还是利益分配的办法，科研成果权重远远超过了教学的份额，这造成了我国目前教学与科研失衡的关系，形成重科研、轻教学的局面。

职业发展压力源对科研绩效的影响是负面的，前面单因素方差分析表明，职业发展压力感最大的群体是处于职业生涯初期的青年教师，他们面对知识更新的压力、应对资源的不足、培训进修机会的缺乏、进修学习与工作负担等种种冲突和矛盾，职业发展压力感最大，影响了工作绩效的提高，对科研绩效造成显著的负面影响。

2. 组织支持感高分组工作压力源对工作绩效的预测力减弱原因分析

本研究发现，在组织支持感低分组，工作压力源对工作绩效的预测力要高于组织支持感高分组，在组织支持感高分组，工作压力源对工作绩效的影响力减弱或者不显著，与已有的研究结论相反。进一步研究发现，组织支持感高分组的教师，自我效能感、应对策略和对工作的满意度都显著高于低分组教师，说明高分组教师应对资源丰富，工作能力强，促进了工作绩效的提高，所以压力源对工作绩效的促进作用有限。而低分组教师，感到来自组织的支持缺乏，工作满意度低，自身应对压力的能力弱，缺乏更多的应对资源缓解压力、提高绩效，所以压力源与工作绩效的相关性更显著。

3. 工作满意度的调节作用分析

本研究主要测量整体工作满意度，从工作满意度对压力源与工作绩效的调节作用来说，只有对绩效考核和工作保障满意，才会促进更多的关心组织的行为，即周边绩效提高；绩效考核、工作保障、职业发展和角色职责方面的改善，将有利于满意度的提高和教学绩效的增长；如果对组织管理满意，将会促进科研绩效提高。研究者普遍认为，基于交换理论，高满意度的员工必然会很好地完成本职工作，并倾向于表现出较多的组织公民行为，特别是当员工认为雇佣关系是建立在信任、共同价值观和承诺的基础上时，他们会更有可能表现出这些行为。目前的大学人事和分配制度改革，着眼点是通过调动教师的积极性、主动性和创造性，提高个人和组织的绩效，最终目的是促进大学的长远发展。研究表明，大学人事制度改革如果更契合教师的利益，教师就会对组织保持信任，与组织的目标保持一致，压力感就越低，满意度会提高，从而促进工作绩效提高。

4. 自我效能感的调节作用分析

研究发现，自我效能感高分组教师的工作绩效明显高于低分组。再将相关压力源维度按压力感均值分为高低两组，发现两组的自我效能感水平接近，说明自我效能感对压力源与工作绩效关系的作用机制是：不一定能调适压力感，但是能提高工作绩效。大学教师工作的高要求，对多数教师都会带来压力感，对于自我效能感高的教师而言，不管是良性压力还是劣性压力，如果认为能促进自己的职业生涯发展，就会调动自己的应对资源，积极投入工作，在高挑战性、高压力感情况下，反而会有自我突破，产生成就感。对于自我效能感低的教师来说，自我怀疑，不相信自己有足够的能力应付压力，更倾向把压力看作是阻碍自己职业发展的障碍，产生消极情绪和行为，对组织不满，从而影响工作绩效提高。

5. 积极应对策略的调节作用分析

研究表明应对策略的调节机制是：对压力感没有明显的调适作用，但能提高工作绩效。应对策略高分组的教师，同时也是高组织支持感、高自我效能感、高工作满意度的教师，说明应对策略高分组教师更有能力和资源应对压力，提高工作绩效。从目前关于应对的研究成果看，有关应对策略与个性的关系，很多学者认为存在一些与个性特质有关的、相对稳定的和习惯化了的应对风格。较多采用积极应对策略的教师，认为工作压力能促进自己的职业生涯发展，认可组织的管理措施，倾向采用更积极的态度和行为，调动更多的应对资源，包括增加自己的工作能力和信心、寻求社会支持等方法，应对压力，消极的压力反应减弱，对组织的满意度提高，工作绩效提高；较少采用积极应对策略的教师，倾向逃避压力，在态度和行为上更消极一些，容易对组织不满，导致工作绩效降低。

第五章

工作压力源对离职倾向的影响机制

高校教师保持一定比例的离职率是十分必要和有益的，它可以加快组织成员的新陈代谢，提高工作效率和工作业绩。然而，如果离职率过高特别是骨干教师离职率超过了高校的最大期望值，则意味着高校核心竞争能力的丧失，并损害组织其他成员的士气甚至影响高校的发展战略。关于工作压力与离职倾向的关系在学术界还存在争议。有学者认为，工作压力是通过一些态度变量对离职产生间接影响。也有学者认为，离职倾向是工作压力的直接后果。目前对于二者关系的实证研究相对较少，以大学教师为样本的研究还极为少见。本章主要探讨以下三个问题：第一，工作压力源对离职倾向的直接预测作用；第二，检验中间变量和人口统计学变量对工作压力源与离职倾向关系的调节作用；第三，工作压力源与组织行为学和个体特质相关变量对离职倾向的预测作用比较。

第一节　离职倾向相关理论

一、离职倾向概念

"离职"这个概念的英文原称是"Turnover"，国内一些学者最初将其翻译为"流失"，后逐渐趋向于采用"离职"。但"离职"是一个中性词，并没有内在的负面意思。波特和斯蒂尔斯（Porter & Steers，1973）认为"离职倾向"是当员工经历了不满意以后的下一个退缩行为。莫布雷（Mobley）给出了一个狭义的定义："从组织中获取物质收益的个体终止其组织成员关系的过程"[1]。在国内，研究离职的多数学者都使用这一定义。

---

[1] Mobley W. H. , Homer S. O. , Hollingworth A. T. , "An evaluation of precursors of hospital employee turnover," *Journal of Applied Psychology* , Vol63 , No. 4 , 1978 , pp. 408-414.

从类型上来看，雇员离职一般可以分为两种，主动离职和被动离职。主动离职是指由雇员本人做出离职决定，包括所有形式的辞职；被动离职是指由组织做出辞退雇员（如裁员等）的决策，包括解雇、开除等各种形式。对于组织的管理者而言，被动离职一般来说是确定的，可以被组织所控制，但是主动离职却往往是事先不可预测的，也是难以控制的。因此，这两种类型的离职对组织的影响也是不同的，大量的主动离职给组织带来的不利影响更加显著。正因如此，离职研究的学者们更多关注的是主动离职的影响因素及其作用机制。本书中的"离职"均指"主动离职"。员工的离职又分为离职倾向和实际的离职行为。本书研究的是离职倾向，指大学教师对于离职及离职行为的意向或者态度。

二、影响离职倾向的因素

雇员离职研究的历史可以追溯到 20 世纪初。最早主导这一研究领域的是经济学家，主要考察工资、劳动力市场结构、失业率等宏观因素对雇员离职的影响。从 20 世纪 70 年代开始工业心理学家对雇员离职进行研究。雇员离职研究发展至今已成为组织行为学中一个重要的研究领域，并形成了专门的"离职学术圈"。

（一）国外关于离职倾向影响因素的研究

研究初期，学者们的主要精力大多集中于寻求离职影响因素上，相关成果构成离职内容理论。随后，在此基础上的决策研究则构成了离职过程理论。离职内容理论主要探讨影响离职的各种不同因素。迄今为止，人们对离职影响因素的概括还没有得出公认的结论。其中穆契斯基和莫罗（Muchinsky & Morrow，1980）的概括更容易被接受，他们将离职影响因素划分成三个维度：工作关系因素、经济机会因素和个人因素①。工作关系因素反映了组织对离职的影响，经济机会因素反映了劳动力市场规律对离职的影响，个人因素反映了个人背景差异对离职的影响。具体来说，工作关系因素包括三个方面：组织因素（组织政策与实践、激励与报酬、组织氛围、晋升机会、工作群体、上下级关系、工作内容），组织因素导致的个人态度，态度导致的行为；经济机会因素主要指劳动力市场因素；个人因素即员工个体差异，包括个性特征、职业特征和生活特征等因素。

---

① Muchinsky P. M., Morrow P. C., "A multidisciplinary model of voluntary employee turnover," *Journal of Vocational Behavior*, Vol17, No. 3, 1980, pp. 263-290.

由于影响雇员离职的因素是多种多样的，一些学者将研究的重心放在模型的构建上，提出多种雇员离职动因模型。其中，莫布雷中介链（1979）模型①、斯蒂尔斯和默德（Steers & Mowday，1981）模型②，谢里丹和阿贝尔森（Sherid & Abelson，1983）的"尖峰突变"模型③，以及普莱士-穆勒（Price-Mueller，2000）模型④是具有代表性的模型。在这些离职动因模型中，涉及较多的组织行为学变量主要有组织特征、工作满意度、组织承诺、工作参与度、组织公正和工作压力等。

1. 扩展的莫布雷（1979）中介链模型

许多研究都发现工作满足程度和人员流出之间呈负相关关系，而且，两者的负相关性是一贯的。莫布雷认为，应该研究发生在雇员工作满足与实际流出之间的行为和认知过程，并用这种研究来代替对工作满足程度与流出关系的简单复制。莫布雷和他的同事在1979年构造出一个较为复杂和全面的雇员离职过程模型，将一些可能的中介变量加入到工作满足与流出之间的关系中，以尽可能地捕捉影响雇员离职的各种复杂因素。这一模型强调将流出作为一个选择过程，并对于"把工作满足与流出的关系直接作为雇员流出的先兆的论点"提出质疑。莫布雷模型已有部分验证和整体的探讨，且大都得到显著的支持。

2. 斯蒂尔斯和莫布雷（1981）模型

斯蒂尔斯和莫布雷（1981）模型是在普莱士（1977）、莫布雷（1979）模型的基础上发展起来的，主要目标同样是在寻找影响雇员离职的主要变量并考察他们在离职过程中的关系。该模型指出以下变量的变化顺序导致雇员在组织中的去与留：工作期望和工作价值影响雇员对工作的主观态度；主观态度影响离职或留下的意图，同时需要考虑诸如配偶工作和留给家庭的时间等一系列非工作因素的影响；离开组织的意图导致实际的离职行为。需要特别注意的是，以上变量的变化顺序可能因个体的不同而有差异。斯蒂尔斯和默德模型清晰地

① Mobley W. H.，R. Griffeth W.，Hand H. H.，"Review and conceptualanalysis of the employee turnover process，" *Psychological Bulletin*，Vol86，No3，1979，pp. 493-522.

② Steers R. M.，Mowday R. T.，Employee turnover and post-decision accommodation Process. In BM Staw & LL Cummings（Eds.），*Research in Organizational Behavior*，Greenwich Conn.：JAI Press，1981，pp. 235-281.

③ SheridanJ. E.，AbelsonM. A.，"Cusp-catastrophe model of employee turnover，" *Academy of Management Journal*，Vol 26，No. 3，1983，pp. 418-436.

④ Price J. L.，"Introduction to the special issue on employee turnover，" *Human Resource Management Review*，Vol10，No. 9，1999，pp. 387-396.

指出了工作和组织有用信息在雇员离职过程中的作用，比起以前的研究它更强调工作变量对离职意图的影响。

3. 谢里丹和阿贝尔森（1983）模型

谢里丹和阿贝尔森（1983）尖峰突变（Cusp-catastrophe）模型（图5.1）引入了突变因子：不可预测因子（不可避免因子）的考虑——企业对于离职的不可控性。其理论基础是非线性的突变理论。在描述离职过程时，用水平面上两根轴分别表示工作紧张度和组织承诺度，称为控制变量，纵轴表示行为变量。对于控制平面上的每个点，至少存在一个最可能的行为，即得到一个行为点，这些行为点组成行为曲面。在一定情况下，控制变量的微小变化均可能导致状态变量的急剧突变，表现为雇员的离职行为。该模型用于预测的变量太少，没有考虑到非工作因素对离职的影响，但是，有助于对离职行为进行解释和理解。

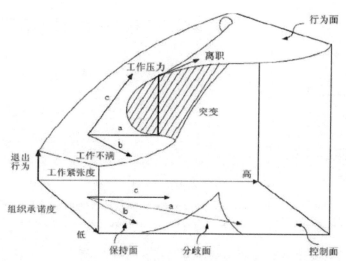

图5.1　谢里丹和阿贝尔森（1983）尖峰突变模型

资料来源：Sheridan J. E., Abelson M. A., "Cusp-catastrophe model of employee turnover," *Academy of Management Journal*, Vol 26, No. 3, 1983, pp. 418-436.

4. 普莱士—穆勒（2000）模型

早在1977年普莱士就提出了普莱士和穆勒模型，这个模型以期望理论为基础，整合了经济学、社会学和心理学等的相关理论，用以解释离职行为。以后该模型经历过多次重要的修订，每一次修订都以前一个模型作为基础，引入实证研究发现新的离职决定变量，最后形成普莱士和穆勒（2000）模型（图

5.2）。该模型认为，员工工作满意程度是导致员工离职的重要因素。工作满意度和其他工作机会是薪资、融合性、交流媒介及手段、正式沟通、集中化与自愿离职的中介变量。其中仅集中化与工作满意度呈负相关，其余四个变量皆与工作满意度呈正相关。这五个前导变量会导致个人产生不同层次的工作满意度，当员工的工作满意度下降且组织外工作机会相对较高时，员工离职才会发生。这个模型特别强调变量间的因果关联，而非单纯的相关关系。

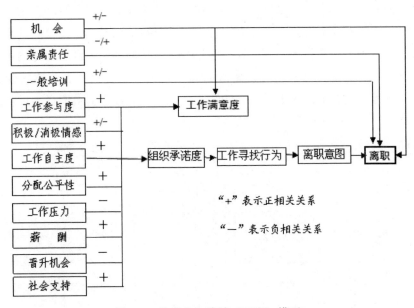

图 5.2 普莱士和穆勒（2000）模型

资料来源：Price J. L. , "Introduction to the special issue on employee turnover," *Human Resource Management Review*, Vol 10, No. 9, 1999, pp. 387-396.

（二）国内关于离职倾向影响因素的研究

目前我国学者对员工离职的研究还处于起步阶段。张勉等（2003）通过个人访谈和小组访谈对 IT 企业雇员离职的影响因素进行了探讨和分析。研究发现，雇员离职一般性的原因可以归纳为薪酬、管理和个人因素三个方面，一些特质性的传统文化因素对主动离职存在影响，个人技术发展机会和职业发展方向是技术员工离职的特质性重要影响因素[①]。王玉芹、叶仁荪（2001）对我

---

① 张勉，李树茁：《雇员主动离职心理动因模型评述》，《心理科学进展》2002 年第 3 期，第 337-339 页。

国高新技术企业员工离职率较高的影响因素从内因、外因两个角度进行分析。他们认为，影响员工离职的内部因素主要包括员工对现有工作的满意度和员工需求期望的实现程度，员工个人特点和非工作因素等；影响员工离职的外部因素包括：劳动力市场供需状况、行业生命周期、员工离职的制度约束等[①]。赵西萍等（2003）通过问卷调查发现，工作满意感、工作压力感、组织承诺和经济报酬评价是影响员工离职的四个主要态度因子[②]。

本研究旨在探讨工作压力源对离职倾向的影响机制，以及与其他几种组织行为学变量和个体特质变量对于离职倾向预测力的比较，以期发现工作压力源与大学教师离职倾向是否存在显著相关，哪些是影响离职倾向的关键性因素。

第二节　研究假设

在本研究中，选取八个人口统计学变量作为控制变量、选取组织支持感、工作满意度、自我效能感和应对策略作为中间变量，探索工作压力源对离职倾向的具体影响机制。

一、工作压力源对离职倾向直接作用假设

有关工作压力与离职倾向的关系在第一章已经进行了阐述。虽然对二者的关系还存在争议，但多数研究者认为工作压力大容易导致员工产生离职倾向。这些理论认为，当个体意识到某种行为会产生不好的结果时，这种行为就不会被保持下去，将逃离这种环境。对于教师的工作压力对离职倾向的影响，许多学者认为工作环境中的一些因素包括工作压力在内对离职倾向具有正向影响。关于二者的作用机制，有学者认为，工作压力是通过一些态度变量对离职产生间接影响；也有学者认为，离职倾向是工作压力的直接后果。国内目前对于二者关系的实证研究相对较少，且较多是对护士和中小学教师的研究。以护理人员为对象，对离职意愿与工作压力进行了相关性探讨，多数研究结果发现两者呈正相关；以知识员工为样本，陈志霞（2006）研究发现工作压力越大，知

① 王玉芹，叶仁荪：《高科技企业员工离职模型》，《中国人力资源开发》2001年第10期，第19-21页。
② 赵西萍，刘玲：《员工离职倾向影响因素的多变量分析》，《中国软科学》2003年第3期，第71-74页。

识员工的离职倾向也相应较高①。

根据以上分析，推测大学教师的工作压力源会影响到离职倾向，压力感越大，离职倾向越高，所以提出假设 5-1。

假设 5-1：工作压力源及各维度与离职倾向呈显著正相关。

二、工作压力源与离职倾向关系的中间变量作用假设

（一）工作满意度的中介作用假设

在西方国家研究的文献中，对工作满意度与离职倾向之间的关系是探究较透彻的一个领域。很久以来工作满意度就被认为是解释离职倾向的一个重要变量，工作满意度在决定离职的要素中是最主要的。多数学者的研究发现，工作满意度与离职存在负相关，工作满意度是员工离职的先决条件，对工作的强烈不满会导致员工主动离职的行为。莫布雷（1977）研究证实满意度与离职是相关的，但发现工作不满意对离职的解释变异经常低于 16%②。赫尔曼（Hellman，1997）运用元分析研究方法对 1980-1993 年间公开发表的 50 项（总样本数为 18239）有关工作满意度与离职倾向的研究进行了统计分析，研究结果表明，工作满意度与离职倾向之间呈显著负相关③。为了研究工作满意度与离职倾向关系，一些学者还探讨了工作满意度与离职行为之间的一些其他中介变量。

根据以上分析，推测大学教师的工作满意度与离职倾向之间呈负相关，工作满意度在压力源与离职倾向关系中具有中介作用，所以提出假设 5-2。

假设 5-2：工作满意度对工作压力源与离职倾向关系具有中介作用。

（二）组织支持感的中介作用假设

艾伦（Allen）等人研究发现，组织支持感与离职意向以及一些实际上的消极行为（如消极怠工、缺勤以及自愿离职等）呈负相关。保持组织成员身份，高出勤率以及工作准时，是公认的与组织支持感互惠的行为，它也能增加

---

① 陈志霞：《知识员工组织支持感对工作绩效和离职倾向的影响》，2006 年华中科技大学博士学位论文。

② Muchinsky P. M., Morrow P. C., "A multidisciplinary model of voluntary employee turnover," *Journal of Vocational Behavior*, Vol17, No.3, 1980, pp. 263-290.

③ Hellman C. M., "Job satisfaction and intent to leave," *The Journal of Social Psychology*, Vol137, No.6, 1997, pp. 677-689.

员工对组织的感情承诺，从而减少消极行为①。马斯特森（Masterson）等人通过对美国一所大学的员工进行调查，发现组织支持会对员工工作满意度、组织导向的公民行为、组织承诺产生正向的影响，而对离职意愿产生负向的影响②。有学者研究表明，组织支持感与工作满意度呈显著正相关关系，工作满意度是离职倾向的重要预测变量，组织支持感通过工作满意度间接对离职倾向产生影响。我国学者研究发现，高校教师组织支持感与组织承诺呈显著的正相关，高校教师组织支持感对组织承诺均产生正向的预测作用，而许多研究表明组织承诺与离职倾向呈负相关关系。

根据以上分析，推测对于大学教师来说，组织支持感的提高，能增加工作的满意度，减弱压力感，更愿意留在组织，为组织做贡献，所以提出假设 5-3 和 5-4。

假设 5-3：组织支持感对工作压力源与离职倾向关系具有中介作用。

假设 5-4：组织支持感通过工作满意度的中介作用，能降低离职倾向。

（三）自我效能感的调节作用假设

许多研究认为，自我效能感在工作压力的作用过程中起到中介或缓冲作用。自我效能感能加强或削弱个体的动机水平，高自我效能感的人对环境中威胁的控制力有信心，对工作的控制感强，能坦然地面对出现的问题，愿意留在组织工作；而低自我效能感的人倾向于自我怀疑，对完成工作任务信心不足，应对资源缺乏，对同样的压力源会体验到更高的压力水平，更有可能选择逃避型的策略或者离开组织。国内以企业员工为样本的实证研究表明，自我效能感与离职倾向存在显著负相关关系。以教师为样本的研究发现，教学效能感在职业压力和职业倦怠之间可能具有调节作用，提高教学效能感可以减弱职业压力的影响。也有研究者认为，提高教学效能感更有助于教师应对自身所面临的诸多职业压力。

根据以上分析，推测自我效能感高的教师更可能选择积极策略应对压力，把压力看作是挑战，愿意留在组织；自我效能感低的教师面对压力源，更可能选择逃避型策略规避压力甚至离开组织，因此提出假设 5-5 和 5-6。

① Allen D. G., Shore L. M., Griffeth R. W., "The role of perceived organizational support and supportive human resource practices in the turnover process," *Journal of Management*, Vol29, No. 1, 2003, pp. 99-118.

② Rhoades L., Eisenberger R., "Perceived organizational support: A review of the literature," *Journal of Applied Psychology*, Vol87, No. 4, 2002, pp. 698-714.

假设 5-5：自我效能感对工作压力源与离职倾向的关系具有调节作用。

假设 5-6：应对策略对自我效能感与离职倾向关系具有中介作用。

（四）应对策略的调节作用假设

应对策略是压力应对过程的核心变量，是影响压力结果的关键因素，是调节压力源与压力结果之间关系的缓冲变量。研究发现，较多使用积极应对策略，如积极认知、直面挑战、改善压力源、寻求社会支持等，有助于缓和工作压力的结果，也能减轻某些负面情感，降低离职倾向；而逃避型（消极）的应对策略，使压力反应加重，更可能减弱工作动机，增加离职倾向。大学教师作为高端人才，成就动机强，重视个人的发展前途，如果应对能力和应对资源有限，面对压力源，更容易产生恐惧和不适，影响工作信心，更可能通过流动来实现自己的事业目标。

根据以上分析，推测应对策略在压力源与离职倾向关系中具有调节作用。较多采用积极应对策略的教师，工作更积极主动，离职倾向降低；较少使用积极应对策略的教师与此相反，因此提出假设 5-7。

假设 5-7：应对策略对工作压力源与离职倾向关系具有调节作用。

三、人口统计学变量对工作压力源与离职倾向关系的调节作用假设

多数研究显示年龄与离职为负相关关系，即年龄越大，越不易离职。赫尔曼（1997）的元分析研究发现，年龄大的员工比年纪轻的员工有相对较低的离职倾向。在本单位工作的年限越长，离职倾向越低。也就是说，员工的职业阶段（年龄和工作年限）、组织规模和企业性质在工作满意度与离职倾向的相关中起着一定的中介作用①。大多数研究者认为，随着年龄的增长，威信和信心也相应提高，对职业的感情较深，也往往具有较高的工作满意度。同时，年长员工一般倾向于维持现有工作，不愿意放弃与资历、任期、地位相联系的利益和特殊待遇，而年轻员工对于组织的心理投入少，流动性较大。因此，随着年龄和工作经验的增长，员工离职倾向会逐渐减弱。

性别和教育程度与离职的关系尚未明确。有研究发现，女教师比男教师的预期改变工作的倾向要明显得多，较大的工作负荷是产生离职倾向的主要原因。婚姻状况一般来说与离职呈反向相关，即已婚者离职率较低，未婚者离职率较高。

---

① Hellman C. M., "Job satisfaction and intent to leave," *The Journal of Social Psychology*, Vol137, No. 6, 1997, pp. 677-689.

根据以上分析，推测人口统计学变量对大学教师工作压力源与离职倾向关系具有调节作用，因此提出假设5-8。

假设5-8：人口统计学变量对工作压力源与离职倾向的关系具有调节作用。

综上所述，将中间变量和人口统计学变量对大学教师工作压力源与离职倾向关系作用假设，进行汇总（图5.3）。

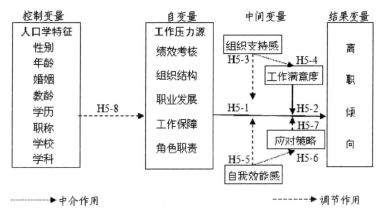

图5.3　工作压力源对离职倾向影响关系假设汇总

第三节　研究测量

研究样本见附录1.5、附录1.6。

一、研究工具

1. 大学教师工作压力源问卷、组织支持感问卷、工作满意度问卷、工作自我效能问卷、应对策略问卷和压力反应问卷在前面的研究中已经验证合格，可以直接作为本章的测量工具。

2. 离职倾向问卷

离职倾向是衡量工作绩效的重要指标。本研究采用香港学者樊景立（Farh，1998）的离职倾向量表[1]，包括"我基本没有想过离开过现单位、我计划在现单位作长期的职业发展"等5个测量项目，进行利克特五点式量表评价，从"完全不符合"到"完全符合"，得分越高表示离职倾向越高。第1、4

① Farh J. L., Tsui A. S., Xin K.，"The influence of relational demography and guanxi：The chinese case"，*Organizational Science*，Vol13，No. 4，1998，pp. 471-488.

题反向计分。

二、问卷质量检验

（一）预测问卷信度效度检验

首先，用 CITC 法和 Cronbach α 信度系数法净化量表的测量项目。从表 5.1 可以看出，离职倾向问卷的 5 个测量项目的初始 CITC 值为 0.511～0.701，均大于 0.40，同时问卷整体的 Cronbach α 信度系数为 0.827，大于 0.70，说明离职倾向问卷内部一致性信度良好。

表 5.1　离职倾向问卷 CITC 与信度分析

测量项目	CITC	项目删除后的 Cronbach α 系数	Cronbach α
H1	.701	.769	
H2	.567	.806	
H3	.677	.775	0.827
H4	.661	.780	
H5	.511	.824	

注：N = 183

其次，对离职倾向问卷进行因子分析适宜性检验。在对问卷的 5 个测量项目进行样本充分性检验和样本分布检验后发现，离职倾向问卷的 KMO 测试值为 0.794，大于 0.70，Bartlett 球形检验的卡方统计值的显著性概率为 0.000，说明数据适合进行因子分析。通过主成分分析法进行因子分析，提取特征根值大于 1 的一个因子，5 个测量项目成单一维度，累计解释总体方差变异为 59.327%，基本达到本研究 60% 的标准（表 5.2）。因子负荷都符合大于 0.5 的标准，且无交叉负载，说明量表结构效度良好。

表 5.2　离职倾向结构探索性因子分析

因子	测量项目	因子荷重	Cronbach α
离职倾向	H1	.826	
	H4	.807	
	H3	.806	0.827
	H2	.708	
	H5	.695	
累计解释总体方差变异			59.327%

因子	测量项目	因子荷重	Cronbach α
KMO			0.794
χ^2			329.777
Df			10
Sig			0.000

（二）正式问卷信效度检验

对 483 份有效的正式问卷进行信度和效度检验，结果表明，离职倾向问卷符合心理测量学要求，量表的内部一致性信度 α 系数为 0.814，效度 KMO 为 0.766，P 值在 0.001 水平上达到显著相关。因子分析表明量表有较好的效度，表明问卷符合研究要求。

（三）变量正态检验

为了后续统计分析工作得出较为科学的统计结论，要对样本的分布类型进行正态检验，离职倾向问卷正态检验，结果见表 5.3。

表 5.3　离职倾向问卷正态分布检验

变量	样本数	偏度		峰度	
	统计值	统计值	标准差	统计值	标准差
离职倾向	483	0.561	0.111	− 0.365	0.222

从表 5.3 可知，数据偏度 0.561，低于参考值 3.0；峰度 − 0.365，远低于参考值 10.0，说明离职倾向问卷的数据通过了正态分布检验，数据能够用于后面的统计分析。

第四节　大学教师离职倾向现状

一、离职倾向总体状况

首先对研究变量进行描述性统计分析，以了解样本分布的情形，将根据此结果对大学教师的离职倾向状况进行分析。

大学教师离职倾向问卷的理论分数范围是 5~25 分，分数越高表明离职倾向越明显。本研究采用理论中值 15 分来划分离职倾向高低，得分高于 15 分被认为高离职倾向，反之为低离职倾向。从表 5.4 可知，离职倾向均值 13.520，低于理论中值 15，说明大学教师离职倾向中等偏低。

表 5.4 大学教师离职倾向状况

	题目数	均值	标准差	理论中值	实际分数范围	理论分数范围
离职倾向	5	13.520	4.165	15	9.355~17.685	5~25

二、不同人口统计学变量教师离职倾向差异

为了探究不同人口统计学变量对离职倾向的影响，进行独立样本 T 检验和单因素方差分析（ANOVA）。

（一）数据统计结果

表 5.5 显示，不同性别教师离职倾向不存在显著差异。从均值来看，本次调查对象的女教师比男教师离职倾向偏高；不同年龄段教师离职倾向不存在统计学上的明显组间差异，但从数据来看，30 岁以下年龄段教师的离职倾向最高；不同婚姻状态教师离职倾向 F 检验表明，存在明显组间差异，与已婚和未婚教师相比，离婚的教师离职倾向更高；不同教龄组教师离职倾向未见统计学上的显著差异；不同教育程度教师离职倾向存在显著差异，本科学历教师最高、其次是硕士学历教师、博士学历教师最低；不同职称教师离职倾向不存在统计学上的显著差异，但从数据来看，助教的离职倾向高于其他职称教师；不同学校教师离职倾向存在显著差异，教学型本科院校离职倾向最高，研究型大学离职倾向最低；不同学科教师离职倾向不存在统计学上的明显组间差异，但从数据来看文科组的教师离职倾向高于理科组。

表 5.5 人口统计变量与离职倾向单因素方差分析

人口统计学变量	均值（标准差）	人口统计学变量	均值（标准差）
（1）性别		（5）教育程度	
1. 男	1.959（0.806）	1. 本科及以下	2.232（0.735）
2. 女	2.197（0.818）	2. 硕士	2.126（0.852）
t 值	−3.211	3. 博士及以上	1.979（0.807）
Sig	0.807	F 值	3.163*
组间比较	2＞1	Sig	0.043
（2）年龄		组间比较	1＞2＞3
1. 30 以下	2.256（0.876）	（6）职称	
2. 31-40 岁	2.009（0.759）	1. 助教	2.300（0.826）
3. 41-50 岁	2.077（0.869）	2. 讲师	2.069（0.767）
4. 51 以上	1.914（0.773）	3. 副教授	2.070（0.860）

续表

人口统计学变量	均值（标准差）	人口统计学变量	均值（标准差）
F 值	2.345	4. 教授	1.896（0.835）
Sig	0.072	F 值	2.162
组间比较	1＞3＞2＞4	Sig	0.092
（3）婚姻		组间比较	1＞3＞2＞4
1. 未婚	2.009（0.819）	（7）学校	
2. 已婚	2.043（0.793）	1. 研究型大学	1.889（0.773）
3. 其它	3.125（0.816）	2. 研教教研型大学	2.102（0.828）
F 值	14.424***	3. 教学型本科院校	2.230（0.821）
Sig	0.000	F 值	5.635**
组间比较	3＞2＞1	Sig.	0.004
（4）教龄		组间比较	3＞2＞1
1. 5 年以下	2.068（0.809）	（8）学科	
2. 6-15 年	2.082（0.791）	1. 理科	1.959（0.806）
3. 16-25 年	2.104（0.908）	2. 文科	2.197（0.818）
4. 25 年以上	1.959（0.766）	t 值	−3.211
F 值	0.243	Sig.	0.807
Sig	0.866	组间比较	2＞1
组间比较	3＞1≈2＞4		

（二）原因分析

高离职倾向原因分析：年轻教师离职倾向相对较高，与其它样本研究结论一致，主要是由于年轻教师对于组织工作投入较低，离职转换成本低，职业忠诚和院校忠诚感都不及老教师，无论从成本收益角度还是情感角度分析，都比较容易解释。

教学型本科院校的教师离职倾向高，原因可能是，教学任务和工作负担重，容易产生工作倦怠导致离职；近几年，大学扩招，教学型本科院校学生质量下降，难以管理，不能满足教师的成就需要。为了追求更大职业成就，容易产生改善工作环境的想法，而产生离职倾向；某些专业招生数量下降也是导致部分教师离职的原因；薪酬低导致离职。

离婚教师离职倾向高，原因可能与离婚后要改变工作环境的心理有关。美国的霍姆斯和瑞赫（1967）编制的"社会重新适应量表"（Social Readjustment Rcale，简称 SRRS），对精神刺激进行定性和定量评价，其中评定离婚是给人们生活带来的第二大压力事件。在中国文化背景下，遭受离婚的打击后，人们更容易选择改变工作环境，缓解精神压力。

低离职倾向原因分析：老教师离职倾向低，与其它样本研究结论一致。从低离职倾向教师群体特征看，他们一般能力素质高，工作更会受到组织和社会的认可，有较高的成就感和荣誉感，对职业满意度高，对职业的忠诚感、对组织的认同感和归属感更强；大学教师尽管待遇不是很高，但科学研究是很崇高的职业，具有很高的社会声誉，职业声望高，所以他们还是热爱教育事业，愿意为组织奉献。

三、不同工作压力类型教师离职倾向差异

（一）描述性统计分析

为探究不同工作压力类型教师离职倾向差异，进行单因素方差分析（ANOVA）。

表5.6 和图5.4 数据显示，不同压力类型教师在离职倾向上存在显著差异，低压力感高压力反应型教师离职倾向最高，低压力感低压力反应型教师离职倾向最低，其它两种类型教师居中。以往研究工作压力与离职倾向关系的文献，基本认为高压力感造成了离职倾向的升高，压力感与离职倾向呈正相关。本研究发现，在大学教师群体中恰恰是低压力感高压力反应型教师离职倾向最高，其次是高压力感高压力反应型，说明压力反应比压力感更能预测离职倾向。

表5.6 不同工作压力类型教师离职倾向差异

不同工作压力类型	人数	均值	标准差	F	Sig	组间比较
1. 低压力感低压力反应型	157	1.860	.754			
2. 高压力感低压力反应型	80	1.923	.767	9.870	.000	4 > 3 > 2 > 1
3. 高压力感高压力反应型	153	2.201	.846			
4. 低压力感高压力反应型	93	2.355	.815			

（二）不同工作压力类型教师工作绩效差异原因探讨

低压力感高压力反应型教师离职倾向高，可能原因有，低压力感高压力反

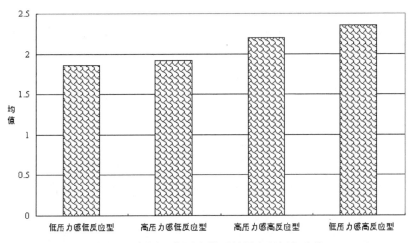

图 5.4　不同工作压力类型教师离职倾向比较

应型教师组织支持感和工作满意度较低（表 5.7），自我效能感最低，最少使用积极应对策略。从与组织关系看，感到组织支持感低和工作满意度低，更可能与组织管理方式和价值观相冲突，缺乏认同感和归属感，难以达到对"组织的忠诚"，容易产生离职念头。从个体特质角度看，自我效能感低的教师，对完成工作任务和职业发展目标感到能力不足、胜任感弱，感知到的压力水平高，工作缺乏成就感，倾向于采用消极逃避的应对策略，更可能产生脱离组织环境的想法，也可能通过工作调动来平衡自己的职称、薪水、声誉等资源，实现个人效用最大化。

表 5.7　不同工作压力类型组织支持感和工作满意度差异

不同压力类型	组织支持感		工作满意度	
	均值	标准差	均值	标准差
1.　低压力感低压力反应型（157）	3.219	.791	3.400	.591
2.　高压力感低压力反应型（80）	2.875	.841	3.025	.728
3.　高压力感高压力反应型（153）	2.764	.869	2.776	.703
4.　低压力感高压力反应型（93）	2.801	.770	3.012	.544
F 值	9.429 ***		24.802 ***	
Sig	.000		.000	
组间比较	1＞2＞4＞3		1＞2＞4＞3	

高压力感高压力反应型教师离职倾向次高，可能原因有，这部分教师组织支

持感和工作满意度都低（表5.7），缺乏对组织的认同感和忠诚感，容易产生离开组织的想法。另外，这部分教师自我效能感高，在四个组中，科研绩效最高，拥有较高的研究能力，在当今科研取向的价值标准下，容易找到新的工作机会或获得更高的薪酬。有研究者认为，教师对学科成就的追求已经远远超出其对学校的忠诚，而且教学和科研作为一种职业技能，很容易在不同学校之间进行转移。

第五节　假设验证

一、工作压力源对离职倾向直接作用检验

（一）相关分析

由于本研究架构和假设均基于文献基础，且没有直接相关的实证研究结果作为借鉴。因此需要通过相关分析验证变量之间是否存在相关关系，为下一步研究变量之间的确定关系奠定基础。表5.8数据显示，整体工作压力源与离职倾向的相关性没有达到统计学上的显著水平。从压力源各维度与离职倾向关系看，职业发展（$r = 0.093$，$p < 0.05$）和工作保障（$r = 0.183$，$p < 0.001$）压力源与离职倾向呈显著正相关关系。

表5.8　工作压力源和中间变量与离职倾向相关分析

变量	1	2	3	4	5	6	7	8	9	10	11
1. 绩效考核	1										
2. 组织管理	.607***	1									
3. 职业发展	.576***	.432***	1								
4. 工作保障	.579***	.589***	.520***	1							
5. 角色职责	.648***	.525***	.496***	.454***	1						
6. 组织支持感	-.168***	-.204***	-.101*	-.277***	-.116*	1					
7. 工作满意度	-.316***	-.299***	-.234***	-.414***	-.233***	.525***	1				
8. 自我效能	-.016	.110*	-.014	.058	.068	.130***	.173***	1			
9. 应对策略	.006	.025	-.019	.001	.054	.191***	.234***	.579***	1		
10. 总压力源	.906***	.786***	.724***	.757***	.780***	-.219***	-.374***	.045	.015	1	
11. 离职倾向	.022	.055	.093*	.183**	-.005	-.330***	-.459***	-.341***	-.449***	.074	1

（二）回归分析

由于相关分析只能反应变量之间相关的方向以及变量间两两相关系数，不能反映在多种因素共同作用下的相对重要性。因此，需要采用多元回归方法来研究不同因素的相对重要性。以工作压力源五个维度为自变量，以离职倾向为因变量，进行多元回归分析。

表5.9显示，离职倾向对各个自变量的多元回归分析模型的解释力仅达到5%。工作保障压力源与离职倾向回归最显著（$p < 0.001$），标准化Beta系数为0.256，说明工作保障压力源对大学教师的离职倾向最具有预测作用。

表5.9 工作压力源各维度对离职倾向的多元回归分析

因变量	自变量	R^2	未标准化系数		标准化系数	t	Sig.
			B	Std. Error	Beta		
离职倾向	STR1	.050	−.106	.073	−.101	−1.457	.146
	STR2		−.020	.054	−.023	−.380	.704
	STR3		.056	.049	.066	1.147	.252
	STR4		.215	.051	.256	4.205	.000
	STR5		−.076	.061	−.076	−1.249	.212

假设5-1检验结果：整体工作压力源与离职倾向的相关性没有达到统计学上的显著水平，职业发展和工作保障压力源与离职倾向呈显著正相关关系。假设5-1部分通过通过验证。

二、工作压力源与离职倾向关系的中间变量作用检验

（一）工作满意度的中介作用检验

以工作保障压力源为自变量、工作满意度为中介变量、离职倾向为因变量，首先进行工作满意度对工作保障压力源的回归分析，然后进行离职倾向对工作满意度的回归分析，最后进行离职倾向对工作保障压力源和工作满意度的回归分析。

从表5.10显示的结果来看，工作满意度、离职倾向分别对工作保障压力源的回归方程系数达到显著水平，第三步同时加入工作保障、工作满意度后，工作保障压力源的回归系数绝对值由0.183减小到0.008，未达到显著水平，回归方程的决定系数增加了17.6%，说明工作满意度在工作保障对离职倾向的作用过程中，起到完全中介作用。

假设 5-2 检验结果：工作满意度在工作保障压力源和离职倾向关系中具有完全中介作用，在绩效考核、组织管理、职业发展和角色职责压力源与离职倾向的关系中不存在显著的中介作用。假设 5-2 部分通过验证。

表 5.10　工作满意度对工作保障与离职倾向关系的中介作用检验

		方程 1	方程 2	方程 3	离职倾向	中介作用检验
		离职倾向	离职倾向	第一步	第二步	
自变量	工作保障	− .414 ***	————	.183 ***	− .008（860）	
中间变量	工作满意度	————	− .462 ***	————	− .459 ***	
	方程 F 值	99.256 ***	128.496 ***.	16.738 ***	64.134 ***	
	R²	.169	.205	.034	.211	
	△R²				.176	部分中介
	D − W	1.806	1.735	1.655	1.737	
	容忍度（TOL）				.829	
	方差膨胀因子（VIF）				1.206	

（二）工作满意度对组织支持感与离职倾向关系的中介作用检验

以组织支持感为自变量、离职倾向为因变量，首先进行工作满意度对组织支持感的回归分析，然后进行离职倾向对工作满意度的回归分析，最后进行离职倾向对组织支持感和工作满意度的回归分析。

表 5.11 显示，工作满意度、离职倾向分别对组织支持感的回归方程系数达到显著水平，第三步同时加入组织支持感和工作满意度后，组织支持感的回归系数绝对值由 0.330 减到 0.123，并达到显著水平，回归方程的决定系数增加了 11.3%，说明工作满意度在组织支持感对离职倾向的作用过程中，起到部分中介作用。

表 5.11　工作满意度对组织支持感与离职倾向关系的中介作用检验

		方程 1	方程 2	方程 3	离职倾向	中介作用检验
			离职倾向	第一步	第二步	
自变量	组织支持感	.525 ***	——	-.330 ***	-.123 **	
中间变量	工作满意度	——	-.459 ***	——	-.394 ***	
	方程 F 值	182.605 ***	128.496 ***	58.886 ***	68.424	
	R^2	.275	.211	.109	.222	部分中介
	$\triangle R^2$				.113	
	D - W	1.758	1.735	1.723	1.742	
	容忍度（TOL）				.725	
	方差膨胀因子（VIF）				1.380	

假设 5-4 检验结果：组织支持感通过工作满意度的中介作用，减弱了离职倾向的程度。工作满意度对组织支持感与离职倾向的关系具有中介作用。假设 5-4 部分通过验证。

（三）组织支持感对工作保障压力源与离职倾向关系的中介作用检验

以工作保障为自变量、组织支持感为中介变量、离职倾向为因变量，首先进行组织支持感对工作保障压力源的回归分析，然后进行离职倾向对组织支持感的回归分析，最后进行离职倾向对工作保障压力源和组织支持感的回归分析。

从表 5.12 结果来看，组织支持感、离职倾向分别对工作保障压力源的回归方程系数达到显著水平，第三步同时加入工作保障和组织支持感变量后，工作保障压力源的回归系数由 0.183 减小到 0.099，达到显著水平，回归方程的决定系数增加了 7.4%，说明组织支持感在工作保障压力源对离职倾向的作用过程中，起到部分中介作用。

假设 5-3 检验结果：工作保障压力源通过组织支持感的中介作用，减弱离职倾向的强度；组织支持感对绩效考核、组织管理、职业发展和角色职责压力源与离职倾向的关系不存在显著的中介作用。假设 5-3 部分通过验证。

表 5.12 组织支持感对工作保障压力源与离职倾向关系的中介作用检验

		方程 1	方程 2	方程 3 离职倾向		中介作用
		离职倾向	离职倾向	第一步	第二步	检验
自变量	工作保障	-.277 ***		.183 ***	.099 *	
中间变量	组织支持感		-.330 ***		-.303 ***.	
	方程 F 值	40.040 ***	58.886 ***.	16.738 ***	32.172 ***.	
	R²	.077	.109	.034	.118	
	△R²				.074	部分中介
	D－W	1.723	1.428	1.655	1.426	
	容忍度（TOL）				.923	
	方差膨胀因子（VIF）				1.083	

（四）自我效能感对组织管理压力源与离职倾向关系的调节作用检验

通过层次回归分析检验自我效能感在压力源与离职倾向关系中的缓冲作用。第一步进行组织管理和自我效能感对离职倾向的回归分析，第二步再加上组织管理和自我效能感的乘积项进行回归分析。

表 5.13 显示，各个 R^2 的 F 值的显著性水平表明回归模型总体效果较为理想。其中自我效能感在组织管理压力源与离职倾向变量的缓冲模型中，自我效能感（BETA = 0.093，$p < 0.05$）和组织管理压力源（BETA = -0.352，$p < 0.001$）对离职倾向都具有显著的预测作用，当加入它们乘积项后，乘积项回归系数依然显著（BETA = 0.105，$p < 0.001$），而整个回归方程也显著，$\triangle R^2$ 为 0.031，$p < 0.001$。因此推断自我效能感在组织管理压力与离职倾向关系中起到负向缓冲效应，也就是说，自我效能感能降低组织管理带来的压力感，从而减弱离职倾向。

表 5.13 自我效能感对组织管理压力源与离职倾向关系的缓冲作用检验

离职倾向	第一步		第二步		缓冲检验
	BETA	T	BETA	T	
组织管理	.093	2.170 *	.080	1.856	
自我效能	-.352	-8.185 ***	-.339	-7.870 ***	负向缓冲
组织管理×自我效能			.105	2.438 *	
R²	.125 ***		.156 ***		
△R²			.031 ***		

假设 5-5 检验结果：自我效能感对组织管理压力源与离职倾向关系具有缓冲作用，对绩效考核、职业发展、工作保障和角色职责压力源与离职倾向关系不存在显著的调节作用。假设 5-5 部分通过验证。

（五）应对策略对工作压力源与离职倾向关系的调节作用检验

1. 应对策略对压力源与离职倾向关系的调节作用

应对策略按均值分为高低两组，第一步进行双因素方差分析，第二步两组分别进行回归分析，比较应对策略的调节作用以及不同组别压力源对离职倾向的预测作用。

表 5.14 显示，在职业发展和工作保障压力源对离职倾向的影响过程中，应对策略高分组方程回归显著，而低分组没有达到显著水平，两组存在显著差异。应对策略高分组的教师，离职倾向较弱，低分组与此相反，并且高分组的压力源对离职倾向的影响更显著，说明应对策略在职业发展、工作保障压力源与离职倾向关系中调节作用显著。进一步将相应压力源按均值分为高低两组，发现应对策略值相当，说明应对策略的调节机制是：对压力源没有调适作用，但是能减弱离职倾向的程度。

2. 应对策略对自我效能感与离职倾向关系的中介作用检验

以自我效能感为自变量、应对策略为中介变量、离职倾向为因变量，首先进行应对策略对自我效能感的回归分析，然后进行离职倾向对应对策略的回归分析，最后，进行离职倾向对应对策略和自我效能感回归分析。

表 5.14　应对策略对压力源与离职倾向关系的调节作用检验

压力源※积极应对策略		F（p）	均值		离职倾向			
			压力源	离职倾向	R^2	Beta	T	Sig.
职业发展	高积极应对策略	5.436	3.04	1.87	.018	.135	2.237	.026
	低积极应对策略	（.005）	3.06	2.34	.002	.048	.695	.488
工作保障	高积极应对策略	3.511	3.37	1.87	.051	.225	3.800	.000
	低积极应对策略	（.031）	3.37	2.34	.025	.157	2.300	.022

表 5.15 显示，应对策略、离职倾向分别对自我效能感的回归方程系数达到显著水平，第三步同时加入自我效能感和应对策略后，自我效能感的回归系数绝对值由 0.341 减到 0.122，并达到显著水平，回归方程的决定系数增加了9.5%，说明应对策略在自我效能感对离职倾向的作用过程中，起到部分中介作用。

表 5. 15　应对策略对自我效能感与离职倾向关系的中介作用检验

		方程 1	方程 2 离职倾向	方程 3 第一步	离职倾向 第二步	中介作用 检验
自变量	自我效能感	.579 ***	——	- .341 ***.	- .122 *	
中间变量	应对策略	——	- .449 ***	——	- .379 ***	
	方程 F 值	243. 090 ***	121. 723 ***	63. 435 ***	64. 500 ***	
	R^2	.336	.202	.117	.212	部分 中介
	$\triangle R^2$				.095	
	D – W	1. 845	1. 830	1. 790	1. 841	
	容忍度（TOL）				.664	
	方差膨胀 因子（VIF）				1. 505	

假设 5-6 检验结果：应对策略对自我效能感与离职倾向的关系具有中介作用。假设 5-6 通过验证。

三、人口统计学变量对工作压力源与离职倾向关系的调节作用检验

第一步以人口统计学变量为自变量，离职倾向为因变量，进行回归分析；第二步以人口统计学变量和五维压力源为自变量，离职倾向为因变量，进行回归分析；第三步再加入人口统计学变量与压力源各维度乘积显著的新变量进行回归分析。

由表 5. 16 第二步结果可知，工作保障压力源对离职倾向影响达到显著水平；由第三步结果可知，职称变量在职业发展压力源与离职倾向关系中调节作用显著，呈负相关。通过回归分析进一步检验交互项对压力源与离职倾向的调节作用。

表 5. 16　人口统计学变量对压力源与离职倾向关系的调节作用检验

自变量		标准回归系数		
离职倾向		第一步	第二步	第三步
第一步	R1	- .101 *	- .085	- .081
	R2	- .106	- .103	- .120
	R3	.197 ***	.204 ***	.201 ***
	R4	.063	.021	.018

续表

自变量		标准回归系数		
离职倾向		第一步	第二步	第三步
	R5	− .040	− .051	− .062
	R6	− .091	− .097	− .090
	R7	.103 *	.103 *	.093
	R8	.108	.094 *	.093 *
第二步	STR1		− .085	− .103
	STR2		.028	.026
	STR3		.002	.001
	STR4		.260 ***	.274 ***
	STR5		− .060	− .045
第三步	STR1 × R6			− .082
	STR2 × R6			− .055
	STR3 × R6			.124 *
	STR4 × R6			.030
	STR5 × R6			.038
Adjusted R^2		.067 ***	.106 ***	.109 ***
ΔR^2			.039 *	.003

表 5.17 显示，不同职称教师的职业发展压力源对离职倾向的影响作用具有显著差异，助教、讲师、副教授和教授的判别系数 R^2 和回归系数 Beta 分别是 0.009，− 0.093，$p > 0.05$；0.003，0.059，$p > 0.05$；0.074，0.273，$p < 0.05$。教授组的判别系数和回归系数明显高于另外三组，回归方程达到显著水平，说明教授组的职业发展压力源对离职倾向存在显著的正向影响。

假设 5-8 检验结果：控制人口统计学变量后，工作保障压力源对离职倾向预测作用最显著。职称变量在职业发展压力源与离职倾向关系中调节作用显著。教授组的职业发展压力源对离职倾向存在显著的正向影响。假设 5-8 部分通过验证。

表5.17　职称变量对职业发展与离职倾向关系的调节作用检验

人口统计学变量※压力源		离职倾向			
		R²	Beta	T	Sig.
职称※职业发展	助教	.009	-.093	-.648	.520
	讲师	.003	.059	.821	.412
	副教授	.008	.091	1.213	.227
	教授	.074	.273	2.083	.042

四、工作压力源与离职倾向关系假设验证结果

通过上述的分析，对假设进行了一系列的验证，结果汇总（表5.18）。

表5.18　工作压力源对离职倾向影响作用假设检验结果

假设	假设内容	验证结果
H5-1	工作压力源及各维度对离职倾向具有直接的正向作用	部分通过检验
H5-2	工作满意度对工作压力源与离职倾向关系具有中介作用	部分通过检验
H5-3	组织支持感对工作压力源与离职倾向关系具有调节作用	部分通过检验
H5-4	组织支持感通过工作满意度的中介作用，降低了离职倾向	通过检验
H5-5	自我效能感对工作压力源与离职倾向的关系具有调节作用	部分通过检验
H5-6	自我效能感通过应对策略的中介作用，降低了离职倾向	通过检验
H5-7	应对策略对工作压力源与离职倾向关系具有调节作用	部分通过检验
H5-8	人口统计学变量对工作压力源与离职倾向的关系具有调节作用	部分通过检验

综合以上分析，大学教师压力源对离职倾向的影响，既有直接效应，也有通过组织支持感、工作满意度、自我效能感和应对策略间接效应，见路径图5.5。

第六节　工作压力源与相关变量对离职倾向预测作用比较

相关研究结果显示，组织支持感、工作满意度、工作压力源、自我效能感、应对策略等组织行为学和个体特质变量分别都是影响离职倾向的重要因素。但是，研究者往往是独立地研究某一组织行为学变量对离职倾向的影响，

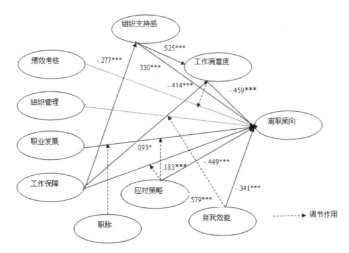

图5.5　工作压力源对离职倾向影响路径图

很少对上述几类变量对员工离职倾向的预测作用进行比较。本研究将这些组织行为学变量和个体特质变量同时引入回归模型，进行分层多元回归分析，以便探讨上述各变量在预测教师离职倾向中的相对重要性，找出关键性要素，以便把握工作的重点和主要方向。

一、工作压力源与组织行为学变量对离职倾向的预测作用比较

（一）工作压力源与组织支持感比较

为了就组织支持感和工作压力源对离职倾向的预测作用进行比较，以离职倾向作为因变量，以五维工作压力源和组织支持感作为自变量，按照不同顺序进入回归方程，进行新的分层多元回归分析。同样的因变量，在第一个回归方程中，自变量进入回归方程的顺序依次为控制变量、五维工作压力源和组织支持感；第二个回归方程中，自变量进入回归方程的顺序依次为控制变量、组织支持感和五维工作压力源。

从表5.19可以看出，五维工作压力源在组织支持感基础上，对因变量变异的解释率增加了1%，未达到统计学上的显著水平；组织支持感在五维工作压力源基础上对因变量变异的解释率增加了17.6%，显著地增加了对因变量变异的解释率。这一结果说明，组织支持感相对工作压力源而言，对大学教师的离职倾向更具预测力。

表5.19　工作压力源与组织支持感对离职倾向的预测作用比较

输入的变量	R^2	$\triangle R^2$	F	P
第一步：控制变量	.067		5.351	.000
第二步：加入五维压力源	.107	.040	5.434	.000
第三步：加入组织支持感	.183	.176	8.726	.000
第一步：控制变量	.067		5.351	.000
第二步：加入组织支持感	.166	.099	11.695	.000
第三步：加入五维压力源	.183	.010	8.726	.000

（二）工作压力源与工作满意度比较

为了就工作压力源和工作满意度对离职倾向的预测作用进行比较，以离职倾向作为因变量，以五维工作压力源和工作满意度作为自变量，按照不同顺序进入回归方程，进行新的分层多元回归分析。同样的因变量，在第一个回归方程中，自变量进入回归方程的顺序依次为控制变量、五维工作压力源和工作满意度；第二个回归方程中，自变量进入回归方程的顺序依次为控制变量、工作满意度和五维工作压力源。

从表5.20可以看出，五维工作压力源在工作满意度基础上，对因变量变异的解释率增加了1.1%，未达到统计学上的显著水平；工作满意度在五维工作压力源基础上对因变量变异的解释率增加了15.9%，显著地增加对因变量变异的解释率。这一结果说明，工作满意度相对工作压力源而言，对大学教师的离职倾向更具预测力。

表5.20　工作压力源与工作满意度对离职倾向的预测作用比较

输入的变量	R^2	$\triangle R^2$	F	P
第一步：控制变量	.067		5.351	.000
第二步：加入五维压力源	.107	.040	5.434	.000
第三步：加入工作满意度	.266	.159	13.470	.000
第一步：控制变量	.067		5.351	.000
第二步：加入工作满意度	.255	.148	19.356	.000
第三步：加入五维压力源	.266	.011	13.470	.000

二、工作压力源与个体特质变量对离职倾向的预测作用比较

（一）工作压力源与自我效能感比较

为了就工作压力源和自我效能对离职倾向的预测作用进行比较，以离职倾

向作为因变量，以五维工作压力源和自我效能感作为自变量，按照不同顺序进入回归方程，进行新的分层多元回归分析。同样的因变量，在第一个回归方程中，自变量进入回归方程的顺序依次为控制变量、五维工作压力源和自我效能感；第二个回归方程中，自变量进入回归方程的顺序依次为控制变量、自我效能感和五维工作压力源。

从表 5.21 可以看出，五维工作压力源在自我效能感基础上，对因变量变异的解释率增加了 4.9%；自我效能感在五维工作压力源基础上，对因变量变异的解释率增加了 11.6%，显著地增加了对因变量变异的解释率。这一结果说明，自我效能感相对工作压力源而言，对大学教师的离职倾向更具预测力。

表 5.21　工作压力源与自我效能感对离职倾向的预测作用比较

输入的变量	R^2	$\triangle R^2$	F	P
第一步：控制变量	.067		5.351	.000
第二步：加入五维压力源	.107	.040	5.434	.000
第三步：加入自我效能感	.223	.116	10.909	.000
第一步：控制变量	.067		5.351	.000
第二步：加入自我效能感	.174	.107	12.315	.000
第三步：加入五维压力源	.223	.049	10.909	.000

（二）工作压力源与应对策略比较

为了就工作压力源和应对策略对离职倾向的预测作用进行比较，以离职倾向作为因变量，以五维工作压力源和应对策略作为自变量，按照不同顺序进入回归方程，进行新的分层多元回归分析。同样的因变量，在第一个回归方程中，自变量进入回归方程的顺序依次为控制变量、五维工作压力源和应对策略；第二个回归方程中，自变量进入回归方程的顺序依次为控制变量、应对策略和五维工作压力源。

从表 5.22 可以看出，五维工作压力源在应对策略基础上，对因变量变异的解释率增加了 3.9%；应对策略在五维工作压力源基础上对因变量变异的解释率增加了 18.8%，显著地增加了对因变量变异的解释率。这一结果说明，应对策略相对工作压力源而言，对大学教师的离职倾向更具预测力。

表5.22 工作压力源与应对策略对离职倾向的预测作用比较

输入的变量	R^2	$\triangle R^2$	F	P
第一步：控制变量	.067		5.351	.000
第二步：加入五维压力源	.107	.040	5.434	.000
第三步：加入应对策略	.295	.188	15.383	.000
第一步：控制变量	.067		5.351	.000
第二步：加入应对策略	.256	.189	19.430	.000
第三步：加入五维压力源	.295	.039	15.383	.000

（三）工作压力源与压力反应比较

为了就工作压力源和压力反应对离职倾向的预测作用进行比较，以离职倾向作为因变量，以五维工作压力源和压力反应作为自变量，按照不同顺序进入回归方程，进行了新的分层多元回归分析。同样的因变量，在第一个回归方程中，自变量进入回归方程的顺序依次为控制变量、五维工作压力源和压力反应；第二个回归方程中，自变量进入回归方程的顺序依次为控制变量、压力反应和五维工作压力源。

从表5.23可以看出，五维工作压力源在压力反应基础上，对因变量变异的解释率增加了3.6%；压力反应在五维工作压力源基础上对因变量变异的解释率增加了5.8%，显著地增加了对因变量变异的解释率。这一结果说明，压力反应相对工作压力源而言，对大学教师的离职倾向更具预测力。

表5.23 工作压力源与压力反应对离职倾向的预测作用比较

输入的变量	R^2	$\triangle R^2$	F	P
第一步：控制变量	.067		5.351	.000
第二步：加入五维压力源	.107	.040	5.434	.000
第三步：加入三维压力反应	.165	.058	6.973	.000
第一步：控制变量	.067		5.351	.000
第二步：加入三维压力反应	.129	.062	7.513	.000
第三步：加入五维压力源	.165	.036	6.973	.000

结论：组织支持感、工作满意度、自我效能感、应对策略和压力反应，相对工作压力源而言，对大学教师的离职倾向更具预测力。

第七节　研究结果的分析与讨论

一、本章研究结果

在工作压力结构与现状分析的基础上，本章主要探索工作压力源对离职倾向的影响机制。通过对 483 份问卷数据的统计分析，研究结论如下：

（1）大学教师总体离职倾向较低，说明大学教师对组织的认同感和归属感比较强，愿意为组织奉献。不同人口统计学变量教师离职倾向具有显著差异，年轻教师离职倾向相对较高，老教师离职倾向较低。

（2）不同工作压力类型教师离职倾向具有显著差异。低压力感高压力反应型教师离职倾向最高，低压力感低压力反应型教师离职倾向最低。说明压力反应比压力源对离职倾向更具有直接预测力。

（3）总体压力源和离职倾向相关不显著。职业发展和工作保障压力源对离职倾向具有显著相关性，工作保障压力源对离职倾向最具有预测作用。

（4）中间变量和人口统计学变量的作用。组织支持感对工作保障压力源与离职倾向关系具有中介作用，并通过工作满意度的中介作用，减弱离职倾向；工作满意度在工作保障压力源和离职倾向关系中具有完全中介作用；自我效能感对组织管理压力源与离职倾向关系中具有显著的调节作用，通过应对策略的中介作用减弱离职倾向；应对策略对职业发展、工作保障压力源与离职倾向的关系具有调节作用。职称变量对职业发展压力源与离职倾向关系具有调节作用。

（5）工作压力源与组织行为学变量和个体特质变量对离职倾向的预测作用比较。组织支持感、工作满意度、自我效能感、应对策略和压力反应，相对工作压力源而言，对大学教师的离职倾向更具预测力。

综合以上分析，大学教师压力源对离职倾向，既有直接作用，也有通过组织支持感、工作满意度、自我效能和应对策略的间接影响。部分人口统计学变量和压力源维度交互作用对离职倾向影响显著。

二、研究讨论

（1）工作压力源对离职倾向的直接影响分析

总体压力源与离职倾向相关不显著，职业发展和工作保障压力源与离职倾向呈显著正相关，这与以企业为样本的研究结果完全不同。可能的原因有，第一，工作压力源对离职倾向直接影响不显著，表明二者之间有其它的调节因素在起作用，比如工作满意度、组织支持感和自我效能感等；第二，研究样本不同。已有研究样本基本上是企业知识员工或医院护理人员，以大学教师为研究对象的还很少见。大学教师专业化程度很高，职业声望和社会地位较高，很多教师选择这一职业，是因为这一职业的稳定性高，与个人的特征相匹配；第三，离职成本收益比较。作为"理性经济人"，大学教师同样存在着追求个人效用最大化的必然性和可能性，会对离职的收益和成本进行比较，包括经济收益和事业发展机遇等综合收益，当新的岗位不能满足其实现自身价值最大化的预期时，离职行为就不会发生。

职业发展压力源与离职倾向呈显著正相关。从离职倾向的描述性分析看，青年教师职业发展压力感和离职倾向程度最高，与大学教师职业特点有关。大学教师工作要求高，成就动机也高，如果组织不能提供相应的职业培训机会，青年教师会体验到受挫感，容易产生离职倾向，且工作时间短，离职的成本和损失都小，事业发展的空间很大。

工作保障压力源对大学教师离职倾向最具有预测力，这与目前多数中国学者的研究结论一致。美国心理学家赫茨伯格（Herzberg）于 20 世纪 50 年代末期在大量问卷调查的基础上，提出了激发人动机的双因素理论。他提出激发员工动机的因素有两类，一类为保健因素，这种因素主要起着防止对工作产生不满的作用；另一类为激励因素，它是影响员工工作的内在因素，注重以工作的内容本身来提高工作效率，促进人们不断进取，以达到更好的工作状态。对于两种因素的关系，对于调动人的积极性来说，都具有各自的作用，只是其影响的侧重点与程度不同而已。对于大学教师来说，内嵌了"科学人"与"经济人"的双重甚至多重角色，薪酬不仅是物质上的激励，也是一种价值的象征，薪酬一定程度上反映了组织对教师价值和贡献的认可。薪酬既是保健因素又是激励因素。有研究者认为大学教师薪酬水平低、市场竞争力弱和缺乏可操作的绩效考核体系，是影响薪酬机制发挥激励功能的主要因素[1]。根据期望理论，教师如果感到付出和回报不成正比，将会有强烈的受挫感，会产生流动的意愿。

---

① 徐锋：《高校教师薪酬激励机制存在的问题与对策研究》，《教育与职业》2007 年第 1 期，第 39-41 页。

（2）组织支持感对工作保障压力源与离职倾向关系的中介作用分析

组织支持感对工作保障压力源与离职倾向的关系具有中介作用，组织支持感能降低压力感，减弱离职倾向，这与目前的研究结论一致。根据互惠原则，当教师感受到来自组织方面的支持时，即当教师感觉到组织对其很关心、支持和认同时，可以获得良好的激励，教师在工作中就会有很好的表现，会产生一种关心组织利益的义务感、归属感以及情感需求的满足，从而增加对组织的感情承诺，回报更多的支持组织的"互惠行为"和组织导向的公民行为，而较少产生离职意愿。本研究发现，作为独立的组织行为学变量，组织支持感相对工作压力源而言，对大学教师的离职倾向更具预测力。

（3）工作满意度的作用分析

根据中介变量定义，中介变量与前因变量和后果变量三者都相关显著，绩效考核压力与离职倾向直接相关不显著，所以工作满意度在二者关系中不具有中介作用，进一步研究发现，工作满意度对绩效考核压力源与离职倾向关系具有缓冲作用。

工作满意度对工作保障压力源与离职倾向关系具有完全中介作用，在绩效考核与离职倾向关系中具有调节作用，效应是负向缓冲。这与其它研究样本的结论"工作满意度被认为是解释离职倾向的一个主要变量"一致。许多学者对有关工作压力与工作满意度的关系做过大量的理论研究和经验性研究。工作满意度作为个体感受到压力后最直接的心理反应，与工作压力存在着紧密关系，工作压力越大，工作满意度越低。工作满意度直接影响到教师的离职倾向。本研究数据显示，目前大学教师的工作满意度是中等水平（$M = 3.066$），工作保障压力感（$M = 3.390$）是中等偏高水平，是压力源五个维度中最高的，绩效考核压力感（$M = 3.290$）居第二位。如果提高教师在薪酬和福利待遇以及绩效考核方面的满意度，会降低压力感程度，有利于教师身心健康，也有利于教师对工作采取更积极的态度和行为，对组织的认同度和承诺度增加，减少离职倾向和离职行为。薪酬制度和绩效考核制度是目前大学人事分配制度改革的主要内容，如果教师压力感大，根据谢里丹和埃里克森尖峰突变模型预测，突变因子会降低教师的工作满意度，离职倾向增加。另外组织支持感对工作满意度有促进作用，如果组织给教师提供更好的科研条件和良好的工作背景和氛围，教师的工作满意度就会提高，相应的离职倾向就会降低。

（4）自我效能感对组织管理压力源与离职倾向关系的调节作用分析

自我效能感对组织管理压力源与离职倾向关系具有调节作用，作用机制是负向缓冲，即自我效能感可以有效降低组织管理压力感和离职倾向程度。这与压力研究中的多数结论一致。研究发现，高自我效能感的教师更倾向于采取积极措施应对压力，这与已有研究结论一致。大学组织管理方式反映了组织的价值观念，体现组织的精神理念，反映了组织对教师的角色期待和工作要求。高自我效能的教师对环境中的威胁的控制力有信心，对组织的认知更偏向积极，认为组织为个人提供了事业发展的良好平台，对组织认同度和满意度更高，也能坦然地面对出现的问题，动员更多的应对资源，做出积极努力为组织奉献。对于低自我效能感的教师来说，当组织所倡导的价值观与其所持有的价值观相冲突时，就会产生更大的挫折感。根据个体-环境匹配理论的观点，价值上的冲突，使教师对组织的看法更偏向消极，抱怨组织管理方式的种种不足，工作满意度降低，离职倾向增加。

（5）应对策略对压力源与离职倾向关系的调节作用分析

应对策略显著地调节职业发展、工作保障压力源与离职倾向的关系。较多采用积极应对策略的教师，离职倾向低，但与较少采用积极应对策略的教师比，压力感差异不大。再按均值把职业发展和工作保障压力感分为高低两组，发现应对策略均值接近，高压力感组离职倾向也高，低压力感组的离职倾向也低。这说明应对策略的调节机制是：不一定对压力感产生影响，但是对离职倾向具有显著影响。较多采用积极应对策略的教师，认为工作压力能促进自己的职业生涯发展，认可组织的管理措施，倾向采用更积极的态度和行为，调动更多的应对资源，包括增加自己的工作能力和信心、寻求社会支持等方法来应对压力，消极的压力反应减弱，对组织的满意度提高，离职倾向降低。较少采用积极应对策略的教师，倾向逃避压力，在态度和行为上更消极一些，容易对组织不满，产生离职念头。

第六章

研究结论与展望

第一节　研究结论及创新点

一、研究结论

随着高等教育大众化的发展和高校人事分配制度改革的深入，大学教师工作压力问题日益突出。依据工作压力和新制度经济学相关理论，借鉴以往研究成果，本研究定义了大学教师工作压力概念，提出了大学教师工作压力研究模型，并对工作压力系统相关变量及作用机理进行了理论探索和实证检验，主要结论如下：

结论1： 大学教师普遍感知到较高的工作压力，表现出较高的工作绩效与较低压力反应和离职倾向。

从总体情况来看大学教师的压力感程度偏高。教师自评压力感程度的调查结果显示，压力感程度低于中等的占15.4%、中等及以上高达84.6%。在制度视角下，大学教师工作压力源结构主要包括五个维度：绩效考核、组织管理、职业发展、工作保障和角色职责压力源，其中工作保障压力感最大，之后依次是：绩效考核、角色职责、组织管理、职业发展。从测量变量上看，感到压力程度最大的是职称评定条件，第二是科研任务和要求，第三是工资、福利待遇，说明大学绩效制度改革是目前教师最主要的压力来源。

大学教师压力反应强度偏低。压力反应包括消极的生理反应、心理反应和行为反应三个维度，其中心理反应最重，其次是生理反应，行为反应最轻，与一些以中小学教师为样本得出的研究结论"生理反应最重"不同。从测量变量上看，最明显的压力反应是感到疲劳，第二是记忆力下降，第三是焦虑、紧张，说明压力感已经影响到大学教师的身心健康。

大学教师工作绩效较高。从结构上看，周边绩效最高，居第二位的是教学绩效,科研绩效最低,说明目前大学教师科研和教学为主的任务绩效低于周边绩效。不同人口统计学变量教师的工作绩效存在显著差异。总体上看,大学教师工作绩效与年龄、教龄和职称呈正相关,学术地位和职称越高,工作绩效也相对较高。

大学教师总体离职倾向较低,说明大学教师对组织的认同感和归属感比较强。不同人口统计学变量教师离职倾向具有显著差异,年轻教师离职倾向相对较高。

结论 2:工作压力源各维度具有不同的绩效属性。

从工作绩效的角度看,本研究的组织管理压力源对周边绩效和教学绩效都具有促进作用,属于积极压力源;角色职责压力源对科研绩效具有显著的正向影响,是具有挑战性的压力源,属于积极压力源;绩效考核压力源对工作绩效三个维度都具有负向影响,尤其对教学绩效的影响达到统计学上的显著水平,属于消极压力源;职业发展压力源对科研绩效具有显著的负向影响,与离职倾向呈显著正相关,属于消极压力源;工作保障压力源对离职倾向最具有预测作用,具有消极压力源属性。从工作绩效角度虽然可以划分出积极压力源和消极压力源,但对大学教师来说,不管哪种压力源,压力感越大,对身心健康损害也越大。

结论 3:不同工作压力类型的教师表现出不同的工作绩效与离职倾向。

依据压力交互作用理论与大学教师工作压力状况的实证调查结果,将大学教师工作压力划分为四种类型:低压力感低压力反应型、高压力感低压力反应型、高压力感高压力反应型、低压力感高压力反应型。研究发现,不同类型教师工作压力源与压力反应的相关性具有显著差异,他们的工作绩效和离职倾向也具有显著差异。研究发现,在大学教师群体中低压力感高压力反应型教师离职倾向最高,高压力感教师是工作绩效最高的群体。这不同于传统压力研究和其它样本"高压力感造成了工作绩效的下降和离职倾向的升高"的研究结论。说明高压力感对于高成就动机的大学教师更是一种挑战,压力反应对离职倾向更具有预测力。

结论 4:工作压力源的不同维度对三个结果变量(所有或部分维度)具有直接作用,四个中间变量对压力源与结果变量关系具有中介或调节作用。

本研究选取四个中间变量(组织支持感、工作满意度、自我效能感和应对策略),系统探索工作压力源对结果变量(压力反应、工作绩效和离职倾向)的作用机理。研究表明,从直接作用来看,工作压力源与压力反应和工作绩效总体上具有正向相关性，与离职倾向相关不显著，压力源对结果变量的影响需要分解到具体维度上才有意义。进一步研究发现，工作压力源各维度与压力反应各维度均呈显著正相关，对工作绩效各维度的影响方向和强度不一致；工作压力源两个维度——职业发展和工作保障与离职倾向呈显著正相关。从中间变量作用来看，组织支持感和工作满意度在压力源（所有或部分维度）与结果变量关系中存在中介或调节作用；自我效能感和应对策略在压力源部分维度与结果变量关系中存在调节作用；组织支持感通过工作满意度、自我效能感通过应对策略的中介作用对部分结果变量产生积极影响。

结论5：工作压力源与组织行为学和个体特质相关变量比较，对工作绩效和离职倾向的预测作用具有显著差异。

组织支持感、自我效能感、应对策略和压力反应相对工作压力源而言，对大学教师的周边绩效、教学绩效和科研绩效更具有预测力；工作满意度相对工作压力源而言，对大学教师的周边绩效和教学绩效预测力相当，对大学教师的科研绩效更具有预测力；组织支持感、工作满意度、自我效能感、应对策略及压力反应相对工作压力源而言，对大学教师的离职倾向更具预测力。

综合以上研究结论可知，本书构建的包含自变量、中间变量、结果变量的大学教师工作压力研究模型基本通过了验证。研究表明，在制度视角下，大学教师工作压力源结构主要包括五个维度：绩效考核、组织管理、职业发展、工作保障和角色职责压力源；四个中间变量（组织支持感、工作满意度、自我效能感、应对策略）对压力源（所有维度或部分维度）与结果变量关系具有中介或调节作用；在三个结果变量中，包含消极的生理、心理和行为反应的压力反应三维度结构通过验证，积极压力反应维度未能通过实证检验。工作绩效包含周边绩效、教学绩效和科研绩效三个维度，教学绩效和科研绩效同属于任务绩效，与理论构想基本一致。离职倾向是单维结构，通过了实证检验；性别、学历、职称、学校和学科五个控制变量对工作压力源部分维度与结果变量的关系具有调节作用。修正后的研究模型（图6.1），可以应用于大学教师工作压力及其管理的相关研究。

二、创新点

本书在理论分析和大学教师工作压力测量工具开发的基础上，深入剖析了大学教师工作压力现状，围绕大学教师工作压力影响机制进行了深入细致地分析，拓展和深化了大学教师工作压力的研究。

本书主要创新点有：

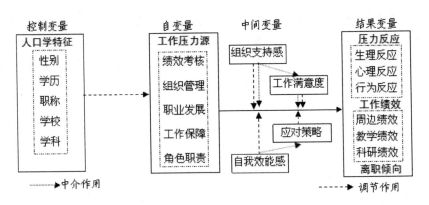

图6.1　修正后的大学教师工作压力研究模型

（一）以工作压力理论和新制度经济学理论为依据，开发了基于制度视角的大学教师工作压力源测量工具，深入研究了压力源各维度的绩效属性，拓展和细化了工作压力源的研究视角。

本书以工作压力理论和新制度经济学理论为依据，通过对中国社会转型、大学制度改革背景下大学教师工作压力源内容与结构的深入剖析，在不同层次大学和教师中，运用23个测量项目对工作压力源进行了问卷调查，五个维度（绩效考核、组织管理、职业发展、工作保障和角色职责）和23个测量项目的大学教师工作压力源问卷通过了实证检验，样本数据检验结果表明，编制的测量问卷具有较高的信度与效度，为大学教师工作压力源的研究提供了有效的测量工具，拓展了工作压力源的研究视角，为从组织和制度层面进行压力管理提供了可资参考的依据。

对大学教师工作压力源的五个维度进行深入研究，发现各维度具有不同的绩效属性，表现在组织管理和角色职责压力源具有积极的绩效属性而绩效考核、职业发展和工作保障压力源则具有消极的绩效属性。工作压力源的属性界分，对于工作压力源的作用效能定位与诊断具有重要的应用价值。

（二）构建了大学教师工作压力研究模型，并对模型进行了检验，界定了变量之间的路径关系，深化了工作压力作用机理的研究。

本研究构建了包含压力源自变量、中间变量和结果变量的大学教师工作压力研究模型，应用于大学教师工作压力的系统研究。结果变量选取与个人身心健康相关的压力反应变量（积极和消极方面）、与组织绩效相关的两个变量（积极方面的工作绩效和消极方面的离职倾向），使工作压力结果变量的研究视角更为全面。中间变量选取组织行为学变量（组织支持感和工作满意度）、个体特质变量（自我效能感和应对策略），这些变量都与压力的心理转换机制有关，使工作压力中间变量的研究更为全面和深入，推动了工作压力作用机理的研究。

对模型进行实证检验，各变量之间的关系强度和方向得以确认。从直接作用来看，工作压力源与压力反应和工作绩效总体上具有正向相关性，与离职倾向相关不显著，压力源对结果变量的影响需要分解到具体维度上才有意义。进一步研究发现工作压力源各维度与压力反应各维度均呈显著正相关，对工作绩效各维度的影响方向和强度不一致；工作压力源的两个维度（职业发展和工作保障压力源）与离职倾向呈显著正相关。四个中间变量对压力源（所有维度或部分维度）与结果变量关系具有中介或调节作用。模型各变量关系的实证检验，为大学教师工作压力研究提供了可供参考的依据，为大学组织进行压力管理，提供了合理的策略导向。

（三）依据压力交互作用理论，结合实证调查结果，从压力感和压力反应两个维度，把大学教师工作压力状况划分为高压力感高压力反应型等四种类型，综合分析压力源和压力反应对教师工作绩效和离职倾向的影响，为差别化管理提供依据。

以往研究工作压力系统的两个重要前因和结果变量——压力源和压力反应类型多是按不同标准进行单维划分。本书依据压力交互作用理论，结合工作压力源和压力反应状况的实证调查结果，把大学教师工作压力状况划分为四种类型：低压力感低压力反应型、高压力感低压力反应型、高压力感高压力反应型、低压力感高压力反应型。四种工作压力类型的划分，为工作压力细化研究和差别化管理提供了参考依据。

进一步研究发现，不同工作压力类型的教师表现出不同的工作绩效与离职倾向。高压力感高压力反应型教师科研绩效和离职倾向均高，高压力感低压力反应型教师周边绩效和教学绩效最高，低压力感高压力反应型教师工作绩效最低而离职倾向最高，低压力感低压力反应型教师离职倾向最低。由此可见，高压力感对工作绩效的不同维度具有正向促进作用。高压力感对于高成就动机的大学教师更是一种挑战，而高压力反应对离职倾向则更具有预测力。这些结论不同于"高压力感造成了工作绩效的下降和离职倾向的升高"的传统观点。工作压力类型的划分为大学组织对教师的工作压力状态进行及时的监控和干预提供了科学的信息源，也为提高教师工作绩效、规避离职风险提供了参考依据。

第二节　研究启示

工作压力影响着教师的身心健康和工作行为，对工作绩效和离职倾向也产生了不同程度和方向的影响。目前大多的压力管理策略都是针对个体，教育员工如何应付压力，但这不能在源头上解决压力问题。压力的缓解关键还是在于制度的改革与构建，更多的需要在组织和宏观的层面上解决压力问题。针对本研究的结论，提出如下政策性建议。

一、降低绩效考核压力感

研究表明，绩效考核是大学教师的重要压力来源，与压力反应各维度呈显著正相关，对工作绩效的三个维度都是负面影响，对教学绩效的负面影响达到了统计学上的显著水平。随着高校生存与发展的竞争日益激烈，在全方位的竞争中，科研实力已经成为高校排名的重要指标，这就使高校不得不将有限的资源与精力向科研方向倾斜，将科研压力通过量化指标"转嫁"到教师身上。绩效考核制度作为衡量教师劳动贡献的唯一尺度，是学校激励制度的重要组成部分，它直接影响着教师对教学和学术研究的投入。一种制度的后果既有可能有利于系统的生存与发展，实现系统的功能要求，也有可能出现"功能失调"、降低系统的适应性或妨碍系统的运行。从教师压力的视角看，绩效考核制度对大学功能的实现和大学系统的良性运行都表现出负面作用。大学教师是大学的核心资本，减轻绩效考核压力感，直接关系到调动大学教师的积极性和提升大学教师的生产力问题，也关系到大学发展的长远目标实现问题。针对绩效考核制度带来的压力问题，提出四点建议。

第一，绩效考核制度要以教师为本

任何制度设计都体现一种价值选择和价值取向，人是在制度中生活的。大量事实说明，制度要求只有为制度中的"人"普遍认可，并转化为多数人的行为规范，制度才能发挥其正功能。制度本身只能是手段而不能异化为目的，只有制度中的"人"才是目的，并是终极目的。为此，在制定政策时应充分体现人文精神和人性关怀。一切针对教师的管理政策与评价制度，都应以教师的自身利益关切为目标，以教师创造潜能的发挥和自身价值的彰显为目的，使学校的发展目标转化为教师积极工作的动力，不是为了更好地"约束"教师。

第二，科研评价要以学术为本

从大学组织管理的固有特征考虑，"学术权力"与"行政权力"二元权力结构是客观存在的。但是我国现实情况是学术管理往往被行政管理所代替。不同的社会建制有不同的价值取向，行政权力和学术权力具有不同的价值取向和运作机制。大学内部的学术管理和一般行政管理要区分开来，防止行政权力取代或干预学术权力。加强学术权力在组织管理中的地位，实现"行政治校、学者治学"，对减少"行政官僚导向"与"教师专业导向"之间的冲突非常重要。学术评价的目的是规约和引导教师的学术行为，促进学术活动的良性运行和发展，所以，价值取向应该定位于学术性，必须以遵循学术活动的特点和规律为前提。不同类型的高校、不同学科和特征的科研活动应当采用不同的评价指标体系和方法，评价的目标、内容应当有所区别，不能一刀切。只有尊重学术规律，才能从根本上减轻量化学术给大学教师带来的压力。

第三，激励要教学与科研并重

绩效考核压力源对教学绩效造成了负面影响，对教育和社会的发展危害深远。新制度经济学认为，人都有机会主义倾向，倾向于采取自己利益或效用最大化的行动。大学教师的角色职责要求科研与教学兼顾，但大学在科研成果方面对教师要求的刚性，使教师不得不集中有限资源与有限的精力从事科研。相比之下，缺乏利益驱动的教学工作便处于次要地位。当教师发现减少教学工作努力程度的同时，却可以使个人综合利益最大化，当一定比例的教师处于这种偷懒或者敷衍状态时，那么他们提供的教学服务质量必然会大大下降，整个教学效果必然受到影响，造成制度的激励功能不相容问题。制定教学与科研激励相容的制度，既能减轻教师的工作负担，也能最大限度调动教师的工作积极性，有利于大学组织的长远发展。

第四，赋予教师在学校活动中的参与权

我国大学的制度改革缺乏教师的广泛参与，制度变迁过程充斥着政治精英、高校领导者和某些学术权威的单方意志，表现为领导者自上而下的强制推行，高校教师权利和地位并未得到足够的尊重和保护[1]。我国高等教育政策的制订，应当说在很大程度上具有精英模式的特点。所谓精英模式，一个重要特点是政策形成过程中领导者（政治精英）起关键作用，政策更多反映出领导者的价值诉求和意志倾向。政策制订的精英模式与我国教育体制中长期存在的

---

[1] 叶芬梅：《政府·市场·学术：论高校教师职称制度改革的动力机制》，《国家教育行政学院学报》2009 年第 6 期，第 31 页。

行政性和计划性有很大关系①。这一模式的问题很明显，比如，政策制订存在一定的随机性，缺乏整体性和系统性；人为因素影响比较大，缺乏相应的制度保障和程序保障，容易出现在论证不充分的情况下仓促出台。

在高等学校内部进行的各种改革活动中，相对于决策者和行政管理层，教师往往处于接受改革、适应改革的前沿，各种针对教师的考核评价和脱离实际的奖励极易使其形成"评价焦虑"，造成很大的心理压力。本研究发现，组织支持感和工作满意度的提高，能显著降低绩效考核造成的压力感，减弱消极压力反应的强度，提高工作绩效。大学教师作为专业人员，最了解学科及其标准的正确界定，最有权威决定本学科的科研方向和教学计划。教师参与跟其利益相关的制度制定，既能增加教师的公平感和工作满意度，也有利于降低压力感。

二、缓解职业发展压力感

青年教师职业发展压力感最大，离职倾向也最高。职业发展压力源对结果变量的影响都是负面的，对科研绩效负向影响显著、与离职倾向显著正相关。作为高端人才，大学教师具有很高的工作成就需要与自我价值实现需要，他们非常重视自己事业上的发展，同时也希望得到社会与组织的认可。当一个人事业进步的期望不能得到满足或受阻时，压力的状态就会出现。研究发现，通过提高组织支持感、工作满意度以及自我效能感，能减轻职业发展压力感对个人的消极影响，有利于提高工作绩效。缓解职业发展压力感，有助于大学组织的可持续发展。

第一，做好青年教师的职业生涯规划工作

青年教师处于职业生涯的初期，组织要重视教师的职业生涯规划工作。组织应引导青年教师树立正确的职业观，塑造组织忠诚度与使命感，确定职业方向，避免个人职业期望与现实的差距过大；知识更新速度的加快，教师为完成工作所需的知识、观念以及技能也需要不断地更新和提高，组织应主动为教师提供学习和培训的机会，提高自我效能感和对工作的胜任力，可以大大减弱职业发展压力感。实施有效的职业生涯管理，为教师创造条件使其有机会获得成就感和自我实现感，这对于鼓舞士气、激发个人潜能、提高工作绩效有着极大的作用。

---

① 卢晓中，刘志文：《我国高等教育质量政策的特点及走向》，《教育发展研究》2008 年第 13-14 期，第 46-50 页。

第二，提供教师的晋升空间

职称评定居于大学教师压力感之首。潜在压力源成为真正压力源的两个必备条件是行为结果的不确定性和结果对个体的重要性。对大学教师来说，职称不仅是各种利益的载体，更是自我价值和成就感的体现，重要性不言而喻。我国大学由于行政权力远大于学术权力，那么难免会有行政权力干扰学术权力，使职称评定偏离正常的轨道的问题，如多种名目的倾斜、照顾，影响和冲淡了评定的本质功能，职称评定的不确定性增加。如果职业发展的空间有限，会造成教师工作热情及工作投入减弱，使其感到工作的社会价值和社会地位降低，这些都会导致过重的心理负担。在晋升制度建设方面，除了晋升制度规范化，晋升程序公开化、透明化外，还要建立公平、有效的竞争机制，为教师提供合理的晋升空间，才会减轻职称评定的压力感。

第三，建立教师帮助机构

我国工作压力管理基本还没有纳入组织管理体系，在西方心理健康和压力问题非常受到重视。员工帮助计划（EAP）在国外得到了广泛和有效的利用。它是组织为员工设置的一套系统的、长期的福利与支持项目，其在压力管理中的应用主要包括：压力诊断、宣传普及、教育培训、压力咨询等几项内容。进行压力管理会付出一部分成本，但从长期来看，会使离职率降低，大幅度减少招聘、培训的成本，并有助于员工保持身心健康，提高绩效，效益大于成本[1]。西方实践证明了 EAP 是行之有效并且组织能得到很高回报的压力管理措施。大学组织要发挥自己在减轻教师压力感方面的作用，一个行之有效的措施是吸收有专业知识的人员来充实人力资源管理部门，如设置一个压力管理办公室（或心理辅导咨询室）为教师提供专业性的帮助。

三、制定公平合理的薪酬制度

薪酬体系是体现员工利益的制度安排。调查显示，以薪酬制度为代表的工作保障压力源是大学教师最大的压力来源，薪酬待遇成为影响教师工作满意度和离职倾向的重要预测因素，"工资、福利待遇"居于 23 项压力源的第三位，54.2% 的被调查教师感到压力较大或很大，"回报与付出不相当"处于第四位，57.5% 的被调查教师感到压力较大或很大。可以看出，薪酬的压力主要是来源于不公平感。

---

① 张西超：《员工帮助计划：中国 EAP 的理论与实践》，中国社会科学出版社 2006 年。

付出-回报不平衡理论认为，高付出和低回报的不匹配是造成压力的重要原因。工资、奖金及其它各种福利待遇是个体从事职业工作的初衷与第一需要，也是教师衡量自我价值的尺度。根据亚当斯的公平理论，教师会通过种种横向和纵向的社会比较来判断自己所获得的报偿是否合理，比较的结果将直接影响到他们今后的工作积极性。组织应该积极评价教师的工作付出，向教师提供有吸引力的薪酬。与外界相比，薪酬应具有竞争力，薪酬的激励强度应与人才市场人才的价格水平保持一定的对应关系，其强度应对所需人才具有足够的吸引力，尤其与同行竞争对手相比应具有相对竞争优势，以减少人才流失；从内部来讲，教师关心薪酬差别的程度高于关心薪酬本身的水平，很多情况下，教师对薪酬的绝对数目满意，但相对于同级同事的薪酬感到不公平，也会弱化薪酬的激励强度，从而影响教师的工作积极性。组织在决策和分配过程中，要注意分析教师付出和所得报酬之间的平衡，不同岗位、不同人员之间分配的平衡，教师报酬与个人综合人力资源投入之间的平衡。只有建立公平合理的薪酬制度才能有效缓解教师压力感，提高教师对组织的忠诚度，留住优秀人才，促进组织的稳定发展。

四、善用角色职责压力源

角色职责压力源是消极压力反应的重要预测变量，对科研绩效具有显著的正向影响。研究表明，教师的工作责任越重大、标准越严格，各种期望越高，确实增加了教师压力，危害了教师的身心健康，但教师依然视之为挑战性的压力，所以为了达到角色要求，增加更多的工作投入，促进工作绩效的提高。

大学要在激烈的竞争中站稳脚跟，并图发展，就不能不要求教师努力工作，不断创新，不断向自己的极限挑战。由于大学教师对于紧张、有挑战性的责任压力持认同的态度，组织可以保持或提高工作要求，给予教师较高的期望，以促进教师工作潜能的充分发挥。但要努力创设良好的工作环境，关心教师的身心健康，还要为教师提供必要的资源支持、精神支持和智力支持，使教师能够在健康的、有持续激发作用的工作压力状态下高效率、高质量地做好工作，从而使学校与教师共同获得良性发展。

对于教师个人来说，在努力应对挑战、提高工作绩效的同时，也要关心自身的身心健康，对个人的压力进行管理。教师个人可以借鉴的应对压力策略，如：认知策略，改变对压力源的评价以及应对它们的方式的自我认知；问题解决策略，就是直面问题，找到各种可供选择的解决方案，对这些方案进行评价，权衡利弊，最后选择其一并采取行动等；情绪策略，就是调节自己对压力的情绪反应，使自己的情绪紧张度降低，这种应对策略不是处理压力源本身，其目的是缓和个体对压力的感受，利于身心健康。

五、建设支持性的组织文化

从组织管理压力源对结果变量的影响看，是身心反应重要的预测变量，也是周边绩效和教学绩效的重要预测变量，而且都呈正相关，从绩效的角度来说，它属于积极压力。从调查的结果看，对组织管理方式持认同态度的教师，感到组织支持感和工作满意度较高，虽然组织管理压力源损害了身心健康，但仍然愿意增加工作投入，提高工作绩效；对组织管理方式不认同的教师，缺乏归属感，组织支持感和满意度也低，周边绩效和教学绩效都低，离职倾向则高。组织管理压力源对科研绩效影响不显著，因为科研绩效更体现的是对"学科的忠诚"，而周边绩效和教学绩效更代表了对"院校的忠诚"。发挥组织管理对工作绩效的激励功能，才能留住人才。

组织文化是一个组织中全体成员共同拥有的价值观体系、基本精神。优秀的大学组织文化能够很好地提高教师对组织的认同感和忠诚度，不良的组织文化却会给教师带来压力感，造成负面影响。作为学术人才的大学教师，从事科学研究主要依赖于自身的智力投入和良好的科研条件以及宽松的组织氛围，他们希望有良好的科研设备、充足的科研经费等物质条件；倾向于拥有一个自主的工作环境、氛围浓厚的学术空间；同时也看重领导和同事的支持，需要组织给予政策扶持，希望在和谐的高水平团队里工作。构建支持性的组织文化，为教师营造健康、和谐的工作环境和自主创新、有团队精神的文化氛围，激励其主动奉献与创新的精神。

第三节　研究局限与研究展望

一、研究局限

本研究虽然取得了一定的进展，但由于个人研究能力与研究资源所限，不可避免存在一些局限性和不足之处，主要体现在以下几个方面：

（1）在概念的界定与量表的构建上，本研究中的一些概念采用了多数学者的定义方法，并根据已有文献和定性访谈的结果生成了相应的测量问卷，虽然经检验表明具有良好的信度和效度，但是可能采用其他的定义与测量方法会得到更好的效度。

（2）在研究模型构建上，主要考察了组织行为学变量组织支持感和工作满意度以及它们的交互作用、个体特质变量自我效能感和应对策略以及它们的交互作用，实际上压力作用过程这一"黑箱"中所包含的影响变量是很多的，而且这些变量之间经常存在某种交互作用，本研究只考察了部分变量的交互作用，故研究结果会有解释上的限制存在。

（3）在研究方法上，因为研究条件的限制，主要是进行了主观指标的考察，被试在填答问卷时，以自陈方式填答，其所觉知的表现未必与真实的表现相符，也可能因防卫心理及价值判断的影响，会隐藏个人真实意愿，难免会产生社会期许的效应，在填答时有所保留，而未能完全据实填答，将使研究结果出现测量误差。

（4）在研究的时点上，本研究为横断式调查研究，采用的数据都是在同一时点上的截面数据，由于横断研究在建立因果关系、排除其它变量的介入、明确因果关系方向等方面存在很大的局限性，如果不能对研究数据进行恰当的分析，就难以验证研究者的预定假设。

（5）在研究样本上，由于研究条件的限制，所涉及的样本未涉及边疆地区、也未涉及民办高校，所调查地区教师的工作压力可能不同于其它地区和学校。这使得研究结论的外部效度受到了一定程度的影响。

二、研究展望

（1）进一步探索工作压力的作用机制。工作压力是一个框架概念，其作用过程受个性特征、自我效能感、组织支持、应对策略等众多缓冲变量的影响，无论是压力激发理论、抑制理论还是倒 U 型理论，实际上都未打开工作压力作用机理这一"黑箱"。在界分不同种类和不同性质的工作压力来源基础上，对于各种影响变量在工作压力作用过程中的缓冲效应、中介效应、交互效应等研究，依然是工作压力作用机理研究的重点。

（2）对于工作压力源因素的构成与属性的进一步深入研究。识别工作压力源，是工作压力管理的第一步，也是从源头上管理压力的前提条件。"健康的组织"才能使工作绩效最大化，对来自于组织的压力源因素的构成、属性等研究，对有效压力管理至关重要。

（3）关注积极压力的研究。关注心理研究的积极面成为心理学研究的新动向。本研究尝试探索教师的积极压力反应，虽然在定性访谈阶段有所收获，但最终没有通过问卷调查结果的统计检验。如何找出积极压力产生的背景、模式，使大学教师个人和学校组织如何保持在一个最佳压力水平上，是今后有意义的一个研究方向。

（4）有关工作压力测度的研究。对于工作压力的测量，是在对工作压力的框架性认识基础上进行的。我国对大学教师压力程度的研究，抽样调查结果差异很大。主要原因是使用的测量工具缺乏有效性，测量方法缺乏精确性；国内外对压力干预效果的评估也多是经验式的，缺乏有效的测量工具。未来的研究可以尝试界定工作压力感的绝对程度，例如压力感具体到达何种程度会引起过劳，何种程度会降低工作的效率等等，当然，由于这涉及到很多复杂因素，目前来说难度较高。

（5）有关个人绩效的测度。本研究曾设计个人绩效测量问卷，但测量结果发现个人绩效自评的主观性和情绪性太强，无法真实反映大学教师的工作产出，更多的是一种自我效能感的体现。之后采用周治金教授的大学教师工作绩效问卷，再次测量，结果有所好转。未来个人绩效测量应该多使用客观数据，或者主客观相结合，避免主观性强的问题，这有助于工作压力与工作绩效关系的研究。

（6）采用纵向数据。横断式研究做因果相关的推论存在局限性，若能以纵贯式研究法追踪被试样本采取不同策略前后的压力感受、压力结果等变量，当更有能力验证假设，并且更能了解不同中间变量的调节压力过程的作用机制。过多的依赖横断设计是教师压力研究设计中存在的一个严重问题。

（7）重视组织层面的大学教师压力管理实践。在理论层面上，组织行为学、心理咨询与治疗的某些有效的理论方法尚未被引入到压力管理的理论中；在实践层面上，我国还没有大学从预防、应对、治疗三个层面对教师进行压力管理。在我国的一些企业开始实行 EAP 计划（员工帮助计划），在本人已阅的文献中，尚未发现有大学实行 EAP 计划。如何有效地进行组织层面的压力管理，对于教师的身心健康发展和大学的长远目标实现，显得尤为重要。

参考文献

中文参考文献

一、中文著作

[1] 郭本禹，姜飞月：《自我效能理论及其应用》，上海教育出版社 2008 年版。

[2] 李虹：《教师工作压力管理》，中国轻工业出版社 2008 年版。

[3] 石林：《职业压力与应对》，社会科学文献出版社 2005 年版。

[4] 舒晓兵：《管理人员的工作压力与工作效率研究》，武汉大学出版社 2007 年版。

[5] 许小东，孟晓斌：《工作压力应对与管理》，航空工业出版社 2004 年版。

[6] 解亚宁：《心理卫生评定量表手册》，中国心理卫生杂志社 1999 年版。

二、中文译著

[1] Alan Carr 著、郑雪，等译校：《积极心理学：关于人类幸福和力量的科学》，中国轻工业出版社 2008 年。

[2] Dail L. F. 著、阳志平，王薇译：《工作评价——组织诊断与研究实用量表》，中国轻工业出版社 2004 年。

[3] 柯武刚，史漫飞著、韩朝华译：《制度经济学——社会秩序与公共政策》，商务印书馆 2002 年。

[4] 苏尔斯凯，史密斯著、马剑虹，等译：《工作压力》，中国轻工业出版社 2007 年。

[5] 斯蒂芬·P·罗宾斯著、孙建敏，李原译：《组织行为学》，中国人民大学出版社 1997 年。

[6] Sutherland V. J.，Cooper C. L. 著、徐海鸥译：《战略压力管理》，经济管理出版社 2003 年。

三、中文论文

[1] 鲍道苏：《高校教师压力大健康状况堪忧》，《中国教育报》2004 年 10 月 6 日第 4 版。

[2] 陈德云：《教师压力分析及解决策略》，《外国教育研究》2002 年第 12 期。

[3] 陈志霞：《知识员工组织支持感对工作绩效和离职倾向的影响》，2006 年华中科技大学博士学位论文。

[4] 曹雨平：《高校教师离职过程分析》，《江海学刊》2006 年第 3 期。

［5］董志强：《制度及其演化的一般理论》，《管理世界》2008 年第 5 期。

［6］龚志周：《电子商务创业压力及其对创业绩效影响研究》，2005 年浙江大学博士学位论文。

［7］胡坚，莫燕：《高校教师工作价值观与任务绩效关系的实证分析》，《科学学与科学技术管理》2004 年第 12 期。

［8］胡青，李笃武，孙宏伟等：《高校教师工作压力与工作绩效的关系：组织承诺的调节作用》，《中国健康心理学杂志》2009 年第 12 期。

［9］纪晓丽，陈逢文：《工作压力对高校教师工作绩效的作用机制研究》，《统计与决策》2009 年第 16 期。

［10］李虹：《大学教师的工作压力类型和压力强度研究》，《清华大学教育研究》2005 年第 5 期。

［11］李虹：《大学教师工作压力量表的编制及其信效度指标》，《心理发展与教育》2005 年第 4 期。

［12］柳友荣：《高校青年教师心理健康状况调查分析》，《高等教育研究》1998 年第 4 期。

［13］李兆良，高燕，于雅琴等：《高校教师工作压力状况及与职业倦怠关系调查分析》，《医学与社会》2007 年第 2 期。

［14］潘欣，权正良，钱玉燕：《大学教师职业压力与心理健康关系的研究》，《中国健康教育》2003 年第 10 期。

［15］朴雪涛：《大学教师角色的制度性特征分析》，《沈阳师范大学学报》2005 年第 1 期。

［16］许小东：《管理者工作内源压力与外源压力的结构模型研究》，《管理工程学报》2007 年第 1 期。

［17］王海翔：《高校青年教师心理压力的调查分析及对策》，《宁波大学学报》2004 年第 5 期。

［18］钱铭怡：《抑郁者目标水平与自我评价的研究》，1995 年北京大学博士学位论文。

［19］苏宝利，吕贵：《高校教师学术评价制度：问题与对策》，《江苏高教》2003 年第 6 期。

［20］魏海燕：《研发人员工作动力行为的探索性研究》，2007 年复旦大学博士学位论文。

［21］吴松：《我们离现代大学制度有多远》，《中国大学教学》2005 年第 1 期。

［22］韦雪艳：《基于交互作用的民营企业家压力应对策略与倦怠关系的研究》，2008 年浙江大学博士学位论文。

［23］王远，尚静：《大学教师绩效评估制度的有效性分析》，《河北大学学报》2004 年第 3 期。

［24］王志红，蔡久志：《大学教师工作满意度的测量与评价》，《黑龙江高教研究》2005 年第 2 期。

［25］温忠麟，侯杰泰，张雷：《调节效应与中介效应的比较和应用》，《心理学报》2005

年第 2 期。

[26] 杨杰，方俐洛，凌文铨：《关于绩效评价若干基本问题的思考》，《自然辩证法通讯》2001 年第 2 期。

[27] 袁少锋，高英：《组织支持对工作压力的中介效应研究——基于知识型员工样本的实证分析》，《应用心理学》2007 年第 4 期。

[28] 张鼎昆，方俐洛，凌文轻：《自我效能感的理论及研究现状》，《心理学动态》1999 年第 1 期。

[29] 张德祥：《关于"现代大学制度研究"的几点思考》，《辽宁教育研究》2005 年第 8 期。

[30] 赵敏：《我国现代大学教师管理制度伦理研究》，2007 年华中科技大学博士学位论文。

[31] 张勉，李树茁：《雇员主动离职心理动因模型评述》，《心理科学进展》2002 年第 3 期。

[32] 张旭昆：《制度的定义与分类》，《浙江社会科学》2002 年第 6 期。

[33] 周治金，朱新秤，王伊兰等：《高校教师工作绩效及其影响因素的调查与分析》，《高等工程教育研究》2009 年第 2 期。

英文参考文献

一、英文著作

[1] Bandura A. , *Self-efficacy：The exercise of control*, New York：Freeman, 1997.

[2] Caplan R. D. , Cobb S. , French J. R. P. , "Job demands and worker health：Main effects and occupational differences", *NOSH Research Report.* Washington, DC, US：DHEW publication , 1975.

[3] Cooper C. L. , Sloan S. J. , Williams S. , *Occupational stress indicator：Management guide*, Windsor, UK：NFER-Nelson, 1988.

[4] Lazarus R. S. *Stress and emotion：A new synthesis*, New York：Springer, 1999.

[5] Price J. H. , *Handbook of organizational measurement*, Lexington, District of Columbia：Health & Company, 1972.

[6] Spector P. E. , "A control theory of the job stress process". In CL Cooper Ed. , *Theories of Organizational Stress*, Oxford, UK：Oxford Univ. Press, 1998.

二、英文论文

[1] Abouserie R. , "Stress, coping strategies and job satisfaction in university academic staff, " *Educational Psychology*, Vol16, No. 1, 1996.

[2] Bateman T. S. , Organ D. W. , "Job satisfaction and the good soldier：the relationship between affect and employee 'Citizenship' ," *Academy of Management Journal*, Vol26, No. 4, 1983.

[3] Borg M. G. , "Occupational stress in British Educational Settings：A Review," *Educational*

Psychology, Vol 10, No. 2, 1990.

[4] Borman W. C., Motowidlo S. J., "Task performance and contextual performance: The meaning for personnel selection research," *Human Performance*, Vol 10, No. 2, 1997.

[5] Cox T. Brockley T., "The experience and effects of stress in teachers," *British Educational Research Journal*, Vol10, No. 1, 1984.

[6] Dunham J., "An exploratory comparative study of staff stress in English and German comprehensive schools," *Educational Review*, Vol 32, No. 1, 1980.

[7] Eisenberger R., Huntington R., Hutchison S., "Perceived organizational support," *Journal of Applied Psychology*, Vol71, No. 3, 1986.

[8] Folkman S., Lazarus R. S., Gruen R. J., "Appraisal, coping, health status, and psychological symptoms," *Journal of Personality and Social Psychology*, Vol 50, No. 3, 1986.

[9] Farh J. L., Tsui A. S., Xin K., "The influence of relational demography and guanxi: The chinese case" *Organizational Science*, Vol13, No. 4, 1998.

[10] Hobfoll S. E., "Conservation of resources: A new attempt at conceptualizing stress," *American Psychologist*, Vol 44, No. 3, 1989.

[11] Judge T. A., Thoresen C. J., Bono J. E., "The job satisfaction-job performance relationship: A qualitative and quantitative review," *Psychological Bulletin*, Vol 27, No. 3, 2001.

[12] Jex S. M., Bliese P. D., Buzzell S., "The impact of Self-efficacy on stressor-strain relations coping style as an explanatory mechanism," *Journal of Applied Psychology*, Vol 86, No. 3, 2001.

[13] Kyriacou C., "Teacher stress: directions for future research", *Educational Review*, Vol53, No. 1, 2001.

[14] Kyriacou C., Sutcliffe J., "Teacher stress: prevalence, sources and symptoms," *British Journal of Educational Psychology*, Vol48, No. 2, 1978.

[15] Lu L., Shiau C., Cooper C. L., "Occupationa stress in Clinical nurses," *Counseling Psychology Quarterly*, Vol 10, No. 1, 1997.

[16] McDonald T., Siegall M., "The effects of technological self-efficacy and job focus on job performance, attitudes, and withdrawal behaviors," *The Journal of Psychology*, Vol 126, No. 5, 1992.

[17] Price J. L., "Introduction to the special issue on employee turnover," *Human Resource Management Review*, Vol 10, No. 9, 1999.

[18] Rhoades L., Eisenberger R., "Perceived organizational support: A review of the literature," *Journal of Applied Psychology*, Vol87, No. 4, 2002.

[19] Robert A., Karasek J. R., "Job demands, job decision latitude, and mental strain: Implications for job redesign," *Administrative Science Quarterly*, Vol 24, No. 2, 1979.

［20］Rotundo M. , Sackett P. R. ,"The relative importance of task, citizenship, and counterproductive performance: A policy-capturing approach ," *Journal of Applied Psychology* , Vol 87 , No. 1 , 2002.

［21］Seligman M. , Csikszentmihalyi M. "Positive psychology: An introduction ," *American Psychologist* , Vol56 , No. 1 , 2000.

［22］Selye H. , " The stress concept ," *Canadian Medical Association Journal* , Vol115 , No. 8 , 1976.

［23］Siegrist J. , "Adverse health effects of high-effort/low-reward conditions ," *Journal of Occupational Health Psychology* , Vol1 , No. 1 , 1996.

［24］Zhou Y. , Volkwein J. F. , "Examining the influences on faculty departure intentions: A comparison of tenured versus nontenured faculty at research universities using NSOPF-99 ," *Research in Higher Education* , Vol 45 , No. 2 , 2003.

附录 1　附表

附录 1.1　大学教师压力源访谈和开放式问卷收集条目

条目	内容归类
1 学生对教师的教学质量进行评价	绩效考核
2 评价标准主要看论文的数量和课题经费的数额	
3 评价体系中一刀切，不考虑学科的特点	
4 考核与评比过频	
5 学校在教师业绩评估时，太侧重科研成果数量，太轻视教学	
6 学校评价体系不完善，教师晋级只与课题和论著挂钩	
7 对教师完成课题与论文的数量、质量等的要求不适当	
8 激励机制不合理，太倾向科研	
9 教学和科研负担重，再加上额外任务多（培训、开会等）	
10 对习惯于平稳生活方式的教师来说，改革造成观念冲突	
11 实行聘任制，降级和下岗触及到人们的自尊和归属的需求、生存压力	
12 对自己职业发展的前景感到担忧	
1 晋升竞争	晋升制度
2 职称的评定与实际工作能力不完全一致	
3 评职称过于公式化	
1 提高学历、知识更新压力	职业发展
2 工作与学习、进修、进一步深造常发生冲突	
3 缺少满足自身需要的进修学习机会	
1 工资、福利待遇低	工作保障
2 待遇依赖考核，而考核标准并不科学和公平	
3 所承担的工作与所得到的报酬不成正比	
4 收入差距悬殊	

续表

条目	内容归类
1 奖惩式激励制度多、发展性激励制度少	组织管理
2 学校政策不稳定、频繁变动	
3 制度上的急功近利导向使教师不得不追求短期效应	
4 学校对遭受压力或表现出压力症状的教师缺乏专业机构和专业人员帮助	
5 关系取向的管理迫使教师提高社会交际的素质	
6 高校管理目标太过短期化、功利化	
7 普通教师缺乏参与学校决策与管理的机会	
8 制度的制定轻视一线教师的感受和体验	
9 不断的变革要求明显缺乏理性	
10 工作付出许多时间和精力，却得不到学校的认同	
1 社会对于大学教师职业的期望和要求过高	角色职责
2 高校教师这份职业需要不断倾注感情和精力	
3 需要承担太多的责任与角色	
4 自我期望高	

附录1.2 大学教师压力反应访谈和开放式问卷收集条目

条目	内容归类
1 容易生病	消极生理反应
2 容易感冒发烧	
3 食欲下降	
4 失眠、多梦	
1 爱发脾气、烦躁	消极心理反应
2 注意力不集中	
3 健忘、记忆力下降	
4 容易疲劳，精神不振	
5 急躁	
1 不愿与人接触	消极行为反应
2 工作效率低	
3 缺席	
4 想换工作	
1 科研积极性掮高	积极压力反应
2 感到充实	
3 工作有意义	
4 有工作目标、能提高工作效率	

附录1.3 第一次正式调查问卷样本描述

类别	样本分类	频数	百分比（%）	类别	样本分类	频数	百分比（%）
R1 性别	男	253	55.5	R5 教育程度	本科及以下	85	18.6
	女	203	44.5		硕士	198	43.4
R2 年龄	30 岁及以下	110	24.1		博士及以上	173	37.9
	31～40 岁	205	45.0	R6 职称	助教	78	17.1
	41～50 岁	111	24.3		讲师	192	42.1
	50 岁以上	30	6.6		副教授	127	27.9
R3 婚姻	未婚	100	21.9		教授	59	12.9
	已婚	346	75.9	R7 学校类型	研究型大学	110	24.1
	其它	10	2.2		研究教学、教学研究型大学	222	48.7
R4 教龄	5 年以下	198	43.4		教学型本科院校	124	27.2
	6～15 年	144	31.6	R8 学科领域	理科	187	59.0
	16～25 年	81	17.8		文科	269	41.0
	25 年以上	33	7.2				

注：N = 456

附录1.4 大学教师工作压力现状问卷样本描述

类别	样本分类	频数	有效百分比（%）	类别	样本分类	频数	有效百分比（%）
R1 性别	男	495	52.7	R5 教育程度	本科及以下	153	16.3
	女	444	47.3		硕士	392	41.7
R2 年龄	30 岁及以下	207	22.0		博士及以上	394	42.0
	31～40 岁	434	46.2	R6 职称	助教	128	13.6
	41～50 岁	247	26.3		讲师	390	41.5
	50 岁以上	51	5.4		副教授	306	32.6
R3 婚姻	未婚	168	17.9		教授	115	12.2
	已婚	745	79.3	R7 学校类型	研究型大学	241	25.7
	其它	26	2.8		研究教学、教学研究型大学	462	49.2
R4 教龄	5 年以下	386	41.1		教学型本科院校	236	25.1
	6～15 年	314	33.4	R8 学科领域	理科	437	46.5
	16～25 年	177	18.8		文科	502	53.5
	25 年以上	62	6.6				

注：N = 939

附录1.5 第二次预测样本的基本构成情况

类别	样本分类	频数	有效百分比（%）	类别	样本分类	频数	有效百分比（%）
R1 性别	男	94	51.4	R5 教育程度	本科及以下	28	15.3
	女	89	48.6		硕士	88	48.1
R2 年龄	30岁及以下	31	16.9		博士及以上	67	36.6
	31～40岁	87	47.5	R6 职称	助教	16	8.7
R3 婚姻	41～50岁	57	31.1		讲师	74	40.4
	50岁以上	8	4.4		副教授	67	36.6
	未婚	24	13.1		教授	26	14.2
R4 教龄	已婚	147	80.3	R7 学校类型	研究型大学	42	23.0
	其它	12	6.6		研究教学、教学研究型大学	95	51.9
	5年以下	64	35.0		教学型本科院校	46	25.1
	6～15年	62	33.9	R8 学科领域	理科	94	51.4
	16～25年	44	24.0		文科	89	48.6
	25年以上	13	7.1				

注：N=183

附录1.6 第二次正式调查样本的基本构成情况

类别	样本分类	频数	有效百分比（%）	类别	样本分类	频数	有效百分比（%）
R1 性别	男	242	50.1	R5 教育程度	本科及以下	68	14.1
	女	241	49.9		硕士	194	40.2
R2 年龄	30岁及以下	97	20.1		博士及以上	221	45.8
	31～40岁	229	47.4	R6 职称	助教	50	10.4
R3 婚姻	41～50岁	136	28.2		讲师	198	41.0
	50岁以上	21	4.3		副教授	179	37.1
	未婚	68	14.1		教授	56	11.6
R4 教龄	已婚	399	82.6	R7 学校类型	研究型大学	131	27.1
	其它	16	3.3		研究教学、教学研究型大学	240	49.7
	5年以下	188	38.9		教学型本科院校	112	23.2
	6～15年	170	35.2	R8 学科领域	理科	250	51.8
	16～25年	96	19.9		文科	233	48.2
	25年以上	29	6.0				

注：表N=483

附录 2   问卷

附录 2.1   访谈提纲

①作为一名大学教师，您是否感到有压力？程度如何？

②您认为自己的工作压力是来自于个人还是个人以外的因素？如果两者都有，哪方面的因素更大？

③让您产生压力的个人以外的因素有哪些？其中制度方面因素是什么？

④您认为您个性的哪些特点或者观念让您产生了工作压力？

⑤您有怎样的压力反应？

⑥您感到自己压力大的时候会尽量采用一定的方式调节自己吗？如果会，您通常采取什么方式调节自己呢？如果不会，又是什么原因呢，请您简要地谈谈好吗？

⑦您希望学校在管理方面做什么调整，能减轻您的压力？

附录 2.2 大学教师工作压力和工作绩效调查问卷（部分问卷）

尊敬的老师：

您好！感谢您在百忙之中参与并协助我们完成此次调查。这是一份有关大学教师工作压力和工作绩效的调查问卷。主要了解大学教师在实际工作中感受到的工作压力情况以及压力对工作绩效的影响。回答没有对错，也不需要留名，您的回答不对外公开，请放心做答。

非常感谢您填写这份问卷！

一、您的个人信息

性别：A 男　　　　　B 女

年龄：A 30 岁以下　　B 31～40 岁　　C 41～50 岁　　D 50 岁以上

婚姻：A 未婚　B 已婚　C 其它

教龄：A 5 年以下　B 6～15 年　　C 16～25 年　　D 25 年以上

受教育程度：A 本科及以下　B 硕士　C 博士及以上

职称：A 助教　B 讲师　　C 副教授　　D 教授

学校类型：A 研究型大学 B 研究教学、教学研究型大学　　C 教学型本科院校

学科领域：A 理科　B 文科

二、工作压力

我们每个人在面对工作时，都会不同程度地感受到压力，即工作压力。在您的实际工作中，以下情形是否给您带来工作压力呢？压力大小如何呢？压力反应的情况如何？**请在选项后面的空格里写上您的选择，下同。**其中：A1-23 题：1 代表没有压力；2 代表较轻压力；3 代表中等压力；4 代表较大压力；5 代表很大压力。B1-11 题：1 代表从未；2 代表很少；3 代表有时；4 代表较多；5 代表总是。

测量项目	没有压力	较轻压力	中等压力	较大压力	很大压力	您的选择
A1 知识的更新	1	2	3	4	5	
A2 科研任务和要求	1	2	3	4	5	
A3 教学任务和要求	1	2	3	4	5	
A4 职称评定条件	1	2	3	4	5	
A5 量化考核与评比	1	2	3	4	5	
A6 学生对教师的教学质量进行评价	1	2	3	4	5	
A7 现有聘任制度	1	2	3	4	5	
A8 工作岗位的竞争	1	2	3	4	5	
A9 对不同学科教师评价标准相同	1	2	3	4	5	
A10 大学管理的目标短期化	1	2	3	4	5	
A11 大学行政化管理体制	1	2	3	4	5	
A12 学校部分政策的频繁变动	1	2	3	4	5	
A13 对学历的要求提高	1	2	3	4	5	
A14 缺少进修机会	1	2	3	4	5	
A15 工作与进修冲突	1	2	3	4	5	
A16 学校工作保障体制	1	2	3	4	5	
A17 回报与付出不相当	1	2	3	4	5	
A18 工资、福利待遇	1	2	3	4	5	
A19 学生对教师的要求和期望	1	2	3	4	5	
A20 需要承担太多的责任	1	2	3	4	5	
A21 社会对于大学教师职业的期望和要求	1	2	3	4	5	
A22 教师的自我期望	1	2	3	4	5	
A23 您对压力总体上的感受程度	1	2	3	4	5	
请根据您近期的真实情况，进行判断。	从未	很少	有时	较多	总是	您的选择
B1 头疼、气闷、耳鸣等身体不适症状	1	2	3	4	5	
B2 食欲下降、睡眠状况不佳	1	2	3	4	5	
B3 感到疲劳	1	2	3	4	5	

续表

测量项目	没有压力	较轻压力	中等压力	较大压力	很大压力	您的选择
B4 情绪低落	1	2	3	4	5	
B5 记忆力下降	1	2	3	4	5	
B6 注意力不够集中	1	2	3	4	5	
B7 焦虑、紧张	1	2	3	4	5	
B8 思维缓慢、混乱，反应迟钝	1	2	3	4	5	

三、组织支持感

请您按照自己对所在组织的真实感受做出选择。其中：1 代表完全不符合；2 代表不太符合；3 代表不确定；4 代表比较符合；5 代表完全符合。

测量项目	完全不符合	不太符合	不确定	比较符合	完全符合	您的选择
C1 组织关心我的福利	1	2	3	4	5	
C2 组织尊重我的意见	1	2	3	4	5	
C3 当我在工作中遇到困难时，组织会帮助我	1	2	3	4	5	
C4 组织重视我的目标和价值	1	2	3	4	5	
C5 组织以我的工作成就而自豪	1	2	3	4	5	

四、工作自我效能感

判断下面描述的内容是否符合您的实际情况。其中：1 代表完全不符合；2 代表不太符合；3 代表不确定；4 代表比较符合；5 代表完全符合。

测量项目	完全不符合	不太符合	不确定	比较符合	完全符合	您的选择
D1 我确信自己有能力完成工作任务	1	2	3	4	5	
D2 我对自己的工作技能和能力非常骄傲	1	2	3	4	5	
D3 更换工作时我很快就能适应新的工作	1	2	3	4	5	
D4 我拥有处理目前工作所需要的技术知识和实践经验	1	2	3	4	5	
D5 我相信我的能力至少不比其他同事差	1	2	3	4	5	

五、应对策略

以下是您在生活或工作中经受到挫折打击或遇到困难时可能采取的态度或做法。其中：1 代表从不；2 代表很少；3 代表有时；4 代表较多；5 代表总是。

测量项目	从不	很少	有时	较多	总是	选择
E1 我尽量以积极的态度来看待面临的问题	1	2	3	4	5	
E2 我认为这种经验的积累可以促进我的成长	1	2	3	4	5	
E3 我排除其他思想或活动的干扰，集中解决面临的问题	1	2	3	4	5	
E4 遇到困难时，积极调动各方社会资源寻求支持	1	2	3	4	5	
E5 我仔细考虑应采取什么步骤来解决问题	1	2	3	4	5	

六、工作绩效

下面是大学教师工作压力对工作绩效影响进行评定的描述性语句，请根据您个人的实际情况对每一个题目做出评定。其中：1 代表完全不符合；2 代表不太符合；3 代表不确定；4 代表比较符合；5 代表完全符合。

测量项目	完全不符合	不太符合	不确定	比较符合	完全符合	您的选择
F1 与同事之间的关系融洽	1	2	3	4	5	
F2 关心我的同事	1	2	3	4	5	
F3 在工作中我能很好地与同事合作	1	2	3	4	5	
F4 公平地对待每个同事	1	2	3	4	5	
F5 在工作中我经常表现出宽容的态度	1	2	3	4	5	
F6 教学工作量达到了单位的要求	1	2	3	4	5	
F7 在学生身上花的精力非常多	1	2	3	4	5	
F8 积极提高教学质量	1	2	3	4	5	
F9 在科研条件差的情况下能克服困难坚持研究工作	1	2	3	4	5	
F10 经常承担额外的工作任务	1	2	3	4	5	
F11 主动承担难度较大的教学任务	1	2	3	4	5	

注：此量表主体由华中科技大学周治金教授开发，感谢周老师对本研究的帮助和支持！

七、工作满意度

此部分旨在了解您个人的工作满意度。其中：1 代表非常不满意；2 代表不太满意；3 代表一般满意；4 代表比较满意；5 代表非常满意。

测量项目	非常不满意	不太满意	一般	比较满意	非常满意	您的选择
G1 总体满意度	1	2	3	4	5	
G2 福利报酬	1	2	3	4	5	
G3 职称评聘工作	1	2	3	4	5	
G4 深造进修机会	1	2	3	4	5	
G5 工作绩效的认可	1	2	3	4	5	
G6 学校政策的实施方式	1	2	3	4	5	
G7 从工作中获得的成就感	1	2	3	4	5	

八、离职倾向

以下所陈述的是个人对于想离开现职的态度。其中：1 代表完全不符合；2 代表基本不符合；3 代表不确定；4 代表比较符合；5 代表完全符合。

测量项目	完全不符合	不太符合	不确定	比较符合	完全符合	您的选择
H1 我基本没有想过离开过现单位	1	2	3	4	5	
H2 我会在一年之内离开现单位	1	2	3	4	5	
H3 我非常想离开现单位	1	2	3	4	5	
H4 我计划在现单位作长期的职业发展	1	2	3	4	5	

再次感谢您的合作！祝您工作愉快、身体健康！

后　记

　　本书是在我的博士学位论文基础上修改而成的。在大连理工大学博士研究生四年多的学习生活中，我得到导师刘元芳教授的悉心指导和全力支持。从选题到具体写作、从问卷设计到实际调查、从发表文章到博士论文的完成等都倾注了刘老师大量的心血。导师严谨的治学态度，高尚的人格魅力，宽容平和的心态，淡泊的处世原则都对我产生了很大的影响。

　　大连理工大学张德祥教授、张国梁教授、杨连生教授、邓贵仕教授、郭崇慧教授、迟景明教授、辽宁师范大学隋雪教授，中国农业大学奉公教授，都给予我耐心的指导，并提出许多富有深度的修改建议，使我的论文不断得到改进和完善。华中科技大学的周治金教授为本研究提供了重要测量工具——大学教师工作绩效问卷，使我的论文得以顺利完成。

　　在论文完成过程中，同学、好友、师兄弟、师姐妹们给予了我大量的支持和无私的帮助，有近五十名教师接受访谈、近千名教师抽出宝贵时间参与了问卷调查。

　　本书的出版通过教育部高等学校社会科学发展研究中心评审并获得资助、获得"东北大学秦皇岛分校教材（专著）建设基金资助项目"的资助，光明日版出版社的编辑为本书的出版付出了辛勤的劳动。

　　对此，本人心存感激，一并表示感谢。

　　在高等教育发展的转型期，我国大学教师工作压力问题日益突出。大学教师工作压力问题关系到大学教育的质量和高等教育的可持续发展。我国学术界对此问题研究相对薄弱。希望有更多的学者关注教师工作压力的研究，有更多的高等教育决策者、高校管理者关注教师工作压力的有效管理。由于本人才疏学浅，书中难免有错误疏漏之处，期待读者和学界同仁批评指正。

曾晓娟

2012 年 6 月于秦皇岛